乡村文化旅游产业发展与实证研究

焦爱英　赵燕华　著

科学出版社

北京

内 容 简 介

　　本书从宏观到微观，从整体到个体，从定性到定量对乡村文化旅游产业发展进行了探讨、分析与论证。宏观层面上，综述了现有的乡村文化旅游产业支持政策与产业整体发展概况；利用 WSR 系统方法论定性分析不同类型乡村文化旅游产业成功的典型案例，提炼其"成事"的经验启示。在探究乡村文化旅游产业发展的内在制约因素与面临的关键问题时，借助风险管理、价值共创、产业成熟度与可持续发展理论，结合多源数据、多种数据分析方法展开定量论证与评价，从不同视角完善了乡村文化旅游产业发展的对策体系。书中所提取到的实践成功经验与内在规律论证成果为我国乡村文化旅游产业发展提供了一定的实操借鉴，助力于全面乡村振兴战略总目标的实现。

　　本书可以作为乡村文化建设、乡村旅游等专业人士的研究参考资料，也适合于乡镇建设、乡村文化开发运营单位等相关领域工作人员参考阅读。

图书在版编目（CIP）数据

乡村文化旅游产业发展与实证研究 ／ 焦爱英，赵燕华著. -- 北京：科学出版社，2025. 5. -- ISBN 978-7-03-079786-5

Ⅰ．F592.3

中国国家版本馆 CIP 数据核字第 2024013QG6 号

责任编辑：徐　倩 ／ 责任校对：贾娜娜
责任印制：张　伟 ／ 封面设计：有道设计

科学出版社 出版
北京东黄城根北街 16 号
邮政编码：100717
http://www.sciencep.com
北京天宇星印刷厂印刷
科学出版社发行　各地新华书店经销

*

2025 年 5 月第 一 版　开本：720×1000　1/16
2025 年 5 月第一次印刷　印张：16
字数：310 000
定价：168. 00 元
（如有印装质量问题，我社负责调换）

前　言

乡村振兴战略的实施给全国乡村地区的发展带来巨大的生机，而乡村文化的振兴是实现乡村振兴的重要内容和力量源泉。2017年，党的十九大报告提出"实施乡村振兴战略"[①]，2022年，党的二十大报告提出"全面推进乡村振兴""扎实推动乡村产业、人才、文化、生态、组织振兴"[②]。在此背景下，乡村文化旅游产业迎来了一系列的政策利好与巨大的市场空间。产业振兴是乡村振兴的物质基础，文化振兴是乡村振兴的重要基石，乡村文化旅游是文旅融合下的乡村产业新模式，是推动乡村振兴，实现农民共同富裕的有力抓手。在新征程中乡村文化旅游产业如何实现高质量发展？如何在"天人合一"的哲学思想下将文化的内涵融入乡音、乡情、乡景的创意活动中，让古老又厚重的乡村文明与农耕文化重新焕发新活力，并能够浸润心灵，慰藉游客的那一抹乡愁呢？另外，又如何让地方的乡村文化旅游不是昙花一现，而是不断持续发展？这是亟待解决的产业问题，也是实施乡村振兴战略的迫切任务。

当前我国乡村文化旅游产业得到广泛发展。乡村依据当地特色，深度挖掘文化资源，如具有历史意义的建筑，展现当地风情的习俗、服饰、美食、手工等，通过文化资源与旅游功能的整合，开展有序的组织化、规模化的产业开发与运营，满足游客"吃、住、行、游、娱、购"的需求，并体验到别样的乡村风情。有一些地方在政策引导与乡村基础设施不断完善的背景下，依靠社会组织或个人带动村民一起探索，通过规划、开发乡村文化旅游资源，形成了一批有吸引力的乡村文化旅游地，成为网红打卡地。虽然发展的模式与打造的旅游"爆款"不同，但在旅游开发、管理运营的表征下，隐藏的内在原理应是相通的，在相同又不同的背后蕴含着哪些共同特征与规律？要回答这个问题，只有对成功案例进行深入分析，才能把握住其中共同的内在本质。另外，乡村文化旅游产业从规划到组织开发建设，经历管理与运营的过程，再到可持续发展，每一阶段面临的关键问题或挑战是不同的，虽然有学者开展了一些相关的实证研究，但总体来说关注点是局部的、单一的，当前还缺乏对乡村文化产业开展系统化、全过程的实证分析，因此，有必要对乡村文化旅游产业全过程分阶段开展对应性问题研究，通过实证分

---

① 《习近平：决胜全面建成小康社会 夺取新时代中国特色社会主义伟大胜利——在中国共产党第十九次全国代表大会上的报告》，https://www.gov.cn/zhuanti/2017-10/27/content_5234876.htm，2017-10-27。

② 《习近平：高举中国特色社会主义伟大旗帜 为全面建设社会主义现代化国家而团结奋斗——在中国共产党第二十次全国代表大会上的报告》，https://www.gov.cn/gongbao/content/2022/content_5722378.htm，2022-10-25。

析把握每个阶段的关键性问题，提出解决方案或对策，这样才能够在跨越发展的藩篱、引导产业高质量可持续运营与发展、促进乡村经济繁荣的同时，又助力乡村振兴，还能够慰藉人们的心灵，保留住心中悠悠的乡愁。

　　基于以上分析，本书以物理—事理—人理（wuli-shili-renli，WSR）理论、成熟度理论、可持续发展理论等作为理论基础，在乡村振兴战略大背景下，围绕乡村文化产业，从理论与实践探索、模型与实证分析两大方面展开研究。本书划分为两篇共八章内容，第 1 章为绪论，阐述本书的研究背景、研究意义、研究方法等基本内容。第 2 章与第 3 章的内容为实践研究篇，分别从宏观整体与微观个案两个层面归纳实践现状与成功经验，其中，第 2 章解释了本书所涉及的核心概念，并从宏观角度对政策与产业整体现状进行梳理总结；第 3 章从微观视角展开，分析乡村文化旅游产业的典型案例，基于 WSR 理论，运用"内-外""人-事"两个视角四个维度模型对成功的乡村文化旅游地开展案例研究，探究其成功的机理与启示。接下来是实证研究篇的五章内容，围绕乡村文化旅游产业的发展过程，分别从影响因素、风险管理、价值共创、产业成熟度与可持续发展理论视角展开实证分析，以期系统性地思考乡村文化旅游产业的内在发展机理和外在因素的影响。第 4 章为乡村文化旅游产业发展影响因素研究。在产业规划、开发建设阶段需要把握影响成事的关键因素，如何确定这些要素并控制和利用其影响？该章采用解释结构模型（interpretive structure modeling，ISM）来检验各个潜在影响因素与乡村文化旅游产业发展之间的关系，指出其对乡村文化旅游产业的影响机理，提出乡村文化旅游产业发展的路径。第 5 章为乡村文化旅游项目风险研究。在项目建设、产业发展过程中会面临各种风险挑战，如何化解风险从而达成目标？该章从风险视角出发，以乡村文旅项目为例，探索其所面临的阶段性风险，厘清各类型风险对乡村旅游发展的制约机制，提出促进乡村文化旅游产业良性发展的风险防范措施。第 6 章为乡村文化旅游产业的价值共创研究。在运营管理阶段，如何让产业发展具有活力？如何保障旅游项目具有勃勃生机和更强旅游吸引力？该章基于价值共创理论，研究旅游者的旅游行为意向对乡村文化旅游产业价值共创的影响，提出改善乡村文化旅游结构、激发乡村发展活力、活化优秀传统文化等方面的政策性建议。第 7 章为乡村文化旅游产业成熟度研究。从产业运营初期走向不断完善，如何评价产业发展所达到的成熟水平？该章引入产业成熟度的概念，对乡村文化旅游产业市场及产业链的完善程度进行综合评估与衡量，基于乡村文化旅游产业整体特征构建出产业成熟度评价体系并开展实证分析，提出促进乡村文化旅游产业化发展完善的建议，从而指导乡村文化旅游产业的转型升级。第 8 章为乡村文化旅游产业可持续发展研究。乡村文化旅游就怕昙花一现，维持乡村文化旅游产业可持续发展的基因是什么？该章基于可持续发展理论，以山东省乡村文化旅游产业为研究实例，通过构建乡村文化旅游产业可持续发展评价指标体系并应用，回答了什么才是可持续发展的乡村文化旅游产业，并提出了未来发展的对策建议。

本书在研究过程中尝试了多学科知识交叉、多理论研究视角与多种研究方法，笔者希望系统提出乡村文化旅游产业发展过程中的重点关键问题与解决方案，探究出成功案例的特征要素。所形成的一些学术观点与研究结论，有助于丰富乡村文化旅游研究的理论成果，助力乡村振兴的实践建设。

本书是天津城建大学焦爱英教授主持的天津市哲学社会科学规划项目（全域旅游驱动下蓟州区乡村旅游产业成熟度测评研究，项目号：TJGL20-010）的研究成果，是天津城建大学课题研究团队的集体智慧结晶，其中焦爱英教授主要撰写了第1、2、5、6章，赵燕华副教授主要撰写了第3、4、7、8章，感谢吴昊、曹睿敏、王立超、陈磊、崔肖楠、耿瑶、徐红丹、苏雅雲、葛文静、刘冰洁、肖涵曦、陶洪宇、刘婷、郭欣、石文月、成姝薇等研究生做了大量基础资料搜集整理工作。科学出版社各位编辑为本书顺利出版付出良多，向科学出版社及工作人员一并表示感谢。囿于作者学术水平，本书难免有疏漏之处，望得到同行研究学者、业界人士、广大读者的批评指正。

目　　录

第1章 绪 论

乡村振兴战略的提出为我国乡村经济、乡村文化的建设与发展提供了指导方向，同时也为乡村文化旅游产业的发展提供了政策利好与发展机遇。我国是一个农业大国，有着悠久厚重的农耕文化与乡村文明，传承这些优秀乡村文化是中华文明薪火相传的必然要求，也是实现乡村文化振兴的迫切需要；发展乡村旅游是统筹城乡融合发展，实现乡村产业振兴的重要支撑点。乡村旅游与乡村文化融合发展，是实现乡村振兴的必然要求。

1.1 研 究 背 景

1.1.1 政策制度的大力支持

（1）乡村振兴战略背景。在党的十八大提出"努力建设美丽中国"之后[1]，2013 年中央一号文件提到"努力建设美丽乡村"[2]，党的十九大报告做出开展乡村振兴战略的重大部署，强调必须始终把解决好"三农"问题作为全党工作重中之重，要坚持农业农村优先发展，按照产业兴旺、生态宜居、乡风文明、治理有效、生活富裕的总要求，建立健全城乡融合发展体制机制和政策体系，加快推进农业农村现代化[3]。党的二十大报告提出全面推进乡村振兴，坚持农业农村优先发展，坚持城乡融合发展，畅通城乡要素流动，加快建设农业强国，扎实推动乡村产业、人才、文化、生态、组织振兴[4]。在迈向全面建设社会主义现代化国家的新征程中，加快建设农业强国，是党中央着眼全面建设社会主义现代化国家作出的重大决策部署。以全党全社会之力全面推进乡村振兴，促进农业高质高效、乡村宜居宜业、农民富裕富足。

（2）乡村产业发展。基于乡村振兴战略的提出，产业兴旺成为乡村振兴的重点。2020 年 7 月，农业农村部依据《国务院关于促进乡村产业振兴的指导意见》，颁布《全国乡村产业发展规划（2020—2025 年）》，明确提出要拓展乡村特色产业，构建乡村产业"圈"状发展格局；优化乡村休闲旅游业，聚焦重点区域，注重品质提升，突出特色化、差异化和多样化发展。2021 年通过的《中华人民共和国乡村振兴促进法》在产业发展中规定：以乡村优势特色资源为依托，支持、促进农村一二三产业融合发展，推动建立现代农业产业体系、生产体系和经营体系，推进数字乡村建设，培育新产业、新业态、新模式和新型农业经营主体，促进小农户和现代农业发展有机衔接。党的二十大报告强调扎实推动乡村产业振兴，发展乡村特色产业，拓宽农民增收致富渠道[4]。这一系列政策的提出为乡村旅游向产业化发展提供了指导方向，明确了发展思路。

（3）乡村旅游推动。国家颁布系列政策以促进乡村旅游快速发展，如在 2016年，中央一号文件提到，大力发展休闲度假、旅游观光、养生养老、创意农业、农耕体验、乡村手工艺等，发展具有历史记忆、地域特点、民族风情的特色小镇，建设一村一品、一村一景、一村一韵的魅力村庄和宜游宜养的森林景区。在 2018年 10 月，国家发展和改革委员会等 13 个部门联合发布了《促进乡村旅游发展提质升级行动方案（2018 年—2020 年）》，同年 12 月文化和旅游部等 17 个部门印发《关于促进乡村旅游可持续发展的指导意见》，强调要从农村实际和旅游市场需求出发，强化规划引领，促进乡村旅游向市场化、产业化方向发展，在充分保障农民宅基地用益物权的前提下，探索农村集体经济组织以出租、入股、合作等方式盘活利用闲置宅基地和农房，按照规划要求和用地标准，改造建设乡村旅游接待和活动场所。

（4）乡村文化旅游备受关注。乡村文化振兴是乡村振兴的铸魂工作，发挥着基础性、引领性作用。乡村文化旅游是乡村文化和旅游产业融合发展的农村产业新模式，改变了传统的增长机制与方式，实现了产业跨越式发展和创新，能够有效促进一二三产业融合，带动农村经济发展。推动乡村文化旅游高质量发展，是农村产业发展的内在要求，是实现乡村振兴发展的重要抓手。2022 年，中央一号文件明确提出支持农民自发组织开展村歌、"村晚"、广场舞、趣味运动会等体现农耕农趣农味的文化体育活动，办好中国农民丰收节；同年，文化和旅游部、教育部等六部门联合印发《关于推动文化产业赋能乡村振兴的意见》，明确提出创意设计、演出产业、音乐产业、美术产业、手工艺、数字文化、其他文化产业、文旅融合等八个文化产业赋能乡村振兴重点领域。乡村公共文化、文化产业与乡村旅游交融，促进了乡村文化旅游市场的繁荣发展。

1.1.2　乡村文化旅游蓬勃发展

（1）乡村文化旅游成为中国居民主要的旅游方式。随着我国经济的快速增长，人们的需求与消费观念不断发生变化，旅游业逐渐发展壮大。乡村文化旅游作为一种新兴的旅游模式，具有放松、惬意、绿色等特点，随着城市生活、工作、学习等压力的不断增大以及城市空间的局促嘈杂，人们对乡村文化产生一定的向往，由此乡村文化旅游受到城市游客的青睐。目前，我国乡村文化旅游不只是依赖自然资源开发旅游景区景点，也依据乡村民俗、农事与农业生产等特色文化打造农家院、高端民宿、体验园以及采摘园等乡村旅游项目或旅游活动，集休闲、观光、度假、娱乐、体验于一体。乡村文化旅游依据不同特色分为乡村民宿带动型、民俗文化依托型、景区发展带动型、生态资源依托型、田园观光休闲型和旅游扶贫成长型六种类型[5]。乡村文化旅游的快速发展在促进当地经济发展、农民收入增加、乡村基础设施与乡村环境改善等方面发挥着重要的作用。在强劲的乡村文化旅游需求与一系列促进乡村旅游发展的政策推动下，全国各地打造出一批批有特色、有内涵、有品位的乡村旅游精品线路，吸引了广大游客去乡村旅游，深度体验乡村文化的独特韵味，形成一种流行的生活方式。

（2）乡村文化旅游已成为旅游市场的"热点"。近年来我国国内旅游人数快速增长，从国家统计局发布的各年国民经济和社会发展统计公报公布的数据来看，2019 年，国内旅游人数达 60.06 亿人次，旅游收入达 57.250 千亿元，在 2015～2019 年呈现出较快的增长趋势，如图 1-1 所示。国内旅游人数与旅游收入在 2020～2022 年均受到疫情影响。

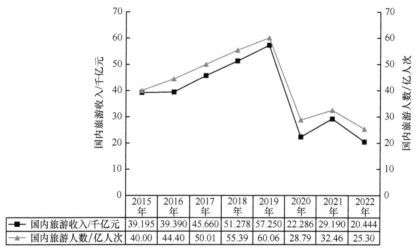

	2015年	2016年	2017年	2018年	2019年	2020年	2021年	2022年
国内旅游收入/千亿元	39.195	39.390	45.660	51.278	57.250	22.286	29.190	20.444
国内旅游人数/亿人次	40.00	44.40	50.01	55.39	60.06	28.79	32.46	25.30

图 1-1 2015～2022 年我国国内旅游业发展基本情况

资料来源：国家统计局官方网站

由于我国农村地区集聚了 70%的旅游资源，全国旅游景区和景点超过半数地处乡村，因此，全国旅游业蓬勃发展也意味着乡村旅游产业有着较快的发展。2018 年，全国休闲农业和乡村旅游接待游客约 30 亿人次，营业收入超过 8000 亿元[6]。2019 年，全国乡村旅游总人次为 30.9 亿人次，占国内旅游总人次一半以上，乡村旅游总收入为 1.81 万亿元[7]。2020 年，由于新冠疫情，旅游业整体遭受巨大冲击。随着国内疫情得到有效控制，旅游业逐步恢复，乡村旅游是复苏势头最为强劲的旅游品类之一。在疫情防控常态化后，由于出行便捷、亲近自然、人员密度低等优势，乡村旅游广受游客青睐，复苏并持续稳步增长。2022 年 4 月携程发布《2022 清明小长假出游洞察》，数据显示 2022 年清明节乡村旅游订单占比较疫情前提升 20%；2022 年以来乡村旅游较 2019 年同期已恢复 92%。随着生产生活秩序逐步恢复，城乡居民被抑制的需求将持续释放，山清水秀、生态优美的乡村比以往任何时候都更具吸引力。

（3）乡村旅游基础设施与服务改善，乡村文化旅游体验提升。党的十八大以来，党中央和国务院将乡村旅游纳入"三农"工作和乡村振兴战略总体布局之中，以往的"中央一号文件"中也多有对乡村旅游发展做出的指导要求。农业农村部、文化和旅游部联合有关部门出台政策意见，推动新时代乡村文化旅游的发展迈上快车道。各地方政府因地制宜科学规划，做好文化资源的保护性开发，坚持"绿水青山就是金山银山"的生态理念，对发展乡村文化旅游产业从完善乡村基础设施到政策、资金等方面进行扶持；制定积极的人才政策，鼓励返乡、来乡创业；积极吸取其他地方的经验，探索适合当地的发展路径。随着从上到下各级各地工作的一步步推进，乡村旅游基础设施不断完善，农村人居环境得到完善，旅游服务质量有较大提高，游客的旅游体验得到大幅度提升。截至 2022 年，文化和旅游部共公示了四批全国乡村旅游重点村名单和两批全国乡村旅游重点镇（乡）名单，涌现出一批生态美、生产美、生活美的乡村文化旅游打卡地。它们也成功留住游客的缕缕乡愁。

1.2　研究意义

（1）理论意义：在乡村振兴战略背景下，以 WSR 理论为基础对乡村文化旅游典型案例展开实践剖析，以乡村文化旅游产业发展过程中的关键问题为研究的着眼点进行系列实证研究，从在初始阶段探讨影响产业发展的因素，评估投资与运营风险，到在发展中思考价值共创视角下的策略，达到一定发展程度后开展产业成熟度与可持续发展水平评价，为产业繁荣与可持续发展提供价值参考。这一系列探索为乡村文化旅游产业的理论研究提供了新视角，增添了新内容，丰富了乡村文化旅游产业化的研究谱系，补充和完善了乡村旅游产业理论。

（2）现实意义：案例分析与实证研究成果将有助于指导乡村文化旅游实践。对典型乡村文化旅游地开展 WSR 分析，提炼出成功做成事的要素，帮助具有类似资源条件与禀赋的乡村寻找到产业发展的灵感与启发；通过实证分析探讨出乡村文化旅游产业发展过程中的关键影响因素、风险、价值共创思路，并提出产业发展成熟度与可持续发展的评价指标体系，这些研究结论可被乡村文化旅游开发的不同地区依照不同发展阶段、不同发展程度吸收借鉴，有针对性地指导组织、开发、运营等工作。

1.3　基本内容与研究逻辑

本书分为两部分，共八个章节。章节内容环环相扣、由浅入深、富有逻辑，从定性研究到定量分析，有针对性和目的性地解决提出的问题。具体研究内容如下所示。

第 1 章为绪论。该章介绍研究背景，理清研究思路和确定研究方法等。

第 2 章为乡村文化旅游产业发展现状。该章首先解释乡村文化、乡村旅游、文旅融合、乡村文化旅游等核心概念，其次围绕乡村振兴战略与乡村文化旅游梳理宏观政策，最后从整体视角探讨我国乡村文化旅游业取得的阶段发展成果。

第 3 章为乡村文化旅游产业典型案例研究。该章基于 WSR 理论，从微观视角开展乡村文化旅游成功个案的研究，探究其成功做事的要素与启示。

第 4 章为乡村文化旅游产业发展影响因素研究。该章构建出指标体系，运用解释结构模型分析影响因素的层级关系和主要影响因素，指出其对乡村文化旅游产业的影响机理，提出乡村文化旅游产业的发展路径。

第 5 章为乡村文化旅游项目风险研究。该章从风险视角出发，以乡村文化旅游产业的发展模式之一乡村文旅项目为例，运用层次分析法（analytic hierarchy process，AHP）与模糊综合评价方法探索投资阶段与运营阶段的主要风险，提出促进乡村文化旅游产业高质量发展的风险防范措施。

第 6 章为乡村文化旅游产业的价值共创研究。该章基于价值共创理论，研究旅游者的旅游行为意向对乡村文化旅游产业价值共创的影响，提出改善乡村文化旅游结构、激发乡村发展活力、活化优秀传统文化等方面的对策建议。

第 7 章为乡村文化旅游产业成熟度研究。该章从产业成熟度的视角对乡村文化旅游产业市场及产业链的完善程度进行综合评估与衡量，基于乡村文化旅游产业整体特征构建出产业成熟度评价体系并开展应用分析，提出促进乡村文化旅游产业化发展的建议。

第 8 章为乡村文化旅游产业可持续发展研究。该章基于可持续发展的视角，运用层次分析法确定乡村文化旅游产业可持续发展评价指标体系，结合模糊综合评价法对可持续发展水平进行评价，得出可持续发展的对策建议。

本书技术路线如图 1-2 所示。

1.4　研　究　方　法

（1）文献研究法。借助学校图书馆和互联网资源，广泛研读相关政策与领域发展现存资料，系统解读成熟度理论、价值共创理论、WSR 理论等研究文献，夯实本书研究的理论基础。

（2）归纳总结法。通过大量资料和文献的阅读，围绕乡村振兴、乡村文化旅游产业发展归纳总结近年出台的政策法规，梳理乡村文化旅游产业发展所具有的宏观政策利好。

（3）访谈法。选择调研区域，对区域内乡村文化旅游产业不同参与主体、专家进行访谈，深入了解发展现状、成就与发展中遇到的问题。

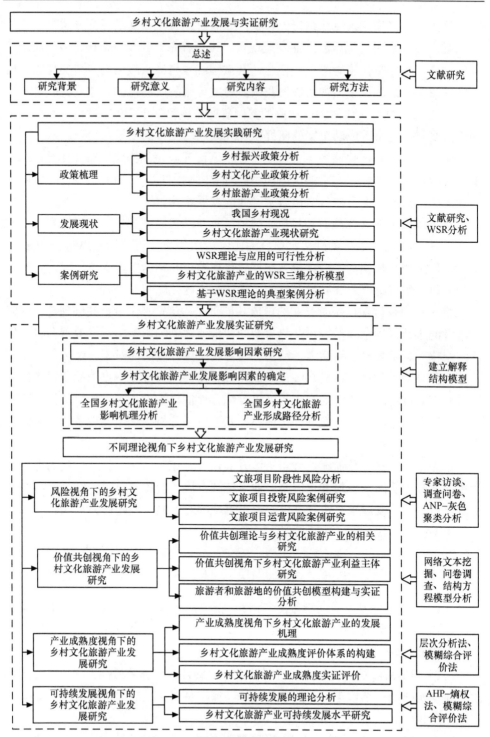

图 1-2 技术路线图

ANP 表示 analytic network process，网络分析法

（4）问卷法。在分析相关理论研究成果与乡村文化旅游产业发展现状的基础上，根据研究目的，设计调查问卷并选择调研地区，有针对性地发放并回收调查问卷，开展数据分析。

（5）解释结构模型方法。构建乡村振兴背景下乡村文化旅游产业影响因素体系，通过构建邻接矩阵、计算可达矩阵等分析过程，得到影响因素的层级排序，从而找到关键因素和基础因素，解决由于影响因素众多而难以区分重要因素层级关系的难题。

（6）层次分析法。运用层次分析法分别对成熟度理论视角下乡村文化旅游产业指标体系与可持续发展视角下乡村文化旅游产业发展的指标体系计算确定权重，为后续的评价研究提供基础。

（7）网络分析法。通过构建指标体系，运用 ANP 计算确定风险视角下乡村文化旅游产业发展的运营风险指标权重。

（8）模糊综合评价法。运用模糊综合评价法，开展风险视角下的乡村文化旅游产业发展投资风险、运营风险测评；在产业成熟度视角下对乡村文化旅游的产业成熟度进行评价。

（9）结构方程模型方法。从价值共创的视角出发，构建游客与旅游地的价值共创互动模型，运用结构方程模型进行模型验证。

参 考 文 献

[1] 胡锦涛在中国共产党第十八次全国代表大会上的报告[EB/OL]. http://www.npc.gov.cn/zgrdw/npc/zggcddsbcqgdbdh/2012-11/19/content_1743312_12.htm[2012-11-19].

[2] 新华社受权发布 2013 年中央一号文件[EB/OL]. https://www.gov.cn/jrzg/2013-01-31/content_2324293.htm[2019-01-31].

[3] 习近平：决胜全面建成小康社会 夺取新时代中国特色社会主义伟大胜利——在中国共产党第十九次全国代表大会上的报告[EB/OL]. https://www.gov.cn/zhuanti/2017-10-27/content_5234876.htm[2017-10-27].

[4] 习近平：高举中国特色社会主义伟大旗帜 为全面建设社会主义现代化国家而团结奋斗——在中国共产党第二十次全国代表大会上的报告[EB/OL]. https://www.gov.cn/gongbao/content/2022/content_5722378.htm[2022-10-25].

[5] 国家发展和改革委员会社会发展司,文化和旅游部资源开发司. 全国乡村旅游发展典型案例汇编[M]. 北京：中国旅游出版社，2019.

[6] 农业农村部: 2018 年休闲农业和乡村旅游收入超 8000 亿[EB/OL]. http://news.cctv.com/2019/09/27/ARTIwm6KcPuG8Pl5aORwHxw4190927.shtml[2019-09-27].

[7] 世界旅游日看中国：多业态融合促乡村发展 旅游业重振助市场复苏[EB/OL]. http://cn.chinadaily.com.cn/a/202009/27/WS5f713826a3101e7ce9727049.html[2020-09-27].

上篇

实践研究篇

第 2 章　乡村文化旅游产业发展现状

本章首先阐释了乡村文化、乡村旅游、文旅融合、乡村文化旅游等的概念与相关研究，认识到乡村文化是乡村的灵魂，乡村文化旅游是乡村文化建设的重要方式，并且乡村文化旅游产业的发展在破解农村传统产业问题方面具有独特的优势，对推动乡村振兴具有重要的实践意义。从乡村旅游到乡村文化旅游不只是简单的旅游资源转换，更是对乡村旅游产业结构和发展模式的创新调整。在这个过程中，国家及有关部门出台的相关政策在指导实践工作方面发挥着重要的指引作用。因此，本章从政策层面梳理乡村文化旅游产业发展的机遇与有利条件，从宏观整体角度探究政策助力下的乡村文化旅游现有发展成就。

2.1　核心概念

2.1.1　乡村文化

乡村文化是基于农村的自然、社会环境形成的文化系统，与城市地域形成的城市文化相对，是乡村人民长期生产生活与历史演进中所创造的，为乡村人民服务并传承的社会文化[1]。它是以农民为主体的知识结构、价值观念、乡风习俗以及社会心理和行为方式等集合而成的一种文化类型[2]。乡村文化的核心就是具有乡村性，无论是乡村文化本身还是文化的载体，如乡村建筑、乡村聚落、生产生活方式、乡村民俗、乡村饮食、乡村服饰等，都具有区别于城市的乡村特点。

乡村文化具有极为广泛的群众基础，在民族心理和文化传承中有着独特的内涵，其主体部分既包含过去形成的乡村传统文化，也包括紧随着当今社会发展所形成的乡村现代文化。具体来说，乡村文化包括具有人文之美的乡村民居建筑文化、古朴厚重的农耕文化、崇尚自然的乡村饮食文化、多姿多彩的乡村民俗文化、乡土浓郁的艺术文化以及乡村现代生态文化等方面，如果将乡村文化由表及里认识，则可划分为：表层的乡村物质文化、里层的乡村行为文化、深层的乡村制度文化、核心的乡村精神文化[3]。

2.1.2　乡村旅游

乡村旅游是指发生在以独特的乡村生产形式、乡土风情、田园风光的农村地区或以当地自然山林湖草等旅游资源为旅游产品的旅游度假活动，是现代旅游向田野风光、当地农耕文化、农林牧区等自然旅游业的延伸[4]。旅游者到乡村旅游是对大自然的追求，是对融入自然并与之和谐共存的人文环境和人类活动的追求，人们把这种追求视为对自然的一种回归[5]。乡村旅游开发是利用城乡差异对乡村资源（自然资源、文化资源等）进行规划设计与组合，进而形成乡村旅游产品，组织融观赏、参与、娱乐、餐饮、购物、考察、学习、度假于一体的旅游活动。

2.1.3　文旅融合

学者麦金托什和格波特在《旅游学：要素·实践·基本原理》中首次提出"文化旅游"的概念[6]。文化与旅游的关系被广泛接受的认知是"灵魂与载体说"。马勇和童昀从区域视角、场域视角论述了文化与旅游的关系，指出文化为旅游提供了演绎素材，塑造了多元表现力的旅游形态，而旅游空间实践实现对文化场域的重新建构[7]。文化丰富了旅游的内涵，旅游提供市场和平台使文化得以传承，文旅融合发展肩负着中国高质量发展的历史使命[8]。

十九届三中全会通过《中共中央关于深化党和国家机构改革的决定》和《深化党和国家机构改革方案》，组建文化和旅游部，统筹文化事业、文化产业发展和旅游资源开发，推动文化事业、文化产业和旅游业融合发展。党的二十大报告将实现全体人民共同富裕作为中国式现代化的本质要求，提出文化和旅游深度融合发展[9]。文旅深度融合以高品质需求为导向，基于价值融合的底层逻辑，形成"文旅+"多要素共生性融合，实现社会效益、经济效益与文化效益"三位一体"，更好地满足人民精神文化生活的新期待。面对中国式现代化建设的新阶段、新形势与新挑战，推动文旅融合发展实现共同富裕的任务尤为突出与迫切。

2.1.4　乡村文化旅游

乡村文化旅游是富有乡村文化特征、基于文化导向的一个旅游类别，旅游者以观光、体验、购物、娱乐等旅游活动为载体，以了解和体验旅游乡村特定文化群体的文化特性与特色文化元素为主要内容，以增长知识与陶冶情操为目的的一种旅游活动。在这里，乡村文化是旅游吸引力的来源，旅游者在对乡村文化的感受与体验中得到旅游需求的极大满足，即一是可以享受自然的满足，体会天人合一的意境，体验健康朴素又简单的生活；二是实现求知的满足，独特的田园风光、民居与建筑文化、农耕文化等，充满了知识性和趣味性，满足游客扩大视野、陶冶情操的知识需求；三是回归家园的满足，作为人类最初的聚居地，乡村仍维持着人们返回最初家园的美好希冀，这也是现代人心灵的回归。

乡村文化旅游能够带动经济发展，体现乡村文化，展现乡村形态。发展乡村文化旅游已成为实现乡村振兴战略的重要引擎，成为乡村产业振兴、生态振兴、文化振兴、人才振兴的重要抓手[10]。所以说乡村文化旅游贯彻落实乡村振兴战略的总要求，肩负着乡村振兴的使命，同时也在乡村振兴这一国家战略大背景下有了更多的机会与更深广的发展空间。

2.1.5　乡村文化旅游产业

乡村文化旅游产业是一种将"乡村文化"与"旅游"相融合的方式，通过打造新生态下的旅游产品和关联产业，推动乡村经济与文化的融合发展，同时通过建设者的合理规划，满足乡村旅游消费者的精神文化需求。从这一角度来看，乡村文化旅游产业是文化、旅游双要素引领下的双属性产业，其文化与旅游属性要素共同构成了乡村文化旅游产业的产业形态和内在机理。它也是乡村文化和旅游产业融合发展的产业新模式，改变了传统的农村产业增长机制与方式，促进农村地区产业跨越式发展和创新。另外，乡村文化旅游产业的价值主要体现在产业经济效益的获取，而获取经济效益又主要取决于旅游消费者的认可与价值判断。现代的文化产业需要在多重精神元素上满足消费者的精神文化需求，乡村文化旅游产业更是要注重对乡村文化元素的嵌入与开发，所以乡村文化旅游业的高质量发展，影响着乡村产业的发展，也关乎乡村文化的传承与可持续发展，还关乎着乡村振兴目标的达成。

2.2　相关政策梳理

2.2.1　乡村振兴政策分析

乡村振兴战略作为党的十九大报告提出的国家七大战略之一，自提出以来就备受重视，具有独特、系统的战略逻辑体系，是党中央对"三农"工作做出的新战略、新部署与新要求，对于解决"三农"问题提出一系列的新举措、新办法。随着全面小康社会的建成，乡村振兴战略成效渐显，为了构建新发展格局、推动高质量发展，中央政府和各部委为乡村振兴战略制定了明确的战略目标导向和政策体系。

1. 中央政府：顶层设计

乡村振兴战略涉及部门多，范围广，为加快推进乡村振兴战略的实施，党中央和国务院对乡村振兴战略的实施给予高度关注，纷纷出台了政策文件从顶层设计、规划、配套方案体系来推进乡村建设，具体如下所示。

自 2017 年提出乡村振兴战略后，国家紧接颁布实施一系列乡村振兴战略的纲领性文件，对农村经济、文化、生态文明和党建等方面做出了全面部署。为强化乡村振兴规划引领作用，2018 年 9 月中共中央、国务院印发《乡村振兴战略规划（2018—2022 年）》，为实施乡村振兴战略制定具体部署，也为各地区各部门乡村振兴举措确立了基本思路。2022 年，中央一号文件和党的二十大报告再次强调全面推进乡村振兴重点工作。截至 2023 年，中央政府关于乡村振兴颁布的政策法规主要见表 2-1。

表 2-1　党中央、国务院发布的乡村振兴战略政策

年份	政策
2018 年 1 月	《中共中央 国务院关于实施乡村振兴战略的意见》
2018 年 9 月	《乡村振兴战略规划（2018—2022 年）》
2020 年 9 月	《关于调整完善土地出让收入使用范围优先支持乡村振兴的意见》
2020 年 12 月	《中共中央 国务院关于实现巩固拓展脱贫攻坚成果同乡村振兴有效衔接的意见》
2021 年 1 月	《中共中央 国务院关于全面推进乡村振兴加快农业农村现代化的意见》
2021 年 5 月	《关于加强扶贫项目资产后续管理的指导意见》
2022 年 1 月	《中共中央 国务院关于做好 2022 年全面推进乡村振兴重点工作的意见》
2023 年 1 月	《中共中央 国务院关于做好 2023 年全面推进乡村振兴重点工作的意见》

2. 联合发布：全面推进

乡村振兴战略本身是围绕着产业兴旺、生态宜居、乡风文明、治理有效和生活富裕五个方面进行的农村经济、政治、文化、社会、生态文明和党的建设活动，涉及乡村建设的方方面面，在乡村振兴工作推进中需要多部门的协同与互融。自 2019 年起，新的政策文件很多是由多个部门联合发布，共同针对同一领域或战略内容出台文件，具体情况如表 2-2 所示。

表 2-2　多部门联合发布的有关乡村振兴战略的政策梳理

年份	部门	政策
2019 年	中国人民银行、中国银行保险监督管理委员会、中国证券监督管理委员会、财政部、农业农村部	《人民银行 银保监会 证监会 财政部 农业农村部关于金融服务乡村振兴的指导意见》
2020 年	生态环境部、农业农村部、国务院扶贫办	《关于以生态振兴巩固脱贫攻坚成果 进一步推进乡村振兴的指导意见（2020—2022 年）》
2021 年	医疗保障局、民政部、财政部、国家卫生健康委员会、国家税务总局、中国银行保险监督管理委员会、国家乡村振兴局	《关于巩固拓展医疗保障脱贫攻坚成果有效衔接乡村振兴战略的实施意见》
2021 年	教育部、国家发展和改革委员会、财政部、国家乡村振兴局	《关于实现巩固拓展教育脱贫攻坚成果同乡村振兴有效衔接的意见》

续表

年份	部门	政策
2021 年	住房和城乡建设部、农业农村部、国家乡村振兴局	《关于加快农房和村庄建设现代化的指导意见》
2023 年	文化和旅游部、教育部、自然资源部、农业农村部、国家乡村振兴局	《文化和旅游部办公厅 教育部办公厅 自然资源部办公厅 农业农村部办公厅 国家乡村振兴局综合司关于开展文化产业赋能乡村振兴试点的通知》

3. 各大部委：因部施策

按照党中央实施乡村振兴战略的部署要求，国家各部门根据工作职能和实际需要，研究制定出一系列指导意见和专项规划，细化落实并指导各地方完成国家提出的乡村振兴主要目标任务。这里重点围绕法规、资金、技术、人才、土地等方面梳理已经发布的配套文件（表 2-3）。

表 2-3　乡村振兴相关部门出台的政策梳理

年份	部门	政策
2018 年	最高人民法院	《关于为实施乡村振兴战略提供司法服务和保障的意见》
2019 年	科学技术部	《创新驱动乡村振兴发展专项规划（2018—2022 年）》
2021 年	第十三届全国人民代表大会常务委员会第二十八次会议	《中华人民共和国乡村振兴促进法》
2021 年	司法部	《"乡村振兴 法治同行"活动方案》
2021 年	交通运输部	《关于巩固拓展交通运输脱贫攻坚成果全面推进乡村振兴的实施意见》
2021 年	最高人民法院	《最高人民法院关于为全面推进乡村振兴加快农业农村现代化提供司法服务和保障的意见》
2021 年	国家税务总局	《关于在巩固脱贫攻坚成果同乡村振兴有效衔接中积极贡献税务力量的通知》
2021 年	中国银行保险监督管理委员会	《关于 2021 年银行业保险业高质量服务乡村振兴的通知》
2021 年	国家发展和改革委员会等 15 个部门	《"十四五"支持革命老区巩固拓展脱贫攻坚成果衔接推进乡村振兴实施方案》
2021 年	国家能源局、农业农村部、国家乡村振兴局	《加快农村能源转型发展助力乡村振兴的实施意见》
2023 年	农业农村部	《农业农村部关于落实党中央国务院 2023 年全面推进乡村振兴重点工作部署的实施意见》

2.2.2　乡村文化产业政策分析

乡村振兴，既要塑形，也要铸魂。乡村文化建设稳步发展是乡村振兴的动力支持，推动乡村文化繁荣发展是乡村振兴战略的题中之义，并贯穿于农业农村现代化全过程。乡村文化建设与文化产业的发展要服务于国家发展战略、乡村振兴战略，并具有内在逻辑的一致性、目标任务的统一性，这体现了党和国家在不同时期对乡村文化建设的重点关注与制度安排。为了促进乡村文化建设与产业发展，国家各部委制定了一系列政策措施。

1. 联合发布：协同促进

乡村振兴是乡村全方位的振兴，文化振兴是其中的重要内容。自乡村振兴战略提出以来，我国乡村文化相关政策主体涉及 80 多个职能部门，政策联合制定、共同发布，涉及乡村文化建设与产业发展的方方面面，这不仅体现了相关政策的丰富性，更说明乡村文化的建设与产业发展涉及领域广泛，必须在多部门参与、协作下才能更好地开展工作。主要政策梳理如表 2-4 所示。

表 2-4　多部门联合发布的乡村文化产业政策梳理

涉及方面	年份	部门	政策
教育、公共文化	2021 年	文化和旅游部、国家发展和改革委员会、财政部	《关于推动公共文化服务高质量发展的意见》
	2021 年	教育部、国家发展和改革委员会、财政部、国家乡村振兴局	《关于实现巩固拓展教育脱贫攻坚成果同乡村振兴有效衔接的意见》
	2021 年	教育部、国家乡村振兴局、国家语言文字工作委员会	《国家通用语言文字普及提升工程和推普助力乡村振兴计划实施方案》
	2022 年	文化和旅游部、教育部、自然资源部、农业农村部、国家乡村振兴局、国家开发银行	《关于推动文化产业赋能乡村振兴的意见》
特色产业	2018 年	文化和旅游部、国家发展和改革委员会、工业和信息化部、财政部等 17 个部门	《关于促进乡村旅游可持续发展的指导意见》
	2022 年	文化和旅游部、教育部、科技部、工业和信息化部等 10 个部门	《关于推动传统工艺高质量传承发展的通知》
人才	2023 年	农业农村部、教育部、工业和信息化部、人力资源和社会保障部、住房和城乡建设部、文化和旅游部、中华全国妇女联合会	《关于印发〈乡村工匠"双百双千"培育工程实施方案〉的通知》

2. 各大部委：因部施策

各大部委关于乡村文化产业的政策，主要是由文化和旅游部、农业农村部作为行政主管部门发布的，这既是其履职尽责的表现，更是对国家宏观调控、社会需求的积极回应。作为主管部门，其对于乡村文化相关工作的指引更加具体，操作性、针对性更强。其他各部门的政策则主要起到支持作用，主要包括财政与金融支持、人才引领、特色文化产业、技术创新等方面，见表 2-5。

表 2-5　乡村文化产业相关部门出台的政策梳理

涉及方面	年份	部门	政策
财政与金融支持	2019 年	文化和旅游部、中国农业银行	《文化和旅游部办公厅 中国农业银行办公室关于金融支持全国乡村旅游重点村建设的通知》
	2021 年	文化和旅游部	《"十四五"文化产业发展规划》
人才引领	2021 年	中共中央办公厅、国务院办公厅	《关于加快推进乡村人才振兴的意见》

续表

涉及方面	年份	部门	政策
人才引领	2021 年	文化和旅游部	《关于开展 2021 年度乡村文化和旅游能人推荐工作的通知》
	2023 年	文化和旅游部、农业农村部	《文化和旅游部办公厅 农业农村部办公厅关于印发〈乡村文化和旅游带头人支持项目实施方案（2023—2025 年）〉的通知》
特色文化产业	2021 年	文化和旅游部	《"十四五"文化产业发展规划》
技术创新	2019 年	自然资源部	《关于加强村庄规划促进乡村振兴的通知》
	2021 年	文化和旅游部	《关于推动国家级文化产业园区高质量发展的意见》
	2021 年	文化和旅游部	《"十四五"文化产业发展规划》

2.2.3　乡村旅游产业政策分析

乡村旅游业作为乡村振兴的重要产业，是实施乡村振兴战略的重要抓手。近年来，中国乡村旅游进入快速发展阶段，成为乡村振兴重要的推动力，也是传承传统文化的重要途径。现有相关研究表明，中国乡村旅游在提高农村劳动力就业率、促进农村产业结构调整、实现乡村转型发展、激发农村活力、稳定农户生计等方面发挥着重要作用。为促进乡村旅游市场的繁荣，在政策文件中也积极从基础设施建设、公共服务建设、人才队伍建设、旅游品牌建设、营销宣传建设等多方面提出保障发展措施。

1. 联合发布：共同促进

乡村旅游产业的发展涉及乡村产业、乡村建设与乡村治理的方方面面，需要农业农村部、文化和旅游部、自然资源部、住房和城乡建设部等多部门的政策协同。因此，各大部委多措并举，在乡村地区基础设施建设、乡村旅游品牌建设与制度改革等方面加大支持力度，共同促进乡村旅游产业的高质量发展。多部门联合发布的乡村旅游产业政策梳理见表 2-6。

表 2-6　多部门联合发布的乡村旅游产业政策梳理

涉及方面	年份	部门	政策
基础保障	2015 年	国土资源部、住房和城乡建设部、国家旅游局	《关于支持旅游业发展用地政策的意见》
	2018 年	文化和旅游部等 17 个部门	《关于促进乡村旅游可持续发展的指导意见》
	2018 年	国家发展和改革委员会、财政部等 13 个部门	《促进乡村旅游发展提质升级行动方案（2018 年—2020 年）》
品牌建设	2020 年	文化和旅游部、国家发展和改革委员会等 10 个部门	《关于深化"互联网+旅游"推动旅游业高质量发展的意见》
	2021 年	文化和旅游部、国家发展和改革委员会、财政部	《关于推动公共文化服务高质量发展的意见》
制度改革	2018 年	文化和旅游部等 17 个部门	《关于促进乡村旅游可持续发展的指导意见》
	2022 年	文化和旅游部、公安部等 10 部门	《关于促进乡村民宿高质量发展的指导意见》

2. 各大部委：因部施策

乡村旅游不仅是一个产业发展问题，更与乡村地区的生态、就业、社会稳定、城乡统筹发展等诸多领域高度关联，涉及领域广。在乡村振兴战略实施的背景下，乡村旅游产业政策需要与乡村地区发展全面融合。作为主管部门，农业农村部、国家发展和改革委员会以及文化和旅游部推出相关政策，积极正面引领，相关部门从乡村资源充分利用、丰富产品体系、产业融合等方面制定相关政策，侧翼协同支持。相关部门发布的乡村旅游产业政策梳理见表 2-7。

表 2-7　相关部门发布的乡村旅游产业政策梳理

涉及方面	年份	部门	政策
基础保障	2016 年	国家旅游局	《全国旅游标准化发展规划（2016—2020）》
	2018 年	国务院办公厅	《关于促进全域旅游发展的指导意见》
	2018 年	农业农村部	《开展休闲农业和乡村旅游升级行动的通知》
	2019 年	文化和旅游部、中国农业银行	《文化和旅游部办公厅 中国农业银行办公室关于金融支持全国乡村旅游重点村建设的通知》
	2021 年	国务院	《"十四五"旅游业发展规划》
	2022 年	农业农村部	《农业农村部办公厅关于开展 2022 年中国美丽休闲乡村推介活动的通知》
	2022 年	农业农村部、财政部、国家发展和改革委员会	《农业农村部 财政部 国家发展改革委关于开展 2022 年农业现代化示范区创建工作的通知》
	2022 年	国家发展和改革委员会	《"十四五"新型城镇化实施方案》
	2023 年	文化和旅游部、中国银行	《文化和旅游部办公厅 中国银行关于金融支持乡村旅游高质量发展的通知》

总之，在国家提出战略引领、各部委出台具体实施政策、方案与措施推动下，以乡村振兴为大背景，乡村文化资源、乡村经济生产资源、乡村生态资源、村组织与村民等各类要素被充分调动起来，在乡村经济发展、产业繁荣、社会和谐、绿色生态、文化等领域迸发出勃勃生机，朝着建设宜居宜业和美的乡村阔步迈进。

2.3　我国乡村现况

2.3.1　乡村振兴战略

党的十九大报告中明确了乡村振兴战略的五大目标要求和农业农村现代化的战略目标[11]。具体来说，实施乡村振兴战略的总目标是实现农业农村现代化，总方针是坚持农业农村优先发展，总要求是产业兴旺、生态宜居、乡风文明、治理有效、生活富裕。按照党的十九大提出的决胜全面建成小康社会、分两个阶段实现第二个百年奋斗目标的战略安排，中央农村工作会议明确了实施乡村振兴战略的目标任务：到 2020 年，乡村振兴取得重要进展，制度框架和政策体系基本形成；到 2035 年，乡村振兴取得决定性进展，农业农村现代化基本实现；到 2050 年，乡村全面振兴，农业强、农村美、农民富全面实现。

2022 年，党的二十大报告强调要"全面推进乡村振兴"[9]，进一步明确了乡村振兴的根本目的是加快建设农业强国，并对乡村振兴在当前和今后一个时期的主要任务做出了全面部署。比如，夯实粮食安全根基，发展乡村特色产业，增强脱贫地区和脱贫群众内生发展动力，统筹乡村基础设施和公共服务布局等。

2.3.2　我国乡村振兴阶段成果

中国特色乡村振兴之路是符合中国国情的顶层设计，是改革开放 40 余年来探索乡村建设规律的必然结果，具有创新性的实践意义。我国农村发展事业从"美丽乡村"建设、社会主义新农村建设、特色小镇建设，再到乡村振兴战略的实施，在对城乡关系的处理上也经历了从城乡兼顾、统筹城乡，再到城乡融合的发展历程，探索出一条符合中国国情的乡村振兴之路。自 2017 年首次提出乡村振兴战略以来，随着重点工作的一步步推进，现已取得了可喜的阶段性成果。

1. 城乡居民收入差变动率降低

党的十九大报告指出，我国社会主要矛盾已经转化为人民日益增长的美好生活需要和不平衡不充分的发展之间的矛盾[11]。这不仅对乡村发展提出了新的要求，也为乡村振兴战略的制定提供了重要的依据。

城乡发展的不平衡对农村发展提出新要求。在社会主要矛盾中，发展不平衡包括区域、城乡发展以及群体在收入和资源等方面的不平衡，其中最大的不平衡是城乡发展的不平衡。随着乡村振兴战略的提出，现阶段我国城乡发展不平衡的局面有所改善，主要体现在城乡居民人均可支配收入差距变动率逐渐变小。由图2-1 可知，在我国经济建设的不断推进下，城乡居民收入不断提高，收入差距仍较大，但二者之间的收入差距变动率缩小。2022 年全国居民人均可支配收入为 36 883元，同比实际增长 2.9%；城镇居民人均可支配收入为 49 283 元，同比实际增长1.9%；农村居民人均可支配收入为 20 133 元，同比实际增长 4.2%，增速明显[12]。

2. 推动乡村人才振兴，吸引人才返乡、下乡、兴乡

2017 年以来，国家不断围绕强化乡村振兴人才支撑做出专门部署。2021 年，中共中央办公厅、国务院办公厅印发《关于加快推进乡村人才振兴的意见》。各地各部门认真贯彻落实党中央、国务院决策部署，把人力资本开发放在首要位置，

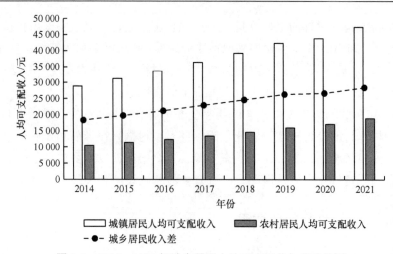

图 2-1　　2014～2021 年城乡居民人均可支配收入及倍差图

资料来源：国家统计局官方网站

制定《"十四五"农业农村人才队伍建设发展规划》等政策文件，促进人才返乡、下乡、兴乡，为推进乡村振兴提供智力支撑。在"育主体、搭平台、推典型"重点工作上，返乡入乡人才总量创新高，逐渐成为乡村产业融合发展的带头人。2021年，全国返乡入乡人才数量累计达 1120 万人（图 2-2）。

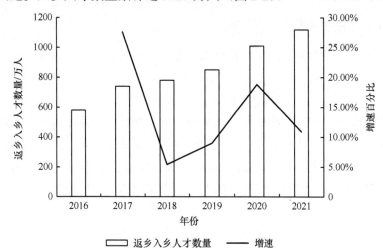

图 2-2　　2016～2021 年中国返乡入乡人才数量及增速

资料来源：农业农村部官方网站

3. 粮食产能稳定且不断提升

自乡村振兴战略实施以来，我国粮食连年丰收（图 2-3）。国家通过深入实施藏粮于地、藏粮于技战略，提高粮食产能，推出耕地保护红线、推动农业科技发展、调动农民种粮积极性等一揽子硬措施，保证粮食安全，确保中国人的饭碗牢牢端在自己手中。

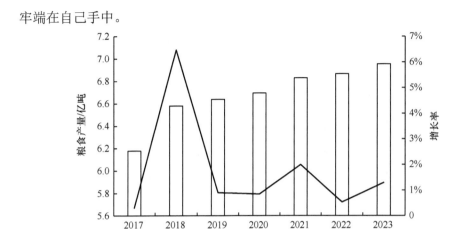

图 2-3　2017～2023 年全国粮食产量变化图

资料来源：农业农村部官方网站

4. 乡村产业发展亮点突出，发展取得积极成效

乡村振兴战略把发展壮大乡村产业摆在重要位置，自乡村振兴战略实施以来，乡村产业快速发展，取得了明显的成效。

（1）农村产业融合发展。聚焦农村一二三产业融合，创建国家农村产业融合发展示范园，发挥示范引领作用。2018 年至 2021 年 6 月，先后同意三批次 374 个单位创建国家农村产业融合发展示范园，认定两批次共 200 个国家级农村产业融合发展示范园。

（2）乡村文化旅游深度融合发展。从 2016 年到 2019 年，全国休闲农业和乡村旅游接待规模保持稳定增长态势。2019 年，我国乡村休闲旅游接待游客数量约达 30.9 亿人次，营业收入达 8500 亿元，直接带动吸纳就业人数 1200 万人，带动受益农户 800 多万户，成为"绿水青山就是金山银山"的重要实现途径和生动写照[13]。2020 年受新冠疫情影响，全国乡村休闲旅游接待游客数量约达 26 亿人次，营业收入达 5925 亿元（图 2-4），吸纳就业 1100 万人，带动农户 800 多万户。

（3）农村电商蓬勃发展。2020 年，中国农林牧渔专业及辅助性活动产值超过 6000 亿元，农村网络零售额 1.79 万亿元。2022 年，各类涉农电商超过 3 万家，农村网络零售额达到 2.17 万亿元，其中农产品网络零售额超 5000 亿元，比 2021 年均有较大增长（图 2-5）。

（4）乡村特色产业传承发展。为贯彻落实中央一号文件和《国务院关于促进乡村产业振兴的指导意见》精神，培育壮大乡村特色产业，截至 2023 年初，农业农村部组织开展了共十二批"一村一品"示范村镇认定，已累计认定全国"一

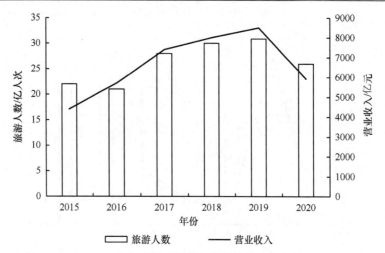

图 2-4　2015~2020 年中国乡村休闲旅游接待游客人数及营业收入
资料来源：农业农村部官方网站

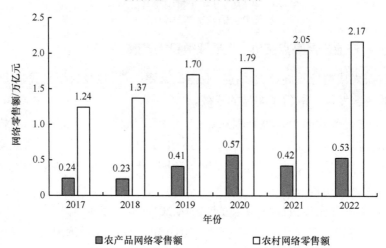

图 2-5　2017~2022 年中国农产品网络零售额及农村网络零售额
资料来源：农业农村部官方网站

村一品"示范村镇 4068 个。要推出"一村一品"，就要围绕"土特产"做好文章，从而推动乡村特色产业集聚化、标准化、规模化、品牌化发展。

2.4　我国乡村文化旅游产业发展概况

随着社会经济的不断发展，人们对于旅游的需求逐渐提高，而且更加注重旅游体验与参与深度。作为新兴产业业态的乡村文化旅游可以承接人们变化了的旅游需求，在乡村振兴战略实施的背景下发展迅猛，已成为乡村地区发展的重要产业。

乡村文化旅游产业对乡村地区的经济发展具有积极作用,有助于提高农村居民的非农收入,优化乡村产业结构,改善乡村生态环境。从乡村文化旅游产业的特性看,乡村文化旅游产业具有经济、文化、社会等多重属性,具有较高综合性和产业关联性等特性,对其他相关产业具有强劲的带动作用,因此,乡村文化旅游产业是乡村振兴的首要动力。

2.4.1 我国乡村文化旅游产业基本情况

1. 乡村文化旅游市场向好发展

民族要复兴,乡村必振兴。发展旅游业是农村发展、农民增收的有效途径,对实现乡村振兴具有重要意义。2019 年,旅游业直接及间接就业人口达到近 8000 万人,但自新冠疫情发生以来,旅游业遭受了重创,2020 年国内旅游人次及收入大幅下降。2021 年,我国文化产业恢复情况良好,文化产业的市场主体数量不断增加;旅游业虽仍受疫情持续性影响,但整体稳步复苏。2021 年,国内旅游收入(旅游总消费)约为 2.92 万亿元,同比增长 31%,恢复到 2019 年的 51%,国内旅游总人次为 32.46 亿人次,同比增长 12.8%,用户出游意愿正在恢复,不断助力经济发展及乡村振兴(图 2-6、图 2-7)。2023 年,全国各地通过落实促进文旅消费的系列措施,深化文化旅游资源的开发,充分挖掘乡村旅游资源,探索乡村文化旅游新业态、新形式,打造乡村旅游消费新场景,乡村文旅消费市场持续升温。

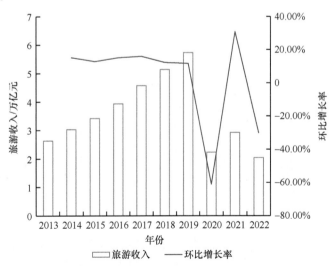

图 2-6 2013～2022 年我国旅游行业收入及环比增长情况

资料来源:文化和旅游部官方网站

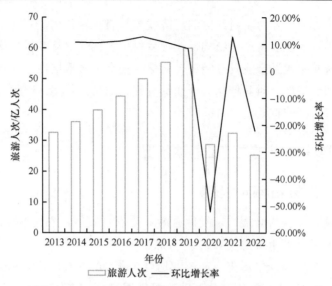

图 2-7　2013～2022 年我国旅游人数及环比增长情况
资料来源：文化和旅游部官方网站

　　从旅游结构来看，城乡居民旅游消费增长趋势未改，旅游仍是重要的消费场景。数据显示，2021 年，我国城镇居民旅游人次达 23.42 亿人次，同比增长 13.4%，农村居民旅游人数达 9.04 亿人次，同比增长 11.1%；城镇居民旅游消费达 2.36 万亿元，恢复至 2019 年同期的 49.68%；农村居民旅游消费达 0.55 万亿元，恢复至 2019 年同期的 56.70%，2022 年受疫情影响略有降低（图 2-8、图 2-9）。

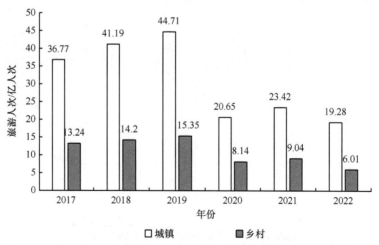

图 2-8　2017～2022 年我国城镇和乡村居民旅游人次统计情况
资料来源：文化和旅游部、农业农村部官方网站

　　与此同时，随着我国不断加强文化建设，增强文化自信，我国文化及相关产业不断发展，总体营收呈上升趋势（图 2-10）。2021 年，我国文化产业表现出较

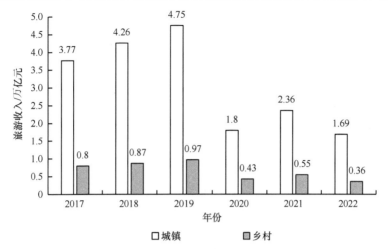

图 2-9　2017～2022 年我国城镇和乡村居民旅游消费统计情况

资料来源：文化和旅游部、农业农村部官方网站

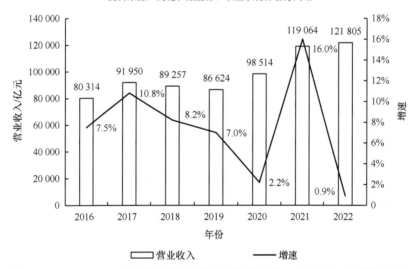

图 2-10　2016～2022 年全国规模以上文化及相关产业企业营业收入及增速统计

资料来源：国家统计局官方网站

强的韧性，九大文化行业营业收入与上年相比均实现两位数增长；在 43 个行业种类中，41 个行业营业收入比上年增长，增长面达 95.3%。同时，"互联网+文化"保持快速增长，文化产业新业态持续增加。

文化产业的高速发展促进了乡村文化旅游产业链条的完善，也带动了乡村文化旅游产业的发展。2022 年，文化服务业、文化批发和零售业营业收入分别达 84 401 亿元和 29 169 亿元，比上年分别增长 1.7% 和 3.0%；文化制造业实现营业收入 51 932 亿元，比上年下降 1.1%（图 2-11）。通过"文化+""旅游+"的方式能够有效满足消费者的需求，深化供给侧结构性改革，实现乡村文化旅游产业的可持续发展。

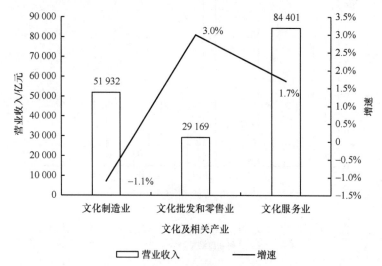

图 2-11　2022 年文化及相关产业收入及增速图

资料来源：国家统计局官方网站

图中增速为未扣除价格因素的名义增速

2. 产业链带动效益明显

为助力全面推进乡村振兴战略，提升乡村旅游发展质量和效益，2019 年以来，文化和旅游部会同国家发展和改革委员会开展了全国乡村旅游重点村名录建设工作。截至 2022 年末，我国共有 1399 个全国乡村旅游重点村、198 个全国乡村旅游重点镇（乡）[14]。这些村镇成为乡村旅游领域具有影响力的目的地，极大地带动了相关地区旅游业的蓬勃发展，成为乡村振兴的新力量。

当前乡村旅游市场呈现多元化发展态势，游客的旅游方式也由出游观光、商贸向文创、休闲、体验与度假转变，乡村旅游发展出各具特色的发展模式（图2-12）。

乡村文化旅游在向多元化发展的同时也在向大型、复合型转变，如 2023 年湖南省（冬季）乡村文化旅游节、湖南省冬季"村晚"示范展示活动，通过跨区联合敞开大门迎接四海来客，让乡村美起来、文化活起来、旅游火起来。

乡村文化旅游产业的产业链带动作用一方面体现在充分发挥乡镇连城带村的衔接功能和要素优势，把乡镇建设成为服务乡村旅游发展的区域中心，带动乡村旅游集群化、规模化、品牌化发展；另一方面，充分利用乡村旅游的辐射作用，带动城乡间人员、资本、信息、资源交流互通，助力打通城乡要素平等交换、双向流动的通道，促进城乡融合发展。

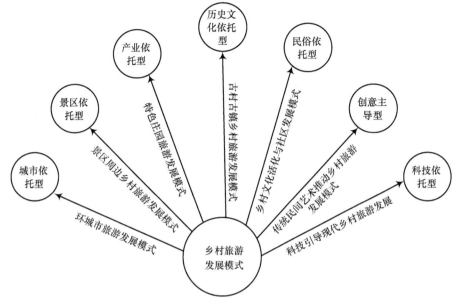

图 2-12　乡村旅游主要发展模式

2.4.2　我国乡村文化旅游常见业态形式

乡村中自然资源与人文资源是乡村文化的载体。乡村特有的地理环境、景物、地方民俗、饮食文化等都是旅游吸引力的来源。跟随着我国乡村旅游业的发展，旅游业态的形式也由单一到多样，再到多元。从简单的农家乐、种植园采摘，到生态娱乐、科教娱乐等主题化的旅游项目，再到"文旅+N"等方式打造的新产品、新业态、新潮流。乡村文化旅游已经成为很多地方经济来源重要的组成部分，带动了其他产业协调发展，活化了乡村。

秦会朵基于主要客群需求提出了乡村文化旅游呈现三种主要发展模式：观光型乡村旅游、文化型乡村旅游与体验型乡村旅游[15]。从乡村文化旅游产业供应端来看，依据其主要经营业态形式，可以总结为以下几种类型。

1. 文旅融合项目型

通过乡村文化产业和旅游业的融合催生出新业态形式。两个产业在融合路径下衍生出典型的乡村文化景观、特色旅游演艺、旅游节庆、特色小镇、文创开发、主题公园六种主要表现形式，这些表现形式并不一定是单独存在的，也会和其他表现形式相结合，以项目建设的方式集中聚集或整村开发，打造乡村 IP，形成具有地方特色的文化旅游产品，如文化产业园、乡村文旅综合体等，吸引游客前来感受乡村风情，推动乡村旅游业的发展。文旅项目作为乡村文化的一种载体，以其特色化、精品化、品牌化的特点，成为乡村文化旅游产业发展的重要形式。

2. 乡村生态文化旅游型

生态资源是可持续发展的基本保障。开发乡村旅游业需要充分考虑当地的自然条件与生态环境，在保护中开发。充分挖掘和利用所在地的自然资源与生态特色，突出当地原生态产品的独特性与美丽的自然风光，如湖水河流、草原山地，以绿色为基底，打造出富有当地特色的民宿客栈或康养设施，提供新型的旅游产品和服务。

3. 乡村休闲农业文化旅游型

休闲农业是依托农业生产，在充分利用现有农业自然资源、农村空间和农村人文资源的基础上，通过旅游者参与农业生产、农业产品加工等活动，充分体验生态农业与现代农业相结合的新型旅游产业[16]。我国是传统的农业大国，五谷文化是我国乡村文化的本质。通过农业生产与旅游项目的有效结合，开展动植物主题乐园、田园风光游览、有机农产品展销等业态，结合农家特色餐饮民宿等产品与服务，开展旅游活动。

4. 乡村特色种植园旅游型

这种模式与乡村休闲农业文化旅游有相同的地方，但也存在显著差别。特色种植园模式主要是特色农产品的种植园打造，增强其观赏价值。游客通过参观种植园，采摘、品尝园中种植的各种农产品，在观赏游玩中品尝新鲜水果与美食，并进行购物。除此之外，也借机宣传当地特色的地理标志性农产品，拓宽产品销售渠道，助力农民增收。

5. 乡村饮食文化型

人们所期待的乡村文化旅游，应是有"乡音""乡情"，是有真实乡土生活沉浸感的，也应是有新鲜感、有生机的。"美食+美景"是乡村文化旅游的一张靓丽名片，勾起出行者的审美欲望，而特色乡村美食能触动旅游者的味蕾，现阶段乡村开办的农家乐、渔家乐、休闲娱乐农庄就是如此。另外，开展乡村美食文化节活动，也能将乡村美食资源与乡村文化旅游产业衔接起来。

6. 特色乡村与传统民俗型

这种模式以乡土文化为基底，主要是一些传统村落、特色的村寨、历史名人文化名村等，且历史人文系统具有完整性的乡村，重点展现其历史价值、文化价值、科学教育价值、艺术价值，满足旅游者学习知识、思想启迪的需要，并通过开展传统节庆展演、特色民俗表演、演艺活动、非遗创意产品展览等沉浸活动，体会名人家训、他乡文化与精神启示。

当前，随着乡村振兴战略的全面推进，乡村文化旅游进入更广领域、更深层次的开发探索，如将茶文化、中药文化等与乡村旅游有机融入。借助着科技手段与数字化技术，乡村文化旅游不断创新出新业态形式，以"旅游+科技""旅游+国潮"等方式打造的新产品、新业态不断推陈出新，如融入二次元、元宇宙等概念，古装沉浸乡村夜游、围炉煮茶等活动不断成为文旅消费的新热点，推动乡村文化旅游的繁荣与发展。

参 考 文 献

[1] 付根源, 贺彦凤. 乡村文化建设的困境及出路研究[J]. 西部学刊, 2019, (22): 48-51.

[2] 李扬. 乡村文化建设助推乡村振兴战略研究[J]. 农村.农业.农民(B 版), 2019, (11): 24-25.

[3] 张岩, 王立人. 挖掘乡村文化 促进乡村旅游可持续发展[J]. 农业经济, 2008, (12): 70-71.

[4] 吴春华. 智慧旅游背景下乡村旅游发展路径研究[J]. 全国流通经济, 2022, (6): 125-127.

[5] 孙志强. 乡村旅游特色餐饮开发研究[J]. 经济问题探索, 2008, (8): 137-140, 156.

[6] 麦金托什 R, 格波特 X. 旅游学: 要素·实践·基本原理[M]. 上海: 上海文化出版社, 1985.

[7] 马勇, 童昀. 从区域到场域: 文化和旅游关系的再认识[J]. 旅游学刊, 2019, 34(4): 7-9.

[8] 望庆玲, 孙军, 顾敏. 文化产业与旅游产业深度融合的动力机制与发展路径[J]. 科技和产业, 2021, 21(5): 115-120.

[9] 习近平: 高举中国特色社会主义伟大旗帜 为全面建设社会主义现代化国家而团结奋斗——在中国共产党第二十次全国代表大会上的报告 [EB/OL]. https://www.gov.cn/gongbao/content/2022/content_5722378.htm[2022-10-25].

[10] 郭鹏慧. 乡村振兴背景下乡村文化旅游发展研究: 以高平市神农镇为例[J]. 南方论刊, 2022, (1):26-29.

[11] 习近平: 决胜全面建成小康社会 夺取新时代中国特色社会主义伟大胜利——在中国共产党第十九次全国代表大会上的报告 [EB/OL]. https://www.gov.cn/zhuanti/2017-10/27/content_5234876.htm[2017-10-27].

[12] 2022 年居民收入和消费支出情况 [EB/OL]. https://www.stats.gov.cn/sj/zxfb/202302/t20230203_1901715.html[2023-01-17].

[13] 全国休闲农业和乡村旅游大会 强调加快乡村休闲旅游业恢复发展 推进产业提档升级高质量发展[EB/OL]. http://www.moa.gov.cn/jg/leaders/lingdhd/202009/t20200917_6352290.htm[2020-09-17].

[14] 新一批全国乡村旅游重点村镇名单公布[EB/OL]. https://zwgk.mct.gov.cn/zfxxgkml/zcfg/zcjd/202212/t20221209_938003.html[2022-12-08].

[15] 秦会朵. 乡村文化旅游发展中的价值失语与价值重构[J]. 理论月刊, 2023, (8): 93-102.

[16] 杨应杰. 河南省发展休闲农业与乡村旅游的对策研究[J]. 河北科技师范学院学报(社会科学版), 2013, 12(2): 40-47.

第3章 乡村文化旅游产业典型案例研究

3.1 WSR 理论与乡村文化旅游产业的关系

3.1.1 WSR 理论

WSR 理论即物理（wuli）—事理（shili）—人理（renli）系统方法论，是由中国系统科学专家顾基发和朱志昌提出来的[1]。该理论是将物理、事理、人理三者结合以解决复杂问题的系统方法论。"物理"构成系统的客观存在，主要是指自然规律和科学知识，解释"是什么"的问题；"事理"是面对客观存在及其规律介入时的机理，主要是指做事的方法和道理，说明"如何解决"的问题；"人理"是处理人与人之间的相互关系，主要是指系统中涉及人的问题，阐明"最好怎么做"的问题。

WSR 理论认为，处理复杂问题时，既要考虑对象系统的物（物理）的方面，也要考虑如何恰当利用这些物的方面，即事（事理）的方面，同时还要考虑在认识问题、分析问题、处理问题以及过程管理与决策方面都离不开人（人理）的思考与行为。将这三个方面有机结合，通过利用人的理性思维的逻辑性与形象思维的创造性，组织起来并开展实践活动，从而产生最大的效益和效率。WSR 方法论的工作过程分为七个步骤，如图 3-1 所示，分别为理解意图、形成目标、调查分析、构造策略、选择方案、协调关系和实现构想七个步骤[2]。这七个步骤可以反复循环进行。

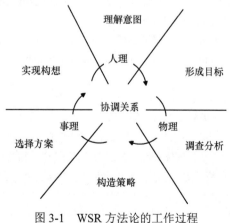

图 3-1 WSR 方法论的工作过程

总之，该方法论的核心思想是物质世界、系统组织与人不断地动态协调统一，在分析解决实践问题过程中以"懂物理、明事理、通人理"作为准则要求。

乡村文化旅游产业系统是一个复杂的开放系统，系统构成涉及经济、社会、资源、环境等诸多方面，它们之间虽相互独立，但又彼此联系紧密。乡村文化旅游活动的开展，需要主体要素间的协调，资源环境为可持续发展提供物质基础，产业经济将资源环境下的生产要素转化为经济效益，社会文化则是将资源要素和生产关系成功融合在一起。乡村文化旅游产业的发展与繁荣涉及多个阶段、多个影响因素以及多个相关主体，因而表现出较为鲜明的系统性和复杂性特征，而WSR 作为一种系统方法论，又是解决实践中复杂问题的工具，将其运用于乡村文化旅游产业发展问题的研究与探索是非常有价值的。

3.1.2 WSR 方法论应用于乡村文化旅游产业中的可行性

乡村文化旅游产业的发展涉及许多行业部门，也包括旅游产业和文化产业的各类要素。在整个系统中，既有包含乡村旅游资源、文化资源、旅游设施等旅游吸引物的物质基础，也有与之相关的法律法规、政府组织机构出台的政策等支持要素，还包括外来游客、当地居民、信息科技企业和旅游企业等众多参与者的人的要素。乡村文化旅游产业的可持续发展要求乡村文化旅游活动促进当地乡村文化发展，给当地带来经济、社会文化和环境等多方面的效益。在这一目标下，协调系统中人、事、物的关系非常重要，尤其在人理方面表现更为复杂，如文旅项目的经营者、管理者、旅游市场受众、其他参与者之间的关系。因而，乡村文化旅游产业的系统性、复杂性与 WSR 理论系统具有高度的一致性，从系统静态特征角度看，将 WSR 方法论用于解决乡村文化旅游产业问题是适用的。

除此之外，乡村文化旅游产业在系统形成和演化的本质特征上也与 WSR 应用系统是一致的。这是由于：其一，乡村文化旅游产业系统具有开放性。乡村文化旅游资源、旅游产品面向整个乡村文化旅游产业系统，人才、信息、技术、政策实现产业共享，旅游者的参与活动在产业系统中自由流动。不仅如此，乡村文化旅游产业的形成与演化也处在整个社会的大环境中，与社会旅游大系统有着广泛的交换。其二，乡村文化旅游产业系统是处于不断的变化发展之中的。随着科学技术的发展与迭代、社会经济的变化与发展，暂时处于平衡态的乡村文化旅游产业系统将向更广乡村文化旅游系统的方向演进，并不断与外界环境状况进行交流，从而形成一种新的、稳定的态势结构。其三，乡村文化旅游产业系统内部存在复杂的交互作用。乡村文化旅游产业系统是一个有机整体，其中乡村文化旅游资源系统、乡村文化旅游产品系统、乡村文化旅游市场系统与乡村文化旅游产业系统紧密联系，这些子系统之间又存在相互联系、相互制约关系，系统的各个方面、各个层次之间既存在正反馈效应，也存在约束增长的负反馈——饱和效应。因此，从系统动态特征看，WSR 方法论用于对乡村文化旅游产业系统的剖析也是契合的。

在实践活动中，可借助于 WSR 方法论指导解决乡村文化旅游产业发展中的难题。通过人的知识、感情、和解、协调关系与利益因素，将物质因素及作用机理与事情的运筹逻辑进行动态有机统一，从而实现实践活动的高效能与产业和谐。

在研究活动中，可基于 WSR 理论开展对乡村文化旅游典型案例的解析。结合每个典型案例的生成与治理过程中的具体特征及影响因素，构建一个基于该方法论的理论分析框架，其中的物理层、事理层与人理层分别对应乡村文化旅游典型案例的生发基础、介入方式与相关主体，再结合从外向内、从内向外两个视角分析系统的动力、治理理念与管理效率。

3.2 乡村文化旅游产业的 WSR 三维分析模型

乡村文化旅游产业系统是一个以乡村文化旅游产业为构成基础，由各利益群体参与的复杂系统。系统中物、事、人相互依托、相互影响，分别从文化旅游资源、文化旅游市场、基础设施、政策法规、管理体制、相关利益主体等多个系统要素（表 3-1）实现乡村文化旅游的经济、社会、环境的全面和谐发展。由此，根据乡村文化旅游产业系统在物理、事理和人理三个方面所体现出来的各种因素提出了 WSR 三维分析模型，如图 3-2 所示。

表 3-1 基于 WSR 的乡村文化旅游产业系统要素

要素	系统要素	内容
物理	文化旅游资源	当地的自然景观、建筑景观、古城镇风貌、当地历史文化、生活习俗等
	文化旅游市场	乡村文化旅游信息网络平台丰富程度，文化旅游产品供给量和需求量等
	基础设施	当地的宾馆、饭店、交通、旅游购物、娱乐等设施
	社区文化	社区居民整体素质、生活方式、价值观、社区居民对游客的接纳程度等
	生态环境	古城镇旅游区的绿化、美化程度；环境质量的优劣；大气、水、固体废弃物的排放与治理等
事理	政策法规	乡村文化旅游发展的政策、法律、法规等
	管理体制	涉及乡村文化旅游发展的行业标准、服务规范、旅游六要素的管理制度等
	组织机构	涉及乡村文化旅游发展的规划、管理等部门，如国家与地方的旅游局、文物局、工商部门、城市规划部门及有关行业协会等
	经营模式	乡村文化旅游企业的所有制形式、利润分配方式、经营目标等

要素	系统要素	内容
人理	相关利益主体	涉及乡村文化旅游发展的政府部门、旅游企业、其他经营组织与个人、第三部门（如高校、行业协会）、古城镇社区居民、旅游者等
	相关主体关系	各利益主体之间的协调统一关系

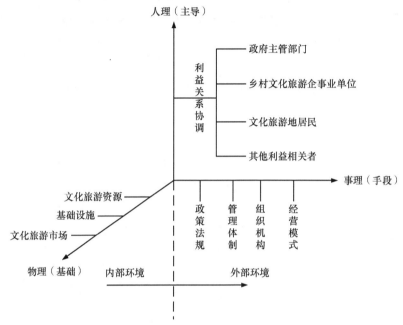

图 3-2　乡村文化旅游产业 WSR 三维分析模型

3.3　基于 WSR 理论的典型案例分析

国家发展和改革委员会与文化和旅游部出版的《全国乡村旅游发展典型案例汇编》，将乡村文化旅游依据不同特色分为乡村民宿带动型、民俗文化依托型、景区发展带动型、生态资源依托型、田园观光休闲型和旅游扶贫成长型六种类型。本书基于我国乡村文化旅游产业发展实践，选择不同类型中的一个项目作为典型，采用 WSR 三维分析模型，以内、外两视角分析其组织、开发与运营情况，找出其成功的关键要素与存在的问题，总结规律共性以供实践启发。

3.3.1　乡村民宿带动型——江苏省宜兴市洑西村

1. 基本概况

洑西村位于江苏省宜兴市湖㳇镇西南 5 公里处，占地面积 22.13 平方公里，有人口 4500 余人，距离国家 4A 级景区竹海风景区的直线距离仅 5.6 公里。这里气候适宜，林木葱郁，自然环境优美，空气负氧离子含量丰富，具有深氧湖之称。

近年来，洑西村立足于浓厚的诚敬文化与淳朴的乡风，依托于自然资源禀赋，以打造"特色民宿"为契机，盘活乡村资源，促进产业深度融合，不断激发乡村活力，加快村民致富进程。随着原色精品民宿和诚敬文化的声名远播，洑西村不仅成为人们休闲观光的最佳落脚地与乡村文化网红打卡之地，还成为江苏省最大的民宿产业集聚村，其先后被评为"全国乡村旅游重点村""第六届全国文明村镇""中国美丽休闲乡村""省级生态文明建设典型"等。2023 年，该村被列入长江乡村振兴之旅线路。

2. 乡村文化旅游资源开发历程

洑西村位于交通便利、经济发达的长三角中心区域，在 20 世纪 90 年代，主要以开采矿石带动经济发展，对环境伤害极大。2003 年宜兴市政府开展环境整治，更加关注生态保护。2009 年开始，当地政府和村民开始考虑利用洑西村的自然优势和文化资源来发展乡村特色民宿，带动乡村旅游。2010 年，洑西村民宿项目正式启动，当地政府投入大量资金修缮古民居，并引入专业的设计和管理团队，同时，村民也积极参与，对房屋进行改造，增设卫生间和空调等设施，并于 2012 年成立农家乐协会，创新推出"篱笆驿站"模式带动农户加盟连锁经营，民宿规模不断发展壮大。

洑西村倡导诚以修身、敬以兴业的诚敬文化，民宿的大力发展进一步促进诚敬文化的传承。村内建有志愿者驿站、游客接待中心及青年之家等多个精心设计的文化宣传平台，并定期举办多样的文化旅游活动，丰富了村民的业余生活，同时，作为唐代"阳羡贡茶"的发源地之一，"阳羡茶"文化传承至今，已获国家地理标志证明商标，历史文化底蕴丰富。

如今，洑西村已具备日接待 3000 人次食宿的能力，在很大程度上解决了农村剩余劳动力，形成了以"篱笆驿站"为龙头品牌的一批具有强势竞争力的精品农家乐和主题民宿，据不完全统计，2022 年，洑西村现代农业和旅游业收入超 1 亿元[3]。

综上所述，洑西村特色民宿发展优劣势分析如图 3-3 所示。

3. 洑西村乡村文化旅游的 WSR 分析

依据上文构建的 WSR 三维分析模型，对洑西村乡村文化旅游产业系统要素进行归纳总结，见表 3-2。

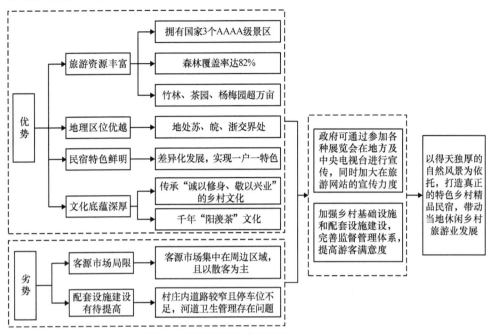

图 3-3　洑西村特色民宿发展优劣势分析

表 3-2　洑西村乡村文化旅游产业系统要素分析

要素	系统要素	内容
物理	文化旅游资源	依托雅达·阳羡溪山，毗邻张公洞、善卷洞、竹海、紫砂圣地丁山等风景名胜区，拥有"阳羡茶"文化，传承诚敬文化
	文化旅游市场	洑西村是江苏省最大的民宿产业集聚村，形成以"篱笆驿站"为龙头品牌的一批精品农家乐和主题民宿
	基础设施	紧邻旅游线——张灵慕线，交通便利，景点之间有免费旅游直通车，设有志愿者驿站、游客接待中心及青年之家等服务设施
	社区文化	传承"诚以修身、敬以兴业"的乡村文化，举办"幸福生活创建评比'好婆媳'""陶都好人""传家训、立家规、扬家风"等主题活动
	生态环境	自然环境优美，空气负氧离子含量丰富，有深氧湖之称
事理	政策法规	宜兴市政府制定了相关政策、评定办法等，对宜兴市民宿经营和乡村旅游相关行为进行了规范和管理
	管理体制	坚持走农旅融合发展之路，坚持"环境立市、生态立市""生态立镇、旅游兴镇"的发展理念
	经营模式	建立非营利组织农家乐协会从事服务、整体规划等工作，农户依托自己的房屋加盟乡村民宿品牌龙头企业，独立经营
人理	相关利益主体	村委会、农家乐协会、农户、游客、企业、投资者、大学生
	相关主体关系	负责乡村文化旅游发展的相关政府部门提供政策支持，农家乐协会统筹引导，村委会环境规划，乡村民宿龙头企业带动，农户加盟独立经营，为游客提供优质服务与体验

　　根据表 3-2 的系统要素分析，从向内看、向外看两个维度进一步探究洑西村乡村文化旅游产业发展动力与效率的根源。

1）洑西村乡村文化旅游模式——向内看

依托龙山自然村的区域优势和生态环境，村委会从 2012 年开始持续投入资金对龙山村域环境进行全面的整治和提升，按照"统一规划、联合整治、区域一体"的要求，对村庄道路、自来水、污水、涧河以及休闲健身等设施全域整治提升，因地制宜对农户房屋进行特色化改造，健全环境卫生制度，完善垃圾收运体系，为乡村民宿的发展提供环境保障。龙山特色民宿的主要发展模式是篱笆园龙头企业带动和农户独立经营，篱笆园根据洑西村资源现状，创建乡村客栈连锁品牌——"篱笆驿站"，并利用企业现有资源进行宣传，扩大民宿知名度，农户加盟后，按照企业设置的章程进行规范经营。为规范民宿经营管理，2012 年洑西村成立农家乐协会，除建立协会网站、绘制导览图、印刷资料宣传、指导办理证照、为游客提供免费咨询等常规工作外，还对广大农家乐经营户在房屋外墙装修、内在装饰、餐饮卫生等方面提出更高要求，提供活动宣传、经营管理、统一指导等方面的服务。农户在村委会、农家乐及龙头企业的引导与支持下，打造特色民宿，推陈出新，不断提高服务水平。总之，从内部看，洑西村民宿依托优越的自然条件，完善了基础设施，在龙头企业的带动与农家乐协会的规范指引下，村民的能动性被激发出来，推动了当地乡村旅游的高质量发展。

2）洑西村乡村文化旅游模式——向外看

洑西村创新理念，转变发展思路，并结合宜兴市政府制定的相关政策、评定办法等，不断推陈出新，通过建设官方网站、微信公众号、线上线下推广等方式，并举办各种主题活动和推广活动，提高了知名度和美誉度。伴随着乡村民宿种类的增多及规模的不断扩大，吸引了众多前来休闲观光的游客，打响了乡村特色民宿品牌，赢得周边及全国游客的青睐。

洑西村以乡村民宿为基础，大力发展乡村旅游业，深度融合一三产业。建立农产品合作社，通过"合作社+公司+农户"的模式带动周边群众共同发展，农户参与的旅游热情也是愈发高涨。同时，村里还推出了各种农家乐活动和农业观光体验项目，让游客可以深入了解当地的农业文化。依托"诚以修身、敬以兴业"的诚敬文化，设立"诚敬舍""诚敬茶馆"为对外宣传口，开展"传家训、立家规、扬家风"主题活动、各类民间文体活动与文明幸福生活创建评比活动等，培育乡村旅游文化。诚敬文化的良好传承不仅丰富了村民的业余文化生活，也为游客提供互动平台，向外来游客展现了深厚的文化氛围和淳朴的村风。此外，欣欣向荣的发展前景也吸引着众多大学生返乡创业，为乡村文化旅游产业增添活力和动力，使得乡村文化旅游产业得以可持续发展。截至 2023 年 5 月，洑西村有民宿、酒店约 140 家，这已成为宜兴市旅游业的重要组成部分，也成为当地经济和社会发展的新亮点[3]。总之，洑西村以诚敬文化和乡村旅游文化为依托，发展民宿业与农业观光，吸引游客前来体验当地的乡风乡情，并在活动互动中感受家庭文化的魅力，不知不觉中影响自己的家庭观念与家庭教育理念，并获得宝贵的生活智慧。

4. 洑西村乡村文化旅游产业经验总结

1）发展特色民宿，创新管理模式

洑西村依托优美的山水资源，在当地政府及农家乐协会支持与引导下，创新管理模式，以"龙头企业带动+农户独立经营"的模式，大力发展特色民宿产业，由最初的同化逐步向差异化发展，不断推出新版本，实现一户一特色，打造真正的乡村精品民宿；为规范农家乐的经营管理，成立农家乐协会，建立宣传网站，为游客提供免费咨询服务，规范会员经营。

2）打造品牌产品

洑西村在特色民宿带动下，积极挖掘本土特色农业资源，成立大地春农产品专业合作社，努力打造"一村多品"，目前"城泽板栗""大地春农产品"等均有了一定知名度，现可生产农产品 20 余种，采用"公司+基地+农户+市场"的模式，由公司统一收购销售，解决农民后顾之忧，推动经济发展。

3）培育乡村特色旅游文化

洑西村以其独特的"诚以修身、敬以兴业"的诚敬文化，开发新的参与性、体验性乡村旅游项目，定期组织村民开展各类文体活动和文明幸福创建评比活动等，培育乡村旅游文化，提升游客体验感。

目前，洑西村民宿已建成为一条完整的乡村文化旅游产业链，以特色民宿为基础，涵盖了农家乐、茶园等多种业态，给当地村民带来了丰厚的经济收益，同时也促进了当地乡村文化的保护和传承。

3.3.2　民俗文化依托型——天津市蓟州区小穿芳峪村

1. 基本概况

小穿芳峪村位于天津市蓟州区穿芳峪镇北部，距离城区 16 公里，是典型的半山村地区，风景娟秀，地形地貌条件较好。小穿芳峪全村共有 280 口人、82 户农户，总面积为 50.78 公顷，耕地面积为 12 公顷，林地面积为 26 公顷，森林覆盖率达 50%以上。

小穿芳峪村以集体经营为主，形成了乡村文旅产业和苗木园林两大支柱产业。另外，小穿芳峪村的发展也离不开党建政策的引领以及当地独特的民俗文化，其先后被评为"全国休闲农业与乡村旅游示范点""全国美丽宜居乡村""中国美丽休闲乡村""天津市美丽宜居乡村""全国乡村治理示范村"。

2. 乡村文化旅游资源开发历程

在发展初期，小穿芳峪村的乡村特色旅游产业主要是特色民宿，但只持续了两年。因为游客重游率很低，影响了村子的旅游口碑，所以游客数量少了许多。小穿芳峪村在认识到这个问题后，邀请天津社会科学院的专家帮忙出主意，在分析了小穿芳峪村的文化旅游资源优势和劣势后，决定依托当地特色的民俗文化和生态环境，注重挖掘人文底蕴，探索晚清先贤的人物事迹，丰富民俗文化旅游内涵，走出了一条农耕文化、民俗文化、传统文化与乡村旅游的紧密融合之路。小穿芳峪村民俗文化产业发展具体优劣势分析如图 3-4 所示。

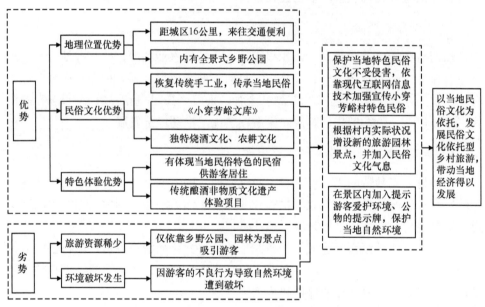

图 3-4　小穿芳峪村民俗文化产业发展优劣势分析

小穿芳峪村通过打造农耕园、展览馆，弘扬农耕文化；引入名家，恢复传统手工艺，传承民俗文化；成立响泉园农作物种植专业合作社，进行旅游精品村项目开发，提出与传统农家院错位竞争，走中高端旅游发展的定位。同时，以"乡野公园"为载体，将文化创意、生态农业等产业融为一体，创建出独特的全景式旅游村。乡野公园已从建设之初的 295 亩扩大到现在的 400 亩，成为园林风光、农耕休闲、特色农家等一体化综合旅游项目，年接待游客达 6 万多人次，年收入达 40 万余元[4]。

2016 年，小穿芳峪村对村庄周边区域的历史文化遗存进行深入挖掘，编纂出版《小穿芳峪文库》。2017 年以来，小穿芳峪村集中保护乡村古旧文化遗址，将优秀传统文化以活化形式通过各种创意体验项目呈现出来，创建了具有传统文化气息的商业街——穿芳老街，并创立"三农"问题高端智库论坛——小穿论坛。小穿芳峪村重点恢复了一批传统手工业，与具有"津门老字号"之称的渔阳酒业合作，复兴了小穿烧锅酒品牌，结合线上展示推广，在老街打造传统酿酒非物质文化遗产体验项目，为传统文化品牌寻找现代载体。

3. 小穿芳峪村乡村文化旅游产业 WSR 分析

小穿芳峪村以绿色休闲作为发展理念，以传统文化作为依托，着重发展休闲农业和乡村旅游精品工程，创建文化旅游综合体，构建了党组织主导、政策扶持、公益助力、村民参与的文旅融合发展模式。通过打造全景式乡野公园，小穿芳峪村整体推进民宿、现代园林、乡村景区和节庆活动四个旅游板块整合，采用集体管理、抱团发展的运营模式，抓住机遇，将乡村旅游产业链向纵深延伸，发展文化产业和特色农业，将"小穿乡野公园"打造成具有市场价值、相互关联、布局合理的复合型产业体系。

依据上文构建的 WSR 三维分析模型，对小穿芳峪村乡村文化旅游产业系统要素进行归纳总结，如表 3-3 所示。

表 3-3　小穿芳峪村乡村文化旅游产业系统要素分析

要素	系统要素	内容
物理	文化旅游资源	晚清乡贤隐士在此留下了丰富的文集、自身有着悠久的历史文化及红色文化；依托田园文化、乡土文化，大力推进文化旅游产业发展
	文化旅游市场	进行统一的社会招商，健全硬件基础设施的同时，为乡村文化旅游模式下的集体行动提供"场域拉动"；推出"乡土文化+节庆活动"创新模式，提高"小穿旅游"的品牌影响力
	基础设施	设置景区管理中心、农家院、餐厅等旅游基础设施；所在的区域交通便利，旅游服务设施较为健全
	社区文化	古代先贤的气度渐渐化了村庄的风气，小穿芳峪村以其独特的民俗文化，编纂了《小穿芳峪文库》，使当地形成一股独特的文化气息
	生态环境	地形地貌条件较好，风景秀丽，打造独具当地风俗的小穿芳峪乡野公园、特色风景园林
事理	政策法规	村党支部支持，《天津市"十四五"时期推进旅游业高质量发展行动方案》指导，按照乡村振兴战略发展要求，在村内实行"一核三治"模式，激活乡村文旅的内在动力
	管理体制	"政府+村委+外部投资+村民"的五维治理模式为小穿芳峪村打造乡村振兴文化旅游产业提供了"平台联动"机制，进而通过股权配置调控分配格局，以公平分配模式调节收入差距
	经营模式	整个村子形成"小穿乡野公园模式"，是一条集旅游、娱乐、食宿于一体的民俗文化旅游产业链
人理	相关利益主体	村委、村民、游客、企业、投资者、大学生
	相关主体关系	乡村文化旅游发展的政府部门提供政策支持，村委会组织积极吸引企业投资，村党组织带动村民开办民宿，为游客提供优质的乡村文化旅游体验

根据表 3-3 的系统要素分析，采用向内看、向外看两个维度进一步探究小穿芳峪村乡村文化旅游产业发展动力与效率的根源。

1）小穿芳峪村乡村文化旅游模式——向内看

小穿芳峪村在发展之初，选取孟凡全同志作为党支部书记，在其领导下，村两委班子合力共谋，不畏艰难，使村庄焕然一新。在村党支部的领导下，小穿芳峪村遵循《天津市"十四五"时期推进旅游业高质量发展行动方案》的指导，按照乡村振兴战略发展要求，在村内实行"一核三治"模式，激活乡村文旅的内在动力。"政府+村委+外部投资+村民"的五维治理模式为小穿芳峪村打造乡村振兴文化旅游产业提供了"平台联动"机制，进而通过股权配置调控分配格局，以公平分配模式调节收入差距。小穿芳峪村积极挖掘地方特色文化，修建小穿芳峪乡野公园，发展特色乡村民宿产业，将村民融入村子的建设中来，提高村民们的凝聚力和向心力。村民通过发展特色民宿，走上了创业致富的新渠道，小穿芳峪村的村集体经济也实现了跨越式发展，带动了小穿芳峪村集体经济实现"零"的突破，高质量旅游业的发展在小穿芳峪村得以实现。向内看，小穿芳峪村之所以实现了经济的迅猛增长，发展了高质量的乡村旅游业，正是结合了村党支部与村民的共同努力，齐心协力打造了独具民俗文化气息的小穿芳峪村。

2）小穿芳峪村乡村文化旅游模式——向外看

蓟州区政府先后出台了《关于促进蓟州旅游高质量发展的意见》《蓟州区全域旅游发展规划》等系列政策，并转发了蓟州区文化和旅游局制定的《蓟州区农家院提升改造工程三年行动实施方案》等规范标准。小穿芳峪村积极响应国家、县市区推行的政策，整个村子合力发展成一条民俗文化旅游产业链。小穿芳峪村将现有文化资源进行"创造性转化"，通过挖掘自身优秀历史文化、红色文化，依托优越的地理环境培育田园文化，大力推进文化旅游产业发展，还引进虚拟现实（virtual reality，VR）技术建设规划村史馆、穿芳老街等，以"故事驱动"为乡土文化持续赋能。以其创新性发展"IP 意识"，推出"乡土文化+节庆活动"创新模式，提高"小穿旅游"的品牌影响力。上至老人下至儿童都可以融入小穿芳峪乡野公园的特色景致中，不仅感受特色传统民俗文化，还开阔了眼界。该模式不仅可以发扬当地特色民俗，还带动了当地的旅游产业，实现了小穿芳峪村村民的共同富裕。小穿芳峪村的成功不仅吸引了大批游客前来观光，也带动了沿线其他旅游村庄的发展以及区域特色旅游产业的发展。向外看，小穿芳峪村在政府政策的支持、先进技术的引导以及当地品牌意识的增强等外部力量的支持下，结合自身的优势，努力创新了一个文化氛围浓郁、适宜人们居住、环境优美别致的小穿芳峪乡村文化旅游村。

4. 小穿芳峪村乡村文化旅游成功的经验总结

1）依托民俗特色，开发旅游资源

小穿芳峪村积极挖掘本土特色民俗文化资源，将其与当地独特的乡间特色紧密结合，成立民俗文化旅游协会，努力打造"一村多游"。游客不仅能感受到乡野公园的闲情野致，还可以感受到各种属于小穿芳峪村的独特民俗文化的魅力。小穿芳峪村品牌文化的培育，带动经济发展，吸引外来投资和人才，激活乡村的活力。小穿芳峪村目前已成为天津市周边地区游客旅游前往的重要地区。

2）依托地理优势，完善基础设施

小穿芳峪村位于天津市蓟州区穿芳峪镇北部，处于京津冀的交会地，地理位置优越，且距城区仅有 16 公里，交通便利。小穿芳峪村内实行土地统一经营模式，成立游客服务中心，建设餐厅、农家院、民宿等基础设施，用于服务游客的各种需求，使游客不出村落便可得到所需各种服务；村内设有全景式的小穿芳峪乡野公园，满足游客参观景观的需求；独特的民俗文化也是小穿芳峪村成功的原因之一。

3）依托独特文化，促进文旅融合发展

小穿芳峪村之所以能实现长足发展，主要是通过系统而全面的组织、制度、资源、文化嵌入，实现党组织功能与乡村"文旅融合"发展实践相结合，乡村文化资源与乡村振兴的实际需要相结合，从而激活乡村文旅融合发展建设的内在活力。一方面由于有党组织扶持、政策支持，村委会组织积极吸引外资，建设小穿芳峪乡野公园，出版历史文化的相关书籍，复兴非物质文化遗产代表性项目，以现代市场化方式促进小穿芳峪民俗文化旅游之路。另一方面，村党组织带动村民开办集娱乐、餐饮、会议、婚庆等于一体的民宿，拓宽了收入来源渠道，实现了集体经济的"大跃进"。小穿芳峪村形成了一条可以长足发展的民俗文化乡村旅游产业链。

没有特色产业和历史文化支撑的乡村旅游，就如同无本之木、无源之水，难以长久。文化振兴对于乡村振兴，具有重要的引领和推动作用。如今，绿意盎然、院景别致的小穿芳峪村真正实现了清幽山谷，芬芳花海的田园梦想。未来两年，这里还将引入水系，打造循环系统，发展成为绿色"海绵"生态村，在文化的滋养和人们的努力下，小穿芳峪村将迎来更好的发展。

3.3.3　景区发展带动型——巴音布鲁克景区

1. 基本情况

巴音布鲁克景区位于新疆维吾尔自治区巴音郭楞蒙古自治州和静县的巴西里格村，景区由天鹅湖景点、游览区以及巴音布鲁克镇区三部分组成，面积达 1259.47

平方公里，平均海拔 2000～2500 米，四周山体海拔 3000 米以上。景区地处天山山脉中段的高山间盆地，是中国第二大草原巴音布鲁克草原的核心区域，也是全国最大的亚高山高寒草甸草原所在地，其四周多雪山，河流纵横，生物多样，夏季气候宜人，冬季漫长寒冷。依托当地自然景观和人文景观，以开都河上游河曲、沼泽湿地为主体开发休闲旅游区。

作为巴音郭楞蒙古自治州的重点景区之一，巴音布鲁克景区内部现存全国最大的国家级天鹅自然保护区，是新疆天山世界自然遗产地之一；九曲十八弯的开都河蜿蜒其间；草原之恋、扎克斯台观鸟台、草原圣山塔格楞山、胡参库热等景观分布其中，是集山丘、盆地、草原、湿地于一体的生态旅游景区，素有"天山南麓最肥美的牧场"的美誉。巴西里格村以畜牧业为主，立足巴音布鲁克景区，鼓励牧民积极参与，推进景区与牧民共同发展、互利共赢，逐步实现由畜牧产业向旅游服务产业转型升级。

2. 乡村文化旅游资源开发历程

巴西里格村群山环绕，水草丰盛，具备特色民俗风貌，拥有良好的乡村旅游基础。村内的巴音布鲁克景区发展态势较好，于 2010 年成功与天山联合申遗，被列入世界遗产名录，并于 2016 年成为国家 5A 级风景旅游区。近些年，巴西里格村基于巴音布鲁克景区的发展带动，培育和创建的以草原文化为主的牧家乐，以特色美食、果园、养殖园为主的农家乐，以博斯腾湖等水域为中心的渔家乐等休闲旅游场所初具规模，给全村带来了发展新思路，也为当地村民提供了大量就业机会。自景区营业至今，直接参与景区内农家乐、马匹租赁、纪念品销售等服务经营项目的村民占总从业人员数量的 90%。物流、客运、餐饮、娱乐、住宿等行业的间接从业人员数量超过 1.6 万人。每年 6 月左右，巴音布鲁克景区逐渐进入旅游旺季，迎来当地的旅游小高峰，2023 年 6 月，巴音布鲁克景区旅游人数不断攀升，日均接待游客近 6000 人次。9 月，景区日均接待游客近 8000 人次，比往年同期增长 120%[5,6]。

此外，景区乡村旅游项目的增收也为全村人均收入的增加做出了重大贡献。2019 年至 2020 年，巴西里格村村民的人均纯收入由 29 312 元增长至 31 157 元，村内建档立卡贫困户得到生态补助金共计 211.3450 万元。2020 年 8 月 26 日，巴西里格村入选第二批全国乡村旅游重点村名单。综上所述，巴音布鲁克景区文化旅游发展优劣势分析如图 3-5 所示。

3. 巴音布鲁克景区乡村文化旅游 WSR 分析

依据上文构建的 WSR 三维分析模型，对巴音布鲁克景区乡村文化旅游产业系统要素进行归纳总结，如表 3-4 所示。

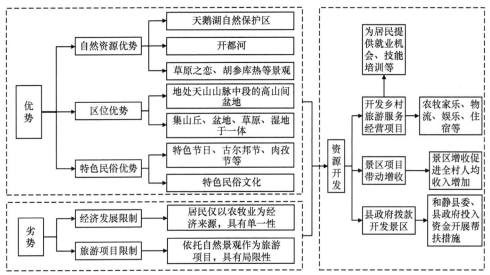

图 3-5 巴音布鲁克景区文化旅游发展优劣势分析

表 3-4 巴音布鲁克景区乡村文化旅游产业系统要素分析

要素	系统要素	内容
物理	文化旅游资源	拥有天鹅自然保护区、九曲十八弯、草原之恋、扎克斯台观鸟台、胡参库热等，是新疆天山世界自然遗产地之一
	文化旅游市场	是中国首批旅游名镇，形成了精品农牧家乐
	基础设施	交通便利，有旅游直通车、观光大厅等服务设施
	社区文化	有独特的宗教文化——藏传佛教，举行东归那达慕艺术节，是土尔扈特民俗文化村
	生态环境	环境优美，充足地下水形成湖泊和草地，空气清新
事理	政策法规	政府制定了《巴音布鲁克草原生态保护条例》《和静县巴音布鲁克镇巴西里格村"保景富民"行动计划》
	管理体制	保景富民，坚持人与自然和谐共生理念，坚持依托独特旅游资源优势发展地方经济
	经营模式	"合作社+贫困户"，发展特色产业，用牧民自身资源，促使牧民就地创收
人理	相关利益主体	政府、牧民、旅游企业、游客
	相关主体关系	政府提供行政管理、政策支持、基础设施保障，获得税收收入和服务支撑。牧民为旅游企业提供劳动力，自身获得收入。旅游企业提供旅游产品与服务，缴纳税收。游客消费旅游产品与服务，并向行政管理方提供反馈

根据巴音布鲁克景区 WSR 三维分析模型，从向内看、向外看两个维度进一步探究巴音布鲁克景区乡村文化旅游产业发展的动力与效率的根源。

1）巴音布鲁克景区文化旅游模式——向内看

巴西里格村独特的地域风貌、丰富的自然资源以及良好的生态环境，使其具备得天独厚的发展乡村旅游的条件。依托当地自身资源，和静县委、县政府自 2015 年起开展帮扶行动，对巴音布鲁克景区以及巴西里格村区域内的环境、设施等进行了全面、综合的改造升级，增加旅游观光设施、提高景区内道路的通行条件、增加停车场、完善供水供电设备等，提高了旅客的旅行体验感，使得游客出行更为便利。

以挖掘巴西里格村自身优势资源为基础，景区对当地自然资源和文化资源进行特色化、产品化包装，重视农牧家乐的创建和发展，着力打造规模化、产业化、效益化乡村旅游农牧家乐品牌。把握当地特色历史民俗文化，通过开展大型文化历史实景剧表演等方式，提升乡村文化旅游特色吸引力，令自然景观同人文景观相融合，实现景区带动乡村持续健康发展。

巴音布鲁克景区重视管理水平的提升。积极引进专业的旅游管理团队，加强旅游服务管理，不断提升景区管理水平，对景区环境进行保护与维护，提高游客服务质量，推行游客满意度调查等，致力于让游客获得更好的旅游参与感与体验感。

向内看，巴音布鲁克景区依托自身资源环境，以"合作社+贫困户"模式，发展特色产业，用自身资源，促使牧民就地创收。

2）巴音布鲁克景区文化旅游模式——向外看

巴音布鲁克景区的自然风光本就具有吸引游客的优势，在此基础上，景区加大了对外宣传和推广的力度，结合网络、媒体等现代信息手段，采取多种形式进行宣传。例如，完善旅游网站相关信息，通过微博、微信公众号等实时跟进，不定期发布景区新增旅游项目等，提高了景区的知名度和美誉度，吸引了更多国内外游客前来游览。

一方面，巴音布鲁克景区整合当地资源，与周边的旅游资源进行了协同发展，如与当地旅游景点、特色餐饮等进行合作，开展联合销售等活动，进一步提升了景区的游客吸引力。另一方面，随着西部大开发的不断深入，巴音布鲁克景区的交通便捷程度得到了显著提升，为游客前来旅游提供了方便。

此外，充分利用县政府及当地企业的各项投资，围绕"边开发，边保护"标准发展的同时创办了天鹅姑娘刺绣合作社、饲草料加工合作社等旅游合作社，促进景区生态环境保护与当地牧民增收良性互动。

从向外看的角度分析，巴音布鲁克景区重视对外宣传和推广，注重与周围旅游资源的协同发展，大大提升了景区对游客的吸引力。

总的来说，巴音布鲁克景区在旅游发展方面取得了长足的进步，并在这个过程中带动了巴西里格村的发展，实现了扶贫成长的目标。

4. 巴音布鲁克景区乡村文化旅游成功经验总结

1）立足当地资源，推动效益化发展

巴西里格村风景秀丽，历史悠久，具备良好的自然地理基础及历史文化基础。

在巴音布鲁克景区的发展带动下，该村充分利用当地的自然资源和文化资源，将文化与旅游这两大产业进行融合，探索出一条立足实际的乡村振兴发展之路。

村内大力发展农家乐、牧家乐，推动农牧家乐效益化发展。2008 年至 2013 年，当地政府连续五年拿出 140 万元作为奖励资金，采取以奖代补方式，重点扶持星级农牧家乐典型示范户，鼓励参与旅游，提升接待品位，并对所创办的农牧家乐按照其星级划分予以不同程度的奖励。在农牧家乐管理方面，以和静县出台的《和静县旅游产业扶持办法》《和静县农牧家乐管理办法》等文件为标准，将发展农牧家乐旅游工作列入重要议事日程，鼓励农牧家乐丰富经营项目，开发特色菜系，推出各种蒙餐，确保接待出特色、出精品。

2）突出教育引导，促进上档升级

随着"和静县东归草原那达慕大会"的连续举办，和静县已形成独具特色的草原文化旅游品牌，在全疆乃至全国都具有一定影响力。把发展乡村旅游作为提高农村经济发展水平的重要突破口，视为一场改变乡村命运的革命，丰富了乡村旅游的内容，提高了巴音布鲁克、和静县文化旅游业的知名度，同时对促进巴音布鲁克景区的发展也起到了积极的推动作用。

通过指导帮助、示范户评定等多措并举促进景区内农牧家乐发展，加强对景区农牧家乐发展的服务与监管，规范农牧家乐经营行为，成效显著，呈现出速度快、形式好、亮点多的良好局面，农牧家乐旅游得到了进一步的规范、服务水平得到了进一步提高，农牧家乐旅游发展迅速，已成为乡村农牧民增加收入新的增长点及和静县旅游业发展中的一大特色。

3）加强教育培训，助力贫困户脱贫

着力打造具有蒙古族代表性的景区，加强规范管理，提高服务质量。为了让牧家乐实现增收，和静县出资制作宣传片、宣传折页，投放在游客中心等游客集散地，以提高游客知晓率，增加消费牧家民宿的游客数量，使经营牧户真正吃上"旅游饭"。同时积极加大旅游招商引资力度，大力完善巴音布鲁克镇区配套基础设施，提升巴音布鲁克的接待能力及承载量，提升服务质量，缓解游客住宿压力。大力鼓励牧民兴建牧家乐，使巴音布鲁克镇游客接待能力不断提升。

4）合理整合资源，强调特色文化内涵

在巴音布鲁克景区发展过程中，对周边的自然景观、文化遗产、农业资源等进行了有机结合，形成了一条完整的旅游线路。在保护和传承当地的民俗文化方面，依托当地独特、深厚的历史文化和民俗风情，将文化旅游纳入巴音布鲁克旅游的发展战略中。通过开发蒙古族、哈萨克族、维吾尔族等少数民族文化节目和民俗活动，吸引更多游客前来游玩，努力打造独具特色的乡村旅游体验。

5）积极开发旅游产业，创新营销模式

积极引进旅游业，建设符合旅游需求的休闲娱乐、餐饮住宿、旅游服务等配套设施，培育发展本土旅游企业和农家乐等项目，提升乡村旅游的服务品质。同时，景区结合自身特色，采用多种宣传手段，如旅游纪录片、网络营销等方式，加强旅游品牌的知名度和美誉度。建立多元化的旅游产品线，推出不同价位和主题的旅游产品，满足不同游客的需求。

3.3.4　生态资源依托型——云南省腾冲市银杏村

1. 基本情况

银杏村原名江东村，是云南省腾冲市固东镇的一个小村庄，距腾冲市区 35 公里，曾是电影《武侠》的外景地之一。银杏村覆盖面积 35.42 平方公里，辖 4 个自然村、19 个村民小组，共 1137 户，有 4030 人。全村共有银杏树 1 万余亩 3 万余株（1 亩≈666.67 平方米），其中，树龄在 1000 年以上的有 10 余株，500 年以上的有400 余株，400 年以上的有 1400 余株，200 年到 300 年的有 1000 余株，因此被誉为"银杏第一村"。

除拥有古老和天然连片的银杏林外，银杏村还有喀斯特地貌特征明显的江东花台仙山、秀丽优美的龙川江峡谷、神奇惊险的溶洞、神秘莫测的古战场"鬼磨针"、历经沧桑的石门古栈道等，集"山、水、林、洞、峡"等生态奇观及历史文化遗址于一体。

银杏村凭借着优越的生态条件，以银杏树为主角，以旅游为主线，闯出了一条乡村旅游致富路，2020 年，江东社区入选第二批全国乡村旅游重点村名单。截至 2022 年，银杏村共有农家乐和特色民宿 176 家，2021 年旅游业综合效益 6000多万元，村民人均可支配收入提升至 16 150 元[7]。

2. 乡村文化旅游资源开发历程

银杏村历经几年的保存与开发，如今已是银杏环绕村庄。2007 年，银杏村在政府的带领下，走上了发展乡村旅游的道路。村民中最初有 8 户人家带头进行家居环境改造，开办农家乐发展乡村旅游。2014 年，银杏村在当地政府的帮助下，成功举办了"银杏旅游节"，前来参观、休闲和摄影的游客超过十万人。2015 年，银杏村开始升级村内基础配套设施、家居风貌及民居旅馆环境，完善古树名木保护方案和休闲观光农业设施，进行生态环境综合整治等，随着银杏村乡村面貌的改变，银杏村的旅游业也走上了一条更好的发展道路，接待人数、旅游业收入都有了明显的提高。为了更好地保护与发展江东银杏村，同年十月，腾冲市盛源旅游文化投资开发有限公司与腾冲市同德集镇开发服务中心、腾冲市固东镇江东社区村民委员会共同出资成立腾冲四季江东景区开发管理有限责任公司，出资比例为 4∶3∶3。该公司主要从事银杏村风景名胜区的开发管理与经营，以"保护传承、开发利用"和"取之于民、用之于民"为理念，实现市场化运作，让银杏村景区有管理主体及经营实体。

综上所述，银杏村生态资源文化旅游发展优劣势分析如图 3-6 所示。

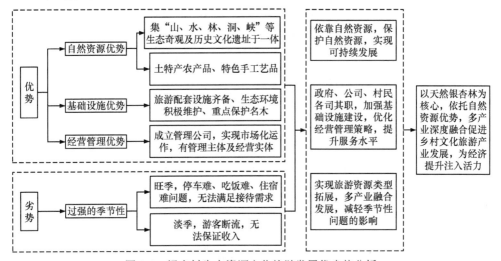

图 3-6　银杏村生态资源文化旅游发展优劣势分析

3. 银杏村乡村文化旅游产业 WSR 分析

依据上文构建的 WSR 三维分析模型，对银杏村乡村文化旅游产业系统要素进行归纳总结，如表 3-5 所示。

表 3-5　银杏村乡村文化旅游产业系统要素分析

要素	系统要素	内容
物理	文化旅游资源	拥有传统村落风貌（古井、古牌匾等）、文化活动（皮影制作和表演、绒绣制作等）、生态景观（银杏树等）、特色饮食（白果等）
	文化旅游市场	银杏村的车位数达 450 多个，标准间 512 间，床位 945 个，普通间 94 间，床位 177 个，每天可接纳 2000 多人入住，餐位数约 5600 个，全村约 160 家农家乐
物理	基础设施	修筑了银杏大道、彩虹桥，硬化村内道路 200 余条，安装污水收集管道 4000 余米，建成 AO 工艺一体化污水处理厂 1 座、湿地型污水净化系统 3 套、户外旅游公厕 7 座
	社区文化	村民乐意参与其中，乡村旅游业能够带来高收入、工作方式简单轻松自由，旅游旺季经营农家乐，淡季外出打工
	生态环境	银杏村地处横断山脉西麓的江东，属亚热带高原山区，受印度洋西南季风控制，年平均气温 14.5℃，平均降水量为 1750 mm，气候适宜；深秋时节，金黄色的银杏林，美不胜收

续表

要素	系统要素	内容
事理	政策法规	政府对银杏村投入大量资金,用于旅游基础设施和公共服务体系建设优化;大力推进"厕所革命",政府通过引进专业的旅游运营公司经营管理,克服江东景区季节性强、黄金期短的瓶颈
	管理体制	公司主要从事银杏村风景名胜区的开发管理和经营,公司以"保护传承、开发利用"和"取之于民、用之于民"为理念,实现市场化运作,让银杏村景区有管理主体及经营实体
	组织机构	公司主要以经营团队售票、散客售票为主,同时与各旅行社、互联网、政府部门签订协议进行售票;签订协议的旅行社44家,其他公司7家,政府部门3家,互联网2家
	经营模式	银杏村以"公司+合作社+基地+农户"的模式发展乡村旅游;以保护传统村落格局和古银杏为主题,以生活居住为职能,以生态农业为基础,以休闲养生旅游为主导产业
人理	相关利益主体	政府部门、腾冲四季江东景区开发管理有限责任公司、银杏村社区居民、旅游者
	相关主体关系	政府主导、腾冲四季江东景区开发管理有限责任公司管理运营、村民经营

根据 WSR 三维分析模型,从向内看、向外看两个维度进一步探究银杏村乡村文化旅游产业发展的动力与效率的根源。

1)银杏村文化旅游模式——向内看

银杏村具有美丽的生态环境和丰富的旅游资源,总体上呈现出良好的发展态势,在硬件上的投资力度大,发展空间也大。银杏村在整体环保投入上达到每年50万元左右,整体有固定保洁员18名,人均清扫面积大约2.25平方公里,并配套垃圾处理设备,村庄道路的日常管护,环卫保洁,公共设施的管理等制度都已经完善。在银杏村卫生条件方面,建成污水处理设施两个,能够接入生活污水处理设施农户比率为60%。旅游区内有旅游厕所6个,男女各42个厕位,农户的水冲式厕所普及率达到60%。银杏村投资100万元进行古银杏村落环境综合整治建设,购入专业垃圾回收车、景区标准化垃圾箱,成立环境卫生监察工作小队。政府对全村1000余株100年以上树龄的古银杏树进行普查,对50余株500年以上树龄的古银杏树进行重点保护,给受到保护的树木挂牌,把保护古树的责任落实到具体的农户,有效保护古银杏树资源。

从内部看,银杏村具有较好的旅游环境禀赋,并致力于基础设施建设,将生活环境融入大生态环境中,在保护中找寻发展之路。

2)银杏村文化旅游模式——向外看

政府的政策与财政支持是银杏村发展的关键。首先,政府在落实政策之前根据乡村旅游景点的特征进行统一规划、协调管理。腾冲市人民政府对银杏村的发展思路清晰、明确，出台了一系列扶持政策。在基础设施方面，政府加大了对银杏村的投资力度，显著改善了银杏村的基础设施、公共服务系统。大力推进"厕所革命"，推进村庄环境综合整治，建成污水处理设施，配套垃圾处理设备，并建立完善了村内道路日常管护、环境卫生保洁、公共设施管理等长效机制，村级环保投入比例、生活垃圾集中收集点覆盖率、接入生活污水设施农户比率、水冲式厕所农户比率等指标相较其他村普遍要高。另外，为了解决江东景区季节性强、黄金时段短等问题，政府引入了专业的旅游经营公司进行运营，将银杏村景区与周边其他优质资源及人文景观结合起来，共同进行规划，使游客可以在不同季节欣赏到丰富而优美的人文风景。

从向外看的视角分析，其成功的最大原因在于国家对农村发展推出的一系列重大政策的推动。在政府主导下，当地抓住政策机遇，联合不同群体，发挥各自专长，对景区合理规划，科学运营，有效管理，目标是以景引人，以景增收。

4. 银杏村文化旅游经验总结

（1）完备基础设施，保护核心资源。为了确保银杏村的可进入性与旅游满意度，银杏村从道路、卫生、服务设施多个方面进行全方位的升级，逐步提升银杏村的旅游质量。银杏村明确乡村文化旅游发展的核心资源是天然的银杏林，重点对其进行保护，保护生态环境的同时，维护银杏村旅游差异性，确保可持续的竞争优势。

（2）成立管理公司，拓展经营模式。银杏村成立专业旅游管理公司，专门负责其经营与管理工作，确保银杏村的整体管理方式和营销模式的落实。银杏村推动"公司+合作社+基地+农户"发展战略与"银杏+"产业发展模式，促进景区从旅游观光型向休闲度假型转变。

（3）扩大旅游规模，产业融合发展。银杏村逐步增加车位数、床位数、餐位数、农家乐数量等，以迎接旺季游客数大幅度增长的冲击，并且以"旅游特色村、景点、景观"为开发理念，将旅游区域辐射至周边村落，将该地区打造为集旅游观光、餐饮购物、休闲度假于一体的多功能旅游度假风景区。银杏村发展休闲农业与养殖业，旅游淡季生产的农产品可以拿到市场上卖，旺季时这些农产品就直接供给农家乐，确保村民创收。

3.3.5　田园观光休闲型——吉林省延边朝鲜族自治州百草沟镇

1. 基本概况

百草沟镇位于汪清县西南部，其辖区面积为 584.02 平方公里，距延边州府延吉市 48 公里，东与图们市、珲春市隔山相望，西与安图县、龙井市相邻，是汪清至延吉的必经之地。百草沟镇总人口 21 000 人，其中朝鲜族人口 11 500 人，占总人口的 55%，是朝鲜族人口聚居镇。全镇面积 588 平方公里，耕地面积 5000 公顷，林地面积 467 公顷，镇内有五条河流通过。草原面积 8300 公顷，年产鲜草 1 亿多公斤。

百草沟镇素有"象帽舞之乡""民族之乡""鱼米之乡"的美誉，具有朝鲜族传统民俗、山水风光、特色农业、古遗迹遗址等丰富的旅游资源。百草沟镇立足资源优势，以打造"湖光山色田园综合体"为目标，统筹推进乡村文化旅游业发展，全局谋划乡村振兴，推动全镇经济社会又快又好发展。

2. 乡村文化旅游资源发展历程

百草沟镇具有天然发展乡村旅游的资源优势，但旅游热度不足和旅游同质化阻碍了其乡村旅游的发展，如图 3-7 所示。

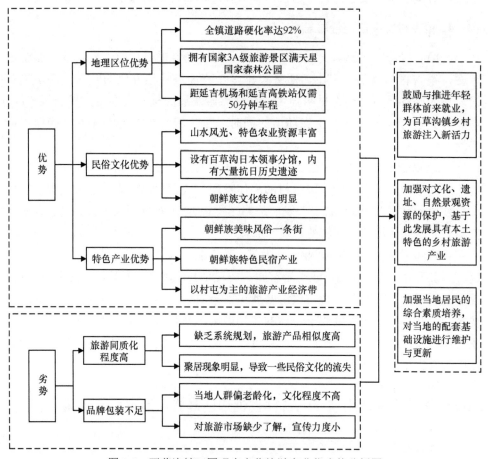

图 3-7 百草沟镇田园观光文化旅游产业优劣势分析图

发展初期主要以特色经济为主，立足自身自然资源，结合本地发展特色，调整农村经济产业方向。2005 年，百草沟镇推广种烟技术，生产优质烟叶，提高烟叶种植质量。推广双孢菇种植技术，普惠农民。大力推广沙参和桔梗等中药材种植，发展对外出口，农民增产增收。

发展以田园观光为主的乡村旅游增加了百草沟镇的旅游价值与辨识度。开发花谷旅游产业项目，种植玫瑰和金达莱等几十万株花卉，种植的油牡丹高达 1000 公顷，建设"满天星水墨小镇"、"仲兴村田园风光休闲园"、七彩路面、驳岸工程、棉田花海项目等乡村特色旅游设施。

坚定发展方向，完善产业布局，加强基础设施建设投入，发挥旅游产业经济带作用。已建设完成的满天星旅游公路，助力百草沟镇打造成绿色稻作、珍稀植物培育、特色产业集聚、农产品加工物流、玉女满天风景区、民族风情村寨、综合服务中心等集合的湖光山色田园综合体。重点打造从南部"满天星旅游"至北部"光伏发电"的"田园综合体"项目。该线路包括"象帽舞基地·棉田村""魅力乡村·新田村""特色村寨·凤林村""红豆杉基地·仲坪村""光伏基地·牡丹池村"，形成以"食、住、采摘、垂钓、农耕体验"等民俗旅游业为主的第三产业。

3. 百草沟镇乡村文化旅游产业 WSR 分析

依据上文构建的 WSR 三维分析模型，对百草沟镇乡村文化旅游产业系统要素进行归纳总结，如表 3-6 所示。

表 3-6　百草沟镇乡村文化旅游产业系统要素分析

要素	系统要素	内容
物理	文化旅游资源	满天星风景区、窟窿山、石佛洞风景区、花谷旅游基地一期和二期、油牡丹基地等；沃沮人的社会生活、辽金时代山城遗址、较完整的抗战历史见证址；朝鲜民族文化特色：以豆腐、小河鱼汤为代表的朝鲜美食、民族特色村寨、民族舞蹈、民居和民俗用品等
	文化旅游市场	有机水稻、绿色蔬菜、优质烟叶、双孢菇食用菌等优质产品生产；利用沙参和桔梗制作长寿汤，向韩国和日本等国出口，开辟市场
	基础设施	投资 225 万元建设凤林村、棉田村特色村寨，2300 余万元建设富岩村，包括桥梁、水泥路、排水渠等基础设施，600 多万元发展农村产业项目，100 余万元建设文化基础设施；危房改造 500 余户和新建 5 个农村卫生所
	社区文化	民族乡镇，保持了朝鲜族能歌善舞、开朗活泼、勤劳朴实、善良贤德的传统文化
	生态环境	打造生态大镇，空气质量综合指标连续 3 年全省第一
事理	政策法规	延边州做出发展全域旅游、旅游兴州的战略决策。延边州政府先后出台《关于促进旅游发展的若干意见》等一系列奖励政策，积极落实《延边州全域旅游规划纲要及"旅游兴州"总体发展报告》，推动旅游产业高质量发展
	管理体制	坚持以田园观光为主体，多种优势旅游资源良性开发。以"生态大镇、旅游强镇、文化名镇"为目标，以打造"湖光山色田园综合体"为核心

续表

要素	系统要素	内容
事理	经营模式	采用"政府+农业企业+贫困户"的经营模式,有效解决养殖户收入问题;以村企合作的形式,就优质农产品生产、加工、电商销售等领域开展深度合作,进一步发展"订单农业",扩大农产品销售渠道
人理	相关利益主体	镇政府、村委、农户、游客、企业、投资者、大学生、务工人才、高校
	相关主体关系	乡镇党委牵头抓总,吸引务工人才返乡创业,引进汪清县籍大学生,优化村干部;成立驻村工作队、帮扶联系人,将任务落到实处;通过村企合作,扩大产品销售;政府引进好记百亿级食品产业园等,创造就业岗位,增加农民收入;积极引导村民自觉克服生产生活陋习,弘扬正能量,吸引游客

根据表 3-6 的系统要素分析,从向内看、向外看两个维度进一步探究百草沟镇乡村文化旅游产业发展的动力与效率的根源。

1)百草沟镇乡村文化旅游模式——向内看

百草沟镇立足自身自然资源,结合本地发展特色,调整农村经济产业方向。2005 年,百草沟镇推广种烟技术,使烟草种植业产值高达 100 多万元。推广双孢菇种植技术、沙参和桔梗等中药材种植,使沙参亩产达 2000 多公斤。开发花谷旅游产业项目,种植玫瑰、金达莱等几十万株花卉,种植油牡丹高达 1000 公顷,建有"满天星水墨小镇""仲兴村田园风光休闲园",建设七彩路面、驳岸工程、小木屋等乡村特色旅游设施。2017 年,开展 20 公顷棉田花海项目建设。2019 年,建设二期花谷项目。项目总投资 1367 万元建设景区。持续建设村级光伏发电项目、光伏温室科普中心、蔬菜采摘园及配套设施,打造农、牧、光、游互补的生态光伏产业园[8]。古代百草沟镇是一处大型聚落,其文化内涵丰富,较全面地反映了沃沮人的社会生活,对研究中国东陲开发历史具有极高的历史和科学价值,此外,位于百草沟镇的百草沟领事分管警察署,是汪清县保存较完整的唯一一处抗战时期日本侵略者杀害无辜群众和抗联将士的历史见证地。

实施招才引智、返乡创业、农村育才兴业、素质能力提升、人才激励五项工程,吸引外出务工人才返乡创业、大学生村干部和高层次人才创业。精选村干部队伍,录用汪清县籍大学生充实到村干部岗位。建立优秀文化,发挥农家书屋辐射作用,制定村规民约,以张贴铁艺牌、墙体彩绘、石碑刻印、悬挂灯笼等形式,引导村民自觉克服生产生活陋习,弘扬正能量,同时增加财政投入,积极完善基础设施,完成部分乡村改造。

总之,向内分析其成功举措是依托了当地优势资源,因地制宜进行产业拓展,丰富了百草沟镇的旅游文化和内涵。以人为本,从人出发,从百草沟镇内部迸发出积极的改变力量。

2）百草沟镇乡村文化旅游模式——向外看

百草沟镇结合汪清县出台的关于党建促乡村振兴的措施和"项目带动、乡村振兴、民生优先、绿色引领"的发展战略，通过生态环境整治，改善"晴天一身土、雨天一身泥，鸡鸭满地跑、牛粪到处堆"的脏乱状况，坚持以田园休闲为主体，打造和发展以满天星为中心的多种田园观光模式，发展特色朝鲜民族文化，打造"中国朝鲜族美味风俗食品一条街"，推动餐饮业发展；发展朝鲜族特色民宿产业，建造特色城寨，展示特色民居，开展民宿特色活动，提高民宿文化知名度，形成以"食、住、采摘、垂钓、农耕体验"等为主的旅游形式，同时要打造成绿色稻作、珍稀植物培育、特色产业集聚、农产品加工物流、民族风情村寨、综合服务中心等集合的"湖光山色田园综合体"。通过建立起来的官方网站及多平台的宣传，吸引大量的游客前来。

从向外的视角看，政府的发展战略为百草沟镇提供了改变和发展的方向，百草沟镇积极响应政府号召，改善旅游环境，不仅推动了文化旅游、田园风光旅游等多种形式的旅游业发展，也让游客更深刻地了解属于百草沟镇的民族文化。

4. 百草沟镇乡村文化旅游经验总结

（1）因势利导，拓展乡村文化旅游产品与线路。首先，发展朝鲜族特色民俗与特色餐饮，带动特色民宿产业；其次，积极推进本村农业资源与休闲旅游、农耕体验、养老服务等产业的深度融合，发展乡村多元文化产品；最后，通过加强基础设施建设投入，嵌入旅游经济带打造各类主题乡村旅游产品和精品线路。

（2）政府部门引导，完善相关政策法规。当地政府、社会组织、相关企业多方联动，共同促进乡村旅游发展。

（3）基础设施建设和内部景观改善。把廊道、村庄作为景区化改造的着手点，修建乡村内部景观，优化乡村内外环境，增加乡村辨识度。发动和鼓励村民种植花卉，实现院院有花、处处有景观，此外，修建景观大道，畅通村落间、景区间公路，形成旅游联通网络，实现全区域观光。

（4）注重保护性开发。在开发乡村旅游时，保护乡村独特的旅游资源。保留乡土民俗与文化韵味，如传统庙会、集市等项目；保留传统的村貌风情，保留参天古树、古桥、古院落和古街道等，在发展过程中注重文化资源的挖掘与传承。

3.3.6 旅游扶贫成长型——西藏自治区拉萨市达东村

1. 基本情况

达东村位于西藏自治区中南部，拉萨市西南部，地属拉萨市堆龙德庆区柳梧街道，现托管于柳梧新区，总面积为 71.3 平方公里，平均海拔 3640 米，是中国贫困地区清单中列出的一个典型的贫困村。达东村下辖八个村民小组，共有农牧民 218 户，有 796 人，其中精准扶贫建档立卡户 51 户，有 183 人。达东村拥有丰富的自然资源，有高山、溪流、林田、村落、溪湖等美景，自 2016 年 7 月正式启动乡村旅游运营工作以来，达东村采用了"政府+公司+农户"的运营模式，构建了政府主导、企业运营、合作社参股、农牧民增收的"三位一体"产业发展模式。以高原生态旅游和民族文化体验为特色，围绕"千亩花海、藏式疗养"两大主题，成功打造了多种旅游项目和品牌，成为拉萨市首个"复合型旅游乡村"。截至 2017 年，达东村年人均收入已达到 8048 元[9]；2018 年，通过脱贫摘帽验收考核，达东村正式脱贫，实现了当地产业繁荣、环境优美、村民富裕的目标。到了 2020 年，达东村人均年收入更进一步，达到 16 000 元，达东村的绿水青山真正变成了金山银山[10]。2021 年 11 月 10 日，达东村（休闲旅游）被农业农村部认定为第十一批全国"一村一品"示范村镇。2022 年，柳梧新区投资 8896.38 万元，在达东村实施了美丽乡村建设项目，改造达东村 150 户住房。2023 年 3 月至 8 月，达东村共接待游客 2.5 万余人次，旅游创收 80 万元[11]。

2. 乡村文化旅游资源开发历程

作为柳梧新区重点特色乡镇开发项目，达东村于 2016 年被纳入该区扶贫开发的关注重点。达东村积极响应中央和自治区党委、政府的精准扶贫倡议，启动了村容村貌整治和扶贫综合（旅游）开发项目。根据乡村旅游建设标准，项目完善了电力、排水、道路、通信等基础设施，进行了村落建筑空间布局的优化，进行了危旧房的改造，并建设了乡村厕所和垃圾分类设施。该项目分为两期实施，首先通过一期的村容村貌整治，变革村民的生产生活方式，调整达东村的产业结构，助力村民脱贫。随后，二期以乡村旅游产业为主，旨在实现扶贫目标。在保持达东村自然风貌的同时，丰富了乡村旅游产品，优化了产业结构，推动了经济结构的转型升级，成功打造了拉萨市首个"复合型旅游乡村"，为达东村乡村旅游和精准扶贫创造了可持续发展的条件。达东村采用了"政企合作"模式进行景区的建设和运营，并实施了"企业专业化经营管理，村集体对项目用地持有所有权，村民持有对土地承包权"的三权分置办法，从而有效提高了村民的参与积极性。从 2016 年项目运营到 2018 年，解决了当地村民就业 80 余人（含建档立卡贫困户 20 人），提供务工岗位 6500 余人次（含贫困户劳动力 980 余人次），实现务工收入 170 余万元（人均增收 6400 元），解决贫困户劳动力 980 余人次（人均增收 6000 元）。2017 年，达东村年人均收入已达到了 8048 元，并完成脱贫摘帽验收考核，正式退出贫困村。目前，达东村通过发展乡村旅游先后荣获多项国家级和自治区级的荣誉称号，并广泛推广扶贫经验，打造乡村旅游扶贫标杆和典型案例。

综上所述，达东村文化旅游产业发展优劣势分析如图 3-8 所示。

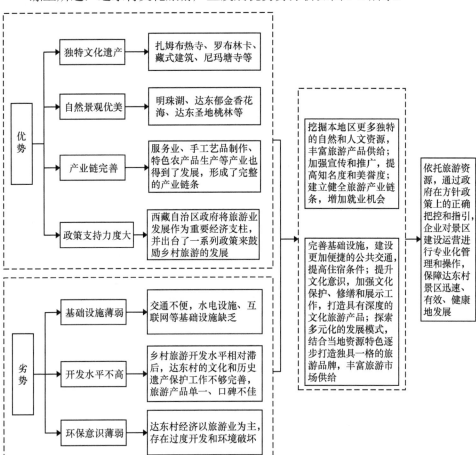

图 3-8　达东村旅游扶贫文化旅游产业发展优劣势分析图

3. 达东村乡村文化旅游产业 WSR 分析

采用 WSR 系统方法论对达东村乡村文化旅游产业的模式进行系统的分析，如表 3-7 所示。

表 3-7　达东村乡村文化旅游产业系统要素分析

要素	系统要素	内容
物理	文化旅游资源	拥有达东圣地桃林、千亩花海等自然景观，房车湖边茗馆休闲区、达东林卡休闲区、自驾车营地、达东圣地雪桃林、温泉体验中心、真人 CS（cosplay，角色扮演）户外拓展基地、仓央嘉措行宫遗址等景区项目，高山滑雪场、房车营地、藏式民俗婚纱摄影基地等特色项目，藏家搭车、制作风干肉、和尚课堂等文化体验项目
	文化旅游市场	游客可以体验到美丽的自然风光和田园生活，参观当地寺庙和民居，了解西藏特色文化和生活方式

续表

要素	系统要素	内容
物理	基础设施	多处农家乐可提供住宿服务，还有一些特色客栈等住宿选择。周边有许多著名的景点，如森林公园、胜迹寺、央色神峰等，可以在报名当地旅行社或自驾游的情况下前往游览
	社区文化	村民们重视家庭和社区的联系。他们经常组织聚会、祭祀和其他社交活动，以加强彼此之间的联系。有藏历新年、葫芦节和舞龙节等独特的传统习俗和节日
	生态环境	地处高原，气候宜人，空气清新，森林草原覆盖面积较大，河流湖泊众多
事理	政策法规	坚持"精准扶贫，共奔小康"的扶贫方针，确保达东村旅游精准扶贫工作一直沿着正确方向发展。同时，政府参与，也为达东村精准扶贫工作提供了大量的优惠政策支持，推动了精准扶贫工作发展的进程
	管理体制	通过政府在方针政策上的正确把控和指引，企业对景区建设运营进行专业化管理和操作，保障达东村景区迅速、有效、健康地发展。政企合作形成了资源的互补，促使项目保持先进性和活力性
	经营模式	依托旅游资源，在村委会的引导下，组织村民出租帐篷，提供餐饮、休憩等服务，结合农家乐经营模式，对村域内农副产品进行统一收购，集中销售
人理	相关利益主体	村委会、村民、企业、游客
	相关主体关系	通过"政企合作"模式建设和运营，保障达东村景区迅速、有效、健康地发展；通过实施"企业专业化经营管理，村集体对项目用地持有所有权，村民持有对土地承包权"的三权分置办法，有效提高村民参与积极性；企业加入运营，给景区带来了专业化的运营管理，在保护、传承、发扬当地民俗文化的基础上，融入乡村旅游的文化理念，并加大对乡村旅游发展的力度，促进达东村精准扶贫工作的开展，同时吸引游客前来旅游

根据表 3-7 的系统要素分析，从向内看、向外看两个维度进一步探究达东村乡村文化旅游产业发展的动力与效率的根源。

1）达东村乡村文化旅游模式——向内看

达东村注重打造与当地传统文化和自然景观相融合的特色项目和产品。其中，农牧业经济、乡村旅游和文化体验是村庄发展的重点方向。在农牧业方面，村庄已经建立了一批特色品牌和产地认证，通过企业加工、销售，以及线上电商等方式推进当地的畜牧业和农产品销售，并吸引更多的消费者前来体验当地的温度。此外，村庄还开创了一些新颖的项目，如"民宿+莓野"，游客可以在村庄住宿并体验摘取新鲜的草莓，增强了乡村旅游的吸引力。

在乡村旅游方面，达东村拥有独具特色的自然景观，如达东圣地桃林、千亩花海等，也吸引了越来越多的游客前来探访。村庄还推出了一些具有代表性的文化体验项目，如藏家搭车、制作风干肉、和尚课堂等，使游客更深刻地体验藏族民俗和文化。2017 年年初，达东村全面启动乡村旅游提升工程建设，完善房车湖边茗馆休闲区、达东林卡休闲区、自驾车营地、达东圣地雪桃林、温泉体验中心、真人 CS 户外拓展基地、仓央嘉措行宫遗址等景区项目，丰富达东村乡村旅游产品，优化产业结构，带动经济结构的转型升级，为达东村实施乡村旅游，带动精准扶贫创造可持续发展条件。二期项目还将以雪山溪流景观轴为核心，五组团系统为架构，国际顶尖乡村旅游项目为元素，不断加大投资力度，通过对达东集市及水系景观建设、湖泊区及林卡建设、乡村酒店修建及装修、庄园遗址修复及改造等多方面的整体建设，同时结合正在打造的高山滑雪场、房车营地、藏式民俗婚纱摄影基地等特色项目在内的文化旅游服务功能，最终实现把达东村建设成为最美休闲度假旅游村落的目的。

项目运营至今，依托旅游资源，在村委会的引导下，组织村民出租帐篷，提供餐饮、休憩等服务，结合农家乐经营模式，对村域内农副产品进行统一收购，集中销售。累计解决本村村民就业 2500 多人次，其中建档立卡贫困户 20 人，截至 2018 年达东村完成脱贫摘帽验收考核，正式退出贫困村。

从内部看，达东村的成功在于村委会的引导，村民的积极参与，以及企业专业化的经营管理。随着达东村文旅特色产业的丰富和项目知名度、美誉度的不断提高，越来越多的游客选择了达东村，当地的旅游收入节节攀升，当地居民的日子也越来越好。

2）达东村乡村文化旅游模式——向外看

达东村坐落于西藏草原与云南丘陵的交界处，享有得天独厚的地理位置和自然环境优势。这个小村庄通过积极发展乡村旅游和农牧业经济，成为当地最受欢迎的旅游目的地之一。达东村的旅游项目主要由旅游服务、文化体验、乡土商品和特色美食等构成。游客可以在这里欣赏到美丽的自然风光和体验田园生活，也能参观当地寺庙和民居，了解西藏特色文化和生活方式。此外，达东村还是进行登山、徒步旅行、露营等户外活动的不错选择。综合来看，达东村是一个适合喜欢自然与文化之旅的旅行者的理想选择。村庄实现了乡村旅游和农牧业经济的市场化发展，通过政企合作和资源整合等措施成功地推进了当地产业的转型升级。同时，为了促进当地生态和经济的协调发展，该村庄注重生态保护，并积极采取节能减排等环保措施。此外，当地政府还加强了基础设施建设和民生福利保障的支持，提高了村民的生活水平和幸福感。总之，达东村在可持续发展方面进行了有益的探索和实践，通过标准化景区建设，同步改善了贫困村交通、水电气、通信网络、住房条件等生活基础设施，是以改善农村人居环境为前提的旅游开发，是推动一二三产业融合发展的一种有效模式，为其他地区提供了借鉴，通过构建多样化的产业链如农牧业经济、乡村旅游和文化体验等，实现了促进当地经济和社会的可持续发展。让欠发达村真正实现宜居宜业宜游，是全面可持续发展的一个有效途径。

达东村通过发展乡村旅游先后荣获了中国美丽休闲乡村历史古村、中国乡村旅游创客示范基地、第七批中国历史文化名镇名村、2017 中国最美村镇 50 强，列入第五批中国传统村落名录，入选第二批全国乡村旅游重点村名单，被授予"第六届全国文明村镇"称号，被生态环境部命名为第五批"绿水青山就是金山银山"实践创新基地，纳入 2010～2017 年中国美丽休闲乡村监测合格名单，被农业农村部认定为第十一批全国"一村一品"示范村镇，列入 2022 年全国"村晚"示范展示点名单。

从外部看，这繁荣的背后是打造了特色品牌，包括推动农牧业品牌建设和产地认证，以及开发创新乡村旅游体验项目，这些推动了乡村文化旅游的活跃，促进了农产品销售，增加了村民收入。

4. 达东村乡村文化旅游经验总结

（1）政企合作，资源互补促发展。通过政府在方针政策上的正确把控和指引，企业对达东村景区的建设和运营实施专业化管理与操作，确保景区能够快速、高效、健康地发展。政府与企业的紧密合作实现了资源的互补，推动项目保持先进性和活力。

（2）创新思路，探索模式促融合。紧密贴合现代化旅游发展理念，以"旅游+农业"和"旅游+生态"为主题，主动融合其他产业，积极推进达东村乡村旅游产业的结构调整和升级转型。深入探索旅游扶贫和旅游富民的乡村旅游发展模式，助力实现全面发展、促进乡村经济的繁荣。

（3）科学管理，三权分置促建设。达东村在旅游精准扶贫示范工作的建设过程中，根据中共中央办公厅、国务院办公厅印发的《关于完善农村土地所有权承包权经营权分置办法的意见》，采取"企业专业化经营管理，村集体持有项目用地所有权，村民持有土地承包权"的三权分置模式。通过实施三权分置并行机制，确保景区土地的科学合理利用，激发村民的积极参与，有效促进中央新农村建设目标的实现。同时，通过自然资源入股分红，极大改善了全村尤其是贫困人口的收入状况。

（4）广泛推广，扶贫经验促应用。

达东村在乡村旅游扶贫开发方面的经验为西藏自治区各级政府提供了全新的发展思路。西藏的乡村拥有古老的文化底蕴和完整的自然景观，既具备深厚的文化内涵，又兼具观赏性，为旅游开发奠定了坚实基础。乡村旅游的开发不仅仅是产业扶贫的带动，更重要的是通过标准化景区建设，同时改善了西藏贫困村的交通、水电气、通信网络、住房等生活基础设施。这种以改善农村人居环境为前提的旅游开发模式，有效促进了一二三产业的融合发展，实现了各个贫困县、村的宜居、宜业、宜游目标。

参 考 文 献

[1] 王淑英, 刘贝宁. 中部地区绿色发展水平评价结果展示: 基于 WSR 方法论[J]. 华东经济管理, 2022, 36(10): 70-78.

[2] 顾基发, 唐锡晋. 物理－事理－人理系统方法论: 理论与应用[M]. 上海: 上海科技教育出版社, 2006.

[3] 湖汶镇浹西村榜上有名[N]. 宜兴日报, 2023-05-10(4).

[4] 徐杨. 传承乡村文脉赋能乡村善治: 蓟州区小穿芳峪村高质量推动乡村振兴[N]. 天津日报, 2023-10-18(12).

[5] 郝玉, 巴音达来, 高那清. 巴音布鲁克迎来旅游旺季[N]. 巴音郭楞日报, 2023-06-17(3).

[6] 巴音布鲁克草原迎来秋季旅游旺季 智慧景区建设提升游客游览体验[EB/OL]. https://wlt. xinjiang.gov.cn/wlt/hydt/202309/7826791617784dc7ba3f6cb30d394c77.shtml[2023-09-14].

[7] 叶传增. 银杏村里的金色时光（走进传统村落）[N]. 人民日报, 2022-12-17(6).

[8] 吉林省汪清县百草沟镇打造田园综合体 推动经济社会快速发展[EB/OL]. https://sannong. cctv.com/2020/04/27/ARTI1X7krZJqAlPRzPL0E3sa200427.shtml[2020-04-27].

[9] 打造乡村旅游扶贫标杆——西藏自治区拉萨市达东村[EB/OL]. https://www.ndrc.gov.cn/ xwdt/ztzl/qgxclydxalhjpxl/qgxclydxal/lyfpczx/202004/t20200423_1226444.html[2019-07-18].

[10] 裴聪. 村美人和业兴民富——拉萨市达东村念好乡村旅游"致富经"[EB/OL]. http://www. tibet.cn/cn/fp/202107/t20210702_7026160.html[2021-07-02].

[11] 柳梧新区多措并举支持达东村发展乡村旅游助力乡村振兴[EB/OL]. https://www.xizang. gov.cn/xwzx_406/qxxw/202309/t20230929_378885.html[2023-09-29].

本 篇 小 结

综合以上，本篇内容首先是对乡村文化旅游产业实践从宏观、整体层面的认识与分析，探寻其发展基本情况；其次是从微观、个体层面剖析乡村文化旅游典型案例的发展经验。为了深度探寻乡村文化旅游典型案例成功的内在机理，在此引入了 WSR 理论，首先解释了乡村文化旅游产业基于 WSR 理论分析的适用性，然后建立了乡村文化旅游 WSR 三维分析模型，对不同类型案例进行定性分析，归纳提炼出各类成功因素，再通过向内看与向外看两个视角解析实践发展中可以借鉴与复制的宝贵经验。

为了进一步探索乡村文化旅游建设与发展中的内在规律、路径与新问题，如乡村文化旅游产业的发展路径问题，发展中的制约因素问题，可持续发展的问题等，需要以定量方法进行深度解析，为此，本书第二篇基于不同的理论视角以定量研究的方法来探讨乡村文化旅游产业发展中的系列关键问题。

下篇

实证研究篇

第4章 乡村文化旅游产业发展影响因素研究

党的十九大报告提出"乡村振兴战略"[1]，这是党中央立足我国社会主要矛盾变化、着力解决好发展不平衡不充分问题所做出的重大战略决策，乡村振兴离不开产业兴旺，通过文化供给侧结构性改革，大力发展乡村文化旅游产品和服务是不少乡村实现振兴的现实途径，因此文化旅游产业发展在乡村振兴战略的实施中占据了十分重要的地位。

近几年来国家出台了许多关于支持乡村文化旅游产业发展和改革的政策，2016年，中央一号文件《关于落实发展新理念加快农业现代化实现全面小康目标的若干意见》指出要依托农村绿水青山、田园风光、乡土文化等资源，大力发展休闲度假、旅游观光、养生养老、创意农业、农耕体验、乡村手工艺等，使之成为繁荣农村、富裕农民的新兴支柱产业；2017年，《中共中央 国务院关于深入推进农业供给侧结构性改革加快培育农业农村发展新动能的若干意见》指出，充分发挥乡村各类物质与非物质资源富集的独特优势，利用"旅游+""生态+"等模式，推进农业、林业与旅游、教育、文化、康养等产业深度融合。丰富乡村旅游业态和产品，打造各类主题乡村旅游目的地和精品线路，发展富有乡村特色的民宿和养生养老基地。截至2022年底，已经建立了57万个村级综合性文化服务中心，另外也制定了各种优惠政策补贴，鼓励文化旅游企业，吸引优秀人才，促进乡村文化的大繁荣。

乡村文化旅游产业，要实现高质量的发展，就必须了解其在发展过程中的规律及受到哪些因素的影响与制约，进而结合实际状况对存在的一些问题进行分析，采取措施调整与改变，实现稳步的发展。从产业实践来看，乡村文化旅游产业具有很强的综合性，因而在其深层发展中制约因素诸多，且这些因素与乡村文化产业发展之间存在复杂的交互关系，很难用单一的指标直接衡量，其间的数量特征也需要通过多个指标综合反映，若单纯借助传统的联立方程组模型进行量化分析，得到的结果会存在一定偏差。鉴于此，本章采用解释结构模型来检验各个潜变量影响因素与乡村文化旅游产业发展之间的关系。

4.1 乡村文化旅游产业发展影响因素的确定

乡村文化旅游产业主要是以富含乡村文化内涵的观赏对象为载体，以游览观赏休闲体验为方式，以深化旅游者对乡村文化内涵的理解、强化旅游体验为目的的综合性旅游活动。文化是旅游的灵魂，旅游是文化的延续，乡村文化旅游产业作为乡村文化产业和乡村旅游产业的结合体，对于促进乡村地区文化资源挖掘、乡村旅游产业发展具有重要的战略意义。

4.1.1　乡村文化旅游产业的特点

乡村文化旅游产业是文化产业与旅游产业融合发展的结果，因而其具有综合性、延展性、体验性和创意性。

1. 综合性

从产业发展的自身特性与历程来看，乡村文化旅游产业具有极强的综合性。其不仅蕴含了文化产业的内涵，也具备了旅游产业的运行体系和产业结构。

2. 延展性

延展性是指该产业可扩充发展的可能性。在乡村文化旅游产业中，以一项产品为核心能进一步衍生出一系列的其他产品，即延展性。一般而言，文化旅游产业不仅蕴含文化内涵，且具有较高的附加值，通过对某一核心文化旅游产品的不断深度挖掘和创新，能衍生开发出一系列的新产品。例如，大型实景歌舞剧《魅力湘西》和《边城》的成功演出，成功带动了湘西乡村文化旅游产业的发展。

3. 体验性

随着人们对精神文化的渴求愈强，传统模式的旅游对人们的意义已大打折扣。现代乡村文化旅游更强调旅游者在活动过程中的"文化体验和文化参与"行为，以区别于传统"走马观花式"的旅游方式。乡村文化旅游的出现，给予了游客在旅游过程中充分的体验与参与机会，让他们在实景中感受乡村文化的意境与教育价值。

4. 创意性

运用文化符号创造出特有的文化吸引物是乡村文化旅游产业发展的核心特征。现有的乡村文化旅游及其产品是在文化创意的基础上，通过特殊的方式或途径向旅游者展示，推动旅游者深入体验和参与其中，以区别于简单地将历史古迹、人文风俗与旅游组合起来的模式。

4.1.2　乡村文化旅游产业发展的影响因素

通过对已有的涉及文化旅游产业影响的研究进行整理分析，梳理出文化旅游产业影响因素的相关研究框架。张春香和刘志学利用系统动力学得出了文化旅游产业的系统框架，并认为文化旅游产业由五个模块构成，分别是需求状况、文化产业开发、旅游产业经营、政府行为以及文化旅游产业，它们之间相互影响、相互关联，复杂地交织在一起，进而分析得出教育水平、旅游资源、经济环境、文化产业相关投入、从业人员、资本投入以及政府政策都是影响乡村文化旅游产业发展的影响因素[2]。郭素婷认为文化旅游产业如文化产业一样分为核心层、中间层和外围层，文化旅游景区企业处在核心层，产业相关要素供应商则处在中间层，而处在最外层的是相关管理机构和服务企业，研究后得出经济环境、政府与行业管理以及竞争环境会影响文化旅游产业的发展[3]。龚绍方提出对于文化旅游产业观念的误区、文化旅游产业管理体制、文化旅游产业相关立法的缺失是制约文化旅游产业发展的影响因素[4]。张春香认为区域间文化旅游产业的竞争关系是不可忽视的，对于文化旅游资源的开发和利用会影响文化旅游产业的发展，这也正是影响发展的关键所在，影响因素具体为旅游资源、旅游企业、经济环境，细化为资源价值、资源规模、行业规模、人力资本、经营能力、经济环境、社会环境和其他环境[5]。

结合乡村振兴战略总体要求和我国文化旅游产业发展的实际情况，综合考量乡村文化旅游产业整体表现，基于确定的乡村文化旅游产业影响因素的划分思路，本书将乡村文化旅游产业发展的影响因素划分为五个方面：产业资源禀赋、产业资源配置能力、产业环境、产业价值、产业发展水平。

1. 产业资源禀赋

产业资源禀赋又称为产业要素禀赋，是指一个产业拥有的各种生产要素，包括劳动力、资本、土地、技术、管理等方面。本书研究的是乡村文化旅游产业的发展问题，所以首先从文化资源的角度选取影响因素。Bruno 等指出文化资源是人们从事文化生产或活动所利用的各种资源的总和，有一定的地域差异性和发展性的特点[6]。张捷认为民俗文化对区域自然景观、人文景观及旅游地发展等多个方面起着直接或间接的作用，并从旅游业角度将民俗文化旅游资源分为欣赏型、参与型、体验型、深层型和辅助型五大类[7]。董丹丹认为基础设施建设是旅游地产业发展的前提[8]。娄宇和宫兴兴提出完善的乡村旅游交通体系能够提升乡村旅游产业的吸引力和竞争力[9]。因此，本书将产业资源禀赋划分为两个维度：文化旅游资源丰富度与道路交通及基础服务设施。

1) 文化旅游资源丰富度

乡村文化旅游资源是乡村旅游资源的一种，是指乡村地域在历史发展过程中创造和发展起来的、能够吸引人们产生旅游活动的物质文化和精神文化的总和，包括物态、礼态、心态等内容。它具有旅游资源、文化旅游资源的共性又具有不同的个性，乡村文化常常是当地民俗文化与中国传统文化的融合，表现为与家族血亲和当地传统的宗法观念相关联，是源于乡土、依托于乡土而存在的，有很强的地域性。乡村文化资源包括乡村山水风貌、乡村建筑等物质层面，生活习惯、传统节庆、文艺表演等行为层面，生产生活组织方式、乡规乡约、社会规范等制度层面。

2）道路交通及基础服务设施

乡村旅游交通是乡村旅游经济发展的重要基础。乡村旅游交通的通畅度、可达性、方便性及服务水平等都会影响旅游目的地的选择。乡村旅游基础设施大致可分为硬件设施、辅助设施和服务设施，具体可以分为吃、住、行、游、购、娱六个方面。对于消费者而言，在乡村旅游过程中，基础设施的好坏会直接影响旅游者的感受，如果旅游者在乡村旅游过程中没有得到便利的服务，旅游体验就会相对较差，很难激发起旅游者重游的欲望。

2. 产业资源配置能力

资源配置的过程就是配置主体对原有资源的挖掘及再次分配利用，提升资源的价值以满足社会需求的管理过程。针对文化旅游产业的发展，资源的配置应该坚持保护与开发相统一的策略，提高产业资源的利用率，将文化资源潜力转化为文化旅游产业竞争力。佟玉权认为针对我国乡村旅游发展所显现的诸多问题，走品牌化营销之路是必然选择[10]。李青和单福彬指出将乡村旅游地区的特色资源充分融入乡村旅游地区的开发中，积极培育乡村旅游品牌，已经成为乡村旅游发展的必然趋势[11]。因此，本书将产业资源配置能力划分为文化旅游规划能力和文化旅游品牌营销力度。

1）文化旅游规划能力

文化旅游规划是指导未来文化旅游产业发展的蓝图，能够为产业发展提供有力保障。文化旅游产业要充分考虑国际、国内、区域经济的发展趋势，充分发挥其比较优势和地方特色，明确产业结构，合理定位其区位，精心选择其主导产业，明确产业发展方向和发展重点。乡村文化旅游规划不同于一般性区域旅游规划，它更多表现为项目的具体策划，更注重产品的可行性和营销的有效性，即规划的可操作性。乡村旅游规划的目标需从简单追求外观改造，上升至构建整体原乡并且追求可持续发展。乡村文化旅游产业规划对优化农村产业结构、带动农民共同致富有着强烈的现实意义。

2）文化旅游品牌营销力度

文化旅游品牌营销是指在目标市场上，为达到文化旅游品牌所追求的目标而进行的营销工作，主要内容包括文化旅游品牌的创建、使用及维护。随着市场经济的不断深化和旅游市场的不断成熟，内外部因素都驱使文化旅游企业在营销中强化品牌意识，开展品牌营销。同时，基于文化旅游业对宏观环境的依赖性和敏感性，旅游行政管理部门和地方政府在旅游品牌营销上也应给予必要的支持。文化旅游资源的品牌营销在于对当地文化旅游资源内涵的挖掘与拓展，以及在深入了解文化背景的前提下为游客营造特殊的文化传统氛围，借以突出文化主题、展现独有特色，使区域文化旅游产品具有较强的地区标识和可辨识度，进而促进乡村文化旅游产业的快速发展。

3. 产业环境

文化产业的发展需要对市场的需求状况及其变化动态充分了解，维持供需双方的相对平衡，如果市场秩序混乱或产业要素发展不均衡、不充分，存有失调现象，则不利于文化产业的稳定发展。胡美娟等认为旅游景点是旅游活动发生与发展的物质载体，是旅游业赖以生存的重要依托，其空间分布和组合状况直接影响旅游者的空间行为以及旅游市场的规模和效益[12]。马丽卿和罗俊提出乡村旅游业作为 21 世纪必不可缺的一大新兴产业，有着势不可挡的发展趋势，在新形势下，旅游业态繁多、模式多样，急需相应的旅游人才，但目前的旅游教育实践却缺乏面向新业态的针对性和地方特色的适切性[13]。因此，本书将地理区位、教育事业投入作为研究产业环境的重点要素。

1）地理区位

地理区位与地理位置是有联系同时又有差别的一个概念。区位一方面指该事物的位置，另一方面指该事物与其他事物的空间的联系。所以，文化旅游产业地理区位的概念除了位置以外，与区域是密切相关的，并包含了规划设计的内涵。文化旅游项目集群形成的主要原因在于地理位置的集中性，这一集群大大促进了文化旅游产业的快速发展。因此，地理区位对于乡村文化旅游产业的发展有重要驱动作用。

2）教育事业投入

教育投资是指投入教育部门、教育单位的人力、物力、财力的总和，是开发智力、发展教育事业的物质基础。从旅游供应层面来看，教育事业的投入能促进专业的文化旅游人才培养，会在一定程度上影响乡村文化产业和旅游产业间的融合发展水平。从需求层面看，乡村文化旅游需求状况受到经济水平和受教育程度影响。随着人们受教育水平的提升以及生活质量的提高，则更有可能产生更高层次与高品质的需求，这些需求促使乡村文化旅游的发展不能仅停留在观光旅游上，而是要有更加丰富的文化内涵作为支撑。加大教育事业的投入既能够促进乡村文化旅游专业人才队伍建设，又能够激发乡村文化旅游的市场空间。

4. 产业价值

O'Brien 指出文化旅游产品的价值是由它的创意性、象征性、意识形态性、资源反哺性等特征决定的，并将文化产业价值概括为经济价值、审美价值、联想象征价值和情报价值四种[14]。王韬钦对乡村文化旅游进行了分析，指出不能为了打造旅游产业而刻意植入文化的概念，本土的乡村文化传承是留住旅游者的关键，应该注重文化资源的完整性[15]。因此，产业价值对于乡村文化旅游产业的影响主要体现在文化旅游创新能力和文化旅游资源保护力度上。

1）文化旅游创新能力

乡村文化旅游的核心是创意，创新能力直接决定了文化旅游产业的发展能力。乡村文化旅游产业发展的实质就是实现乡村文化旅游资源向乡村文化旅游产品与乡村文化旅游服务的转换，为贯彻落实乡村文化旅游绩效最大化的基本原则，政府及经营主体等有关部门需要不断创新才能产生持续的吸引力，从而实现乡村文化旅游产业的可持续发展。

2）文化旅游资源保护力度

文化是民族精神的核心，是民族的灵魂，是民族力量的源泉。文化资源的保护对于乡村旅游的发展及可持续有着极为深刻的影响，只有通过不断地传承和发扬本地区的优秀传统乡村文化技艺、保护带有文化印记的物质资源、构建民族文化遗产传承保护机制、培养文化产业发展意识，才能实现乡村文化旅游产业的持续向好发展。

5. 产业发展水平

发展乡村文化旅游产业不仅要增加经济效益，还应该注重社会绩效的提高。张欣等用游客满意度、社会效益来反映河北省乡村文化旅游产业发展水平，游客满意度反映出文化产业的盈利能力；社会效益可以反映出当地居民对文化产业的态度及其文化产业发展产生的效果[16]。社区参与程度是文化旅游发展水平的重要体现，社区居民的广泛支持能够有效提高游客满意度，促进文化旅游产业的繁荣发展。因此，本书将产业发展水平划分为社区参与、体验满意度两个方面。

1）社区参与

社区参与是指社区居民自觉自愿地参与乡村文化旅游业，表达自己的意见和建议，并影响权利持有者决策的行为。社区参与最初的内驱力是来自对利益或民权的追求，旅游地在对文化资源的开发过程中要注意减少当地居民对文化旅游开发的抵触和不满，能够有效提高乡村文化旅游产业的发展。

2）体验满意度

体验满意度是指游客的体验需求被满足后的愉悦感，是游客期望与实地旅游感知相比较的心理感受，强调的是游客心理比较过程及结果。游客对某旅游地的满意度感知影响到他在该地二次消费的程度，以及是否会选择重游和推荐亲朋好友前来旅游，继而潜移默化地影响到旅游地的经济社会发展。乡村文化旅游者体验满意度的提高，能够有效提高乡村文化旅游产业经济效益。

4.2　乡村文化旅游产业影响机理分析

随着乡村振兴战略的提出，各地更加重视乡村文化旅游产业的发展，但是乡村文化旅游产业具有非常强的综合性，其运行与发展具有系统性的特点。因而，乡村文化旅游产业影响机理显然是多方作用力共同影响的过程，其深层发展将受到诸多因素的影响。由于影响乡村文化旅游产业化发展的因素众多，各因素之间存在着相互支持或者相互制约的逻辑关系，是一个复杂的系统工程，很难用常规的数理统计方法进行定量分析。通过前文乡村文化旅游产业理论概念、发展现状以及对以往研究中涉及文化旅游产业影响因素相关文献的整理分析，结合系统工程学中解释结构模型的特点与适用性，对乡村文化旅游产业的因素影响机理进行量化分析。

解释结构模型是系统工程学中常用的一种结构模型分析方法，能将社会经济系统中混乱无序的因素根据其内在关联性进行量化研究并实现科学合理的层级划分，从而提升对系统的整体认识。构建解释结构模型的基本步骤为：成立解释结构模型小组→确定主要影响因素及因素间的关联性→建立邻接矩阵→建立可达矩阵→进行层级划分→绘制解释结构模型结构图。解释结构模型理论的引入，有助于实现对乡村文化旅游产业化发展主要影响因素的科学层级划分，探求乡村文化旅游产业影响机理和形成路径，为有关主体在乡村旅游产业发展方面提供良好的指标体系和理论参考依据。

4.2.1　成立解释结构模型小组

组建乡村文化旅游产业解释结构模型研究小组，要求成员需在乡村文化旅游领域具有一定的理论或实践。解释结构模型小组成员共 14 人，其中负责人 1 人、研究乡村旅游方面的专家 7 人、其他熟悉该领域的研究人员 6 人。

4.2.2　确定关键问题及影响因素

将上述乡村文化旅游产业发展影响因素进行汇总、整理及编号，具体见表 4-1。

表 4-1 乡村旅游产业化主要影响因素及解释

结构变量	影响因素	因素编号
产业资源禀赋	文化旅游资源丰富度	H_1
	道路交通及基础服务设施	H_2
产业资源配置能力	文化旅游规划能力	H_3
	文化旅游品牌营销力度	H_4
产业环境	地理区位	H_5
	教育事业投入	H_6
产业价值	文化旅游创新能力	H_7
	文化旅游资源保护力度	H_8
产业发展水平	社区参与	H_9
	体验满意度	H_{10}

结合国内学者关于影响乡村旅游产业化发展因素的观点，经过解释结构模型小组讨论并咨询实践人员意见进行修订，依据讨论结果最终制定出要素关系表，如表 4-2 所示（当 $H_{ij}=1$ 时，表明 H_i 对 H_j 有直接影响；当 $H_{ij}=0$ 时，表明 H_i 对 H_j 无直接影响）。

表 4-2 要素关系表

变量	H_1	H_2	H_3	H_4	H_5	H_6	H_7	H_8	H_9	H_{10}
H_1	0	0	0	0	0	0	1	0	0	1
H_2	0	0	0	0	0	0	0	1	0	1
H_3	0	1	0	1	1	1	1	1	1	1
H_4	0	0	0	0	0	0	1	0	0	1
H_5	1	1	1	1	0	1	1	1	1	1
H_6	0	0	0	1	0	0	1	0	1	1
H_7	0	0	0	1	0	0	0	0	0	1
H_8	0	1	0	1	0	1	1	0	1	1
H_9	0	1	0	1	0	1	1	0	1	1
H_{10}	0	0	0	1	0	0	0	0	0	0

4.2.3 建立解释结构模型

1. 建立邻接矩阵 A

从表 4-2 可以看出，根据布尔代数规则（即 0+0=0，0+1=1，1+0=1，1+1=1，0×0=0，0×1=0，1×0=0，1×1=1），建立如下邻接矩阵 A，用于表明乡村旅游产业化各主要影响因素之间的关联性。

$$A = \begin{pmatrix} 0 & 0 & 0 & 0 & 0 & 0 & 1 & 0 & 0 & 1 \\ 0 & 0 & 0 & 0 & 0 & 0 & 0 & 1 & 0 & 1 \\ 0 & 1 & 0 & 1 & 1 & 1 & 1 & 1 & 0 & 1 \\ 0 & 0 & 0 & 0 & 0 & 0 & 0 & 0 & 0 & 1 \\ 1 & 1 & 1 & 1 & 0 & 1 & 0 & 1 & 1 & 1 \\ 0 & 0 & 0 & 1 & 0 & 0 & 1 & 0 & 1 & 1 \\ 0 & 0 & 0 & 1 & 0 & 0 & 0 & 0 & 0 & 1 \\ 0 & 1 & 0 & 1 & 0 & 0 & 0 & 0 & 0 & 1 \\ 0 & 1 & 0 & 1 & 0 & 1 & 0 & 1 & 0 & 1 \\ 0 & 0 & 0 & 1 & 0 & 0 & 0 & 0 & 0 & 0 \end{pmatrix}$$

2. 建立可达矩阵 R

在邻接矩阵 A 基础上加上一个单位矩 I，并利用布尔代数法进行矩阵幂运算，直到 $(A+I)_r = (A+I)_{r+1}$，则有 $(A+I)_r = R$，则得到可达矩阵 R。可达矩阵主要用于表示按照一定逻辑机理，乡村文化旅游产业化主要影响因素之间经过一定长度的通路后可达到的程度。

$$R = \begin{pmatrix} 0 & 0 & 0 & 0 & 1 & 0 & 1 & 1 & 0 & 1 \\ 1 & 0 & 0 & 1 & 0 & 0 & 1 & 1 & 0 & 1 \\ 1 & 1 & 1 & 1 & 1 & 1 & 1 & 1 & 0 & 1 \\ 0 & 0 & 0 & 1 & 0 & 0 & 0 & 0 & 0 & 1 \\ 1 & 1 & 1 & 1 & 1 & 1 & 1 & 1 & 0 & 1 \\ 0 & 1 & 0 & 1 & 0 & 1 & 1 & 1 & 0 & 1 \\ 0 & 1 & 0 & 1 & 0 & 0 & 1 & 1 & 0 & 1 \\ 1 & 1 & 0 & 1 & 0 & 0 & 1 & 1 & 0 & 1 \\ 0 & 1 & 0 & 1 & 0 & 1 & 1 & 0 & 0 & 1 \\ 0 & 0 & 0 & 1 & 1 & 1 & 0 & 1 & 1 & 1 \end{pmatrix}$$

3. 缩减矩阵并层级划分

根据以上定义和解释结构模型的建立步骤，先对可达矩阵 R 进行区域划分。由表 4-3 可知，该连通域中最高级要素 $L_1 = \{4,10\}$，是影响乡村文化旅游产业化发展最直接的影响因素。在可达矩阵中划去 H_4、H_{10} 后，划分可达矩阵中的第二级要素，即 $L_2 = \{1,2,7,8\}$，是影响乡村文化旅游产业化发展的第二层因素，同理进行第三和第四级划分，得出 $L_3 = \{6,9\}$、$L_4 = \{3,5\}$，$L_4 = \{3,5\}$ 为影响乡村文化旅游产业化发展最底层和根源层的相关因素。经过四级划分，可将可达矩阵 R 中的 10 个单元划分为四层级，即 $L = \{L_1 、 L_2 、 L_3 、 L_4\}$。

表 4-3　可达集合与先行集合及其交集表

要素	可达集	先行集	交集
H_1	1, 2, 3, 5, 7, 8, 10	1, 2, 3, 5, 7, 8, 9	1, 2, 3, 5, 7, 8
H_2	1, 2, 7, 8, 10	1, 2, 3, 5, 7, 8, 9	1, 2, 7, 8
H_3	1, 2, 3, 4, 5, 6, 7, 8, 10	1, 3, 5	1, 3, 5
H_4	4, 10	3, 4, 5, 6, 7, 8, 9, 10	4, 10
H_5	1, 2, 3, 4, 5, 7, 8, 9, 10	1, 3, 5	1, 3, 5
H_6	1, 2, 4, 6, 7, 8, 9, 10	3, 6, 9	6, 9
H_7	1, 2, 4, 7, 8, 10	1, 2, 3, 5, 6, 7, 8, 9	1, 2, 7, 8
H_8	1, 2, 4, 7, 8, 10	1, 2, 3, 5, 6, 7, 8	1, 2, 7, 8
H_9	1, 2, 4, 6, 7, 9, 10	5, 6, 9	6, 9
H_{10}	4, 10	1, 2, 3, 4, 5, 6, 7, 8, 9, 10	4, 10

通过级间划分，可以得出按级间顺序排列的可达矩阵 R_0，乡村文化旅游产业影响因素层次分解如表 4-4 所示，实现了对乡村旅游产业化主要影响因素四个层级的划分。

$$
R_0 =
\begin{pmatrix}
1 & 1 & 1 & 0 & 1 & 0 & 1 & 1 & 0 & 1 \\
1 & 1 & 0 & 0 & 0 & 0 & 1 & 1 & 0 & 1 \\
1 & 1 & 1 & 1 & 1 & 1 & 1 & 1 & 0 & 1 \\
0 & 0 & 0 & 1 & 0 & 0 & 0 & 0 & 0 & 1 \\
1 & 1 & 1 & 1 & 1 & 0 & 1 & 1 & 1 & 1 \\
1 & 1 & 0 & 1 & 0 & 1 & 1 & 1 & 1 & 1 \\
1 & 1 & 0 & 1 & 0 & 0 & 1 & 1 & 0 & 1 \\
1 & 1 & 0 & 1 & 0 & 0 & 1 & 1 & 0 & 1 \\
1 & 1 & 0 & 1 & 0 & 1 & 1 & 0 & 1 & 1 \\
0 & 0 & 0 & 1 & 0 & 0 & 0 & 0 & 0 & 1
\end{pmatrix}
$$

表 4-4　乡村文化旅游产业影响因素层次分解表

层级	影响因素	层级	影响因素
第 1 层	H_4, H_{10}	第 3 层	H_6, H_9
第 2 层	H_1, H_2, H_7, H_8	第 4 层	H_3, H_5

4.2.4　绘制影响因素解释结构模型

根据上文乡村文化旅游产业影响因素层次划分，按层级关系逐级排列系统各因素，并用有向弧建立关系，绘制出乡村文化旅游产业发展影响因素解释结构模型（图 4-1）。

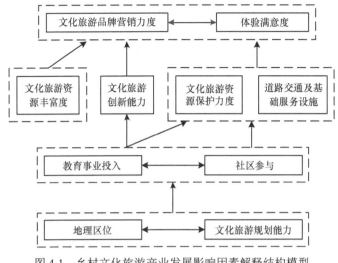

图 4-1 乡村文化旅游产业发展影响因素解释结构模型

综上所述，乡村文化旅游产业化发展影响因素解释结构模型图是一个由十个影响因素构成的四级有向结构模型，从模型可知分为四层，影响因素所在层级越高，表示该影响因素越稳定，涵盖的范围越大；影响因素所在的层级越低，表示该影响因素越具体，稳定性也稍差。通过四个层级的划分，可以得出：文化旅游品牌营销力度、体验满意度是影响乡村文化旅游产业化发展的最直接的因素；文化旅游资源丰富度、文化旅游创新能力、文化旅游资源保护力度、道路交通及基础服务设施是影响乡村文化旅游产业化发展的次级因素；教育事业投入、社区参与是影响次级因素的间接因素；地理区位、文化旅游规划能力是根源因素。该模型梳理了影响乡村文化旅游产业化发展的直接因素、次级因素、间接因素和根源因素，有利于根据不同因素间的关联性和依赖度采取不同程度的关注度，有利于为有关主体制订方案和决策提供参考。

4.3 乡村文化旅游产业形成路径分析

在乡村振兴战略的宏观指导下，乡村文化产业发展基于绿色生态、历史文化、可持续等要素进行规划建设，实现经济效益与生态价值的内在平衡。在这样的背景下，乡村文化旅游产业作为乡村振兴的核心动力，将生态环境、文化底蕴与旅游休闲融合在一起，有效满足了人们的精神文化需求，成为一种新产业模式。上文通过对乡村文化旅游产业发展影响因素及其具体影响机制进行研究，得出各因素对乡村文化旅游产业发展的影响路径，在今后的产业发展过程中应当在遵循地区的文化旅游产业特点的基础上，从提高农民思想认识、优化资源配置能力、营造良好产业环境等多个方面共同努力，以提高文化旅游产业的经济绩效和社会绩效水平。根据以上分析结论，对乡村振兴背景下乡村文化旅游产业的发展提出以下路径建议。

4.3.1 重视文化资源，增强产业内生动力

乡村拥有丰富的村风民俗、传统手工艺技术等，应该对产业资源给予高度重视，充分利用当地的文化资源与人力资源，培育和建设"一村一品"特色文化品牌，体现出当地的文化习俗与特色，传播当地文化。

1. 加强农民的思想教育引导，树立产业意识

现阶段仍然有许多农民的传统农业耕作理念尚未发生改变，应在农村普及国家的乡村振兴战略，以"文化旅游产业特色乡村"为发展主题，用现代科学的产业发展理念引导广大农民转变陈旧的思想观念，增强其产业发展意识，提高农民对文化资源的重视程度；学习和借鉴现代产业经营理念和经营策略，灵活运用当地的特色资源，构建符合农村地域特征和社会文化特征的产业化生产模式，优化乡村产业结构，以产业兴旺带动乡村振兴。

2. 培育村民的文化传承意识，弘扬乡村文化

我国乡村文化旅游资源丰富，在乡村振兴战略的指导下，号召村民自行组建民间文化社团，将传统民间文化融入其中，调动群众参与的积极性；利用现代化的方式将乡村的传统文化资源包括特色建筑、民俗风情等进行改造，取其精华，去其糟粕，开展民俗风情演艺，打造特色小镇，吸引社会公众前来参与体验，使得传统文化得以弘扬。

4.3.2 优化资源配置能力，助力产业升级

资源配置能力的提升能有效地促进乡村文化旅游产业的发展，可以从加大宣传、加大资金支持、坚持开发与保护并重的原则出发，助力乡村文化产业的升级。

1. 加强品牌宣传和影响力，重视"广告效应"

乡村文化旅游产业历史悠久、地域色彩浓厚，有较大的发展潜力。但是多数的乡村文化产品影响力不大，品牌形象不高，因此，今后乡村文化旅游产业的发展需要在品牌方面加大宣传力度，在更大范围内提高产品的影响力和知名度，打造有着乡村文化特色的乡村品牌。现代媒体传播速度快、覆盖范围广，应该充分利用互联网，在小红书、微信视频号、微博等现代社交平台进行展示宣传，借助电视台、抖音等平台拍摄宣传片，积极宣传本地区的乡村文化旅游产业；另外，

各地政府也可以定期举办乡村文化产品推介会、博览会，邀请知名企业负责人、经销商、金融机构参加，可以让民众对自己喜欢的乡村文化旅游产业品牌投票，提高公众对乡村旅游文化产业的关注程度、展现文化产业的魅力，打开产业的知名度、扩大产业影响力。

2. 加大资金支持力度，探索新型融资方式

对于乡村文化旅游产业的发展，政府应该积极引导，给予资金支持、税收优惠政策支持，在政府财政补贴的基础上，还可以吸纳社会民间资本。金融部门可以探索新型融资方式，拓宽非信贷金融融资渠道，加大对乡村文化旅游产业的扶持力度。鼓励企业针对产品生产开发和销售等环节，与技术院校、高校、科研机构合作，定期选拔有潜力的优秀专业人才去进修学习，为乡村文化旅游产业的长久发展培养复合型人才，为产业结构升级增添动力。

3. 加大保护力度，维护资源完整性

资源的不可再生性意味着在对资源开发的同时更要注重对资源的保护，可以健全各级保护非遗的工作机构，将相关手工艺品的制作技艺、传承谱系、学术价值等研究结果整理存档，编辑成书，建立乡村文化旅游产业展览馆、博物馆；对非遗传承人给予重点保护，提供必要的经费支持，关注和尊重传承人的现实需求，给传承人营造一个良好的传承环境，对年事已高的老艺人发放生活补贴，定期检查身体；对物质文化遗产如历史遗址、古建筑等划定保护区域，立法保护；设立农村非物质文化遗产保护与发展基金，重点奖励对非物质文化遗产保护与发展有贡献的企业和个人等。

4.3.3　营造良好环境，保障产业长久发展

良好的产业环境是乡村文化旅游产业价值实现的前提，在道路基础设施、市场秩序、产业发展模式等方面需不断改善，迎合市场的消费需求，充分展现文化旅游产业的价值。

1. 完善道路交通设施，改善村容村貌

优越的地理位置有利于乡村文化旅游产业的发展，对乡村的道路交通、公用设施等加以完善，重视道路硬化、绿化、美化、净化设施建设，对村内道路系统性差、覆盖面不足等问题进行修整，提高道路的通达度；还可以完善便捷的设施服务，设立专门的停车区域，美化卫生环境，改善村容村貌，无论是对村民还是外来客人都可以提供极大的便利。

2. 加强知识产权保护，维护市场秩序

公平的市场环境对于一个行业长久的发展是十分有必要的，但是现在市场上仍然有许多人法律意识淡薄，不遵守市场秩序，所以应该完善相关法律法规，对于哄抬市价、假冒伪劣等非法行为给予严惩。另外，还要加强对工艺美术大师、民间艺人的支持及其知识产权的保护，发展服务中介机构，创建知识产权服务托管平台，加强对企业的法律援助，维护经营者的合法权益。

3. 加大产品创新力度，提高产业价值

乡村文化旅游资源在保持其独有特色的情况下，还需要不断地创新，以满足人们对产品和服务多元化的需求。乡村文化旅游产业的文化属性决定了其与旅游有着天然的联系，所以可以突破传统的产业发展模式，积极发展"互联网+文化"特色乡村旅游开发，开展多种形式的文化旅游活动与服务，以核心产业为主导，形成产业链条，延伸产业价值。另外，对于乡村文化旅游产品的创作，可以加大研发投入以及对创作型人才的培养，外形设计上更加新颖化、技术方面更规范化，在体现出产品历史背景的同时也能起到启迪智慧、提供见解的有益效果，以提高乡村文化旅游产品的文化价值和经济价值。

参 考 文 献

[1] 习近平: 决胜全面建成小康社会 夺取新时代中国特色社会主义伟大胜利——在中国共产党第十九次全国代表大会上的报告[EB/OL]. https://www.gov.cn/zhuanti/2017-10/27/content_5234876.htm[2017-10-27].

[2] 张春香, 刘志学. 基于系统动力学的河南省文化旅游产业分析[J]. 管理世界, 2007, (5): 152-154.

[3] 郭素婷. 区域文化旅游产业的系统化运作[J]. 地域研究与开发, 2008, 27(6): 57-60.

[4] 龚绍方. 制约我国文化旅游产业发展的三大因素及对策[J]. 郑州大学学报(哲学社会科学版), 2008, 41(6): 67-69.

[5] 张春香. 基于钻石模型的区域文化旅游产业竞争力评价研究[J]. 管理学报, 2018, 15(12): 1781-1788.

[6] Bruno G, Gasca E, Monaco C. The efficient management of park resources: natural and cultural data in the Alpi Marittime Park area[J]. Information Systems, 2014, 42: 78-88.

[7] 张捷. 区域民俗文化的旅游资源的类型及旅游业价值研究: 九寨沟藏族民俗文化与江苏吴文化民俗旅游资源比较研究之一[J]. 人文地理, 1997, (3): 24-28, 78.

[8] 董丹丹. 乡村旅游基础设施建设研究[J]. 农业经济, 2020, (4): 43-45.

[9] 娄宇, 宫兴兴. 乡村旅游交通的发展研究[J]. 住宅与房地产, 2021, (4): 251-252.

[10] 佟玉权. 品牌化营销: 中国乡村旅游发展的新走势[J]. 农业现代化研究, 2007, (1): 50-52.

[11] 李青, 单福彬. 乡村旅游目的地的品牌价值分析[J]. 湖北农业科学, 2014, 53(6): 1479-1482.

[12] 胡美娟, 李在军, 侯国林, 等. 江苏省乡村旅游景点空间格局及其多尺度特征[J]. 经济地理, 2015, 35(6): 202-208.

[13] 马丽卿, 罗俊. 经济新常态背景下的区域乡村旅游教育实践研究: 以舟山群岛新区为例[J]. 教育教学论坛, 2016, (25): 175-177.

[14] O'BrienD. Cultural value, measurement and policy making[J]. Arts and Humanities in Higher Education, 2015, 14(1): 79-94.

[15] 王韬钦. 文化振兴视阈下乡村文化旅游融合发展的内生逻辑及路径选择[J]. 科技促进发展, 2018, 14(12): 1186-1192.

[16] 张欣, 张润清, 李娟, 等. 农村文化产业评价指标体系的研究[J]. 经济研究导刊, 2014, (1): 28-30.

第5章 乡村文化旅游项目风险研究

随着乡村文化旅游产业快速发展，各具特色的乡村文旅项目为促进乡村产业融合、促进村民就业、增加村民收入、展现新村容村貌等方面做出了巨大贡献。在以文旅项目促发展的同时也出现了一些问题：乡村文旅项目表现出盈亏失衡，经营"趋同化"，客源不足等问题，导致场内萧条、大量经营主体渐渐被市场淘汰，人文与自然景观被破坏等困境。究其原因在于政府及社会资本极力推动乡村文旅项目建设的同时忽视了背后的各种潜在风险，对风险认识不足导致各种矛盾在项目开发与运营阶段不断涌现。因此，在前文乡村文化旅游产业发展影响因素研究的基础上，本章从风险的视角深入分析乡村文旅项目开发建设、运营过程中可能的潜在风险，厘清各种风险对乡村旅游发展的制约机制，提出可行的风险防范措施。

5.1 乡村文化旅游项目的特点

乡村文化旅游产业的发展要兼顾乡村文化的价值性和延续性，以及乡村旅游的多样化和品牌化。乡村文化旅游项目作为文化传承和旅游资源有效利用的支撑和载体，是乡村文化与乡村旅游深度融合的典型形式，也是助推乡村旅游产业高质量发展的重要手段。

武永成认为乡村旅游产业是随社会进步不断发展进而生成的，乡村旅游产业结构单一，成为制约乡村旅游产业发展的重要因素[1]。文旅项目的丰富性和多样性能够深化特色文化内涵、厚植文旅基础；并通过延长文创产业链，创新文旅运营，提升旅游附加值，产生更多的经济效益和社会效益。

文旅项目是乡村文化与乡村旅游结合最紧密、发展更开放的新型业态，也是旅游产业和文化产业深度融合发展的成果。关于文旅项目和乡村旅游产业关系的问题，早在20世纪初期就有学者进行过讨论。Palmer以丘吉尔故居为案例，探讨了文化旅游产业的象征与意义，认为乡村旅游产业的核心属性是文化[2]。张朝枝从身份的视角诠释文旅融合的关系，进一步指出乡村文旅产业的融合需要在角色调整、文化培育、增进自信等方面加以努力[3]。傅才武从文旅本质的角度阐明了文化和旅游是主客体之间的关系，个人对乡村旅游产业中的文化消费习惯具有文化认同的象征意义[4]。

文旅项目与乡村旅游融合是文化产业优化发展以及乡村旅游产业转型升级共

同作用的结果。乡村文旅项目是基于旅游传统的"吃、住、行、游、娱、购"的六大产业，对之重新进行的创新性认识与阐释，提炼形成乡村 IP，通过整体设计与运营思考将游客吸引来、留存住、愿分享，如围绕乡村 IP 将原来简单的吃饭、居住、购物等升级成与其有关的美食文化、居住文化、特色文化的深度体验，一些文旅项目的商业设施也承担文化展示、文化体验、互动交流、游览体验等复合功能，使得旅游价值和文化价值凸显，对促进旅游产业品质提升、丰富乡村旅游产业文化内涵起到重要作用。乡村文旅项目的开发既为文化资源的传播和交流提供了途径与渠道，借助旅游产业的市场优势为文化产业的发展搭建了更大的平台，也为旅游资源赋予了文化内涵，提高了旅游产品的层次，借助文化附加值为旅游产业发展创造了更大的利润空间。在这一时代背景下，针对文旅项目进行开发经营，有助于乡村旅游高质量发展，带动乡村文化旅游产业繁荣，促进当地乡村振兴。

5.2 乡村文化旅游项目阶段性风险分析

风险涉及乡村文化旅游项目全生命周期的各个阶段，从项目筹划开始，经历项目设计、项目建设、项目运营，在项目的每一个阶段都有可能发生相应的风险，因此，对文旅项目各个阶段进行合理的风险分析对项目的成功起着至关重要的作用。

5.2.1 乡村文化旅游项目的阶段划分

结合文旅项目具有资本投入高、项目周期长、管理范围广等特点，参照学者对于相关项目全生命周期各阶段的划分，将乡村文化旅游项目的全生命周期划分为投资阶段、规划设计阶段、建设施工阶段和运营阶段。

（1）投资阶段。投资数额大、各个项目投资差异明显是文旅项目投资的典型特点，投资阶段要对市场的需求、项目建设过程中可能面对的挑战以及项目在市场中的机遇进行分析，包括投资意向研究、投资机会分析、项目的可行性研究等，是乡村文旅项目风险防范的重要阶段。

（2）规划设计阶段。规划设计阶段是在投资阶段的基础上，对选中的乡村文旅项目投资方案进行规划和设计，从而界定项目的施工范围，确定项目各阶段的工程计划，设定项目技术、质量、经济等方面的指标，并且为要实施的项目方案编制工期、成本、质量、资源等计划。

（3）建设施工阶段。建设施工阶段主要是对乡村文旅项目的建设及其过程进行全程的管理和控制，完成施工现场人工、材料、机械的调度、协调和指挥，及时对现场完成纠偏，使项目的成本、工期、质量等控制在计划之内。

（4）运营阶段。乡村文旅项目的运营阶段，是根据项目的定位，对项目进行招商或销售、提供产品与服务。运营阶段是对文旅项目后期的经营和管理，对于住宿、园区景区、物业等方面的管理服务能力都有较高的要求。

5.2.2　投资阶段风险分析

乡村文化旅游项目较其他建设项目而言，投资规模大，资金回收慢，所以乡村文旅项目投资阶段的风险防范非常重要。投资风险是指投资主体为实现其投资目的而对未来经营、财务活动可能造成的亏损或破产所承担的风险，它贯穿于项目的全过程。一般来说，在投资阶段可行性研究不彻底、论证不充分、考虑不周全是导致投资风险出现的主要原因，尤其在投资决策中对外部环境的变化导致的风险更需要重视，如对政策、法律、知识产权、生态环境、各利益相关方态度等方面可能产生的风险的考虑与把握。另外，投资决策中对项目整体定位明确也会对项目成功起着关键作用，其风险主要表现为项目定位不清晰、目标客群不精准，从而影响后续的运营效果。

除了投资决策风险外，本阶段还存在投资测算风险，投资测算的风险情况的发生一般是对实际情况不明，没有或缺失成本与收益测算的实际依据；收益模式不清，计算标准不明确，计算方法不当，导致计算结果出现偏差；对实施过程中运用的技术的经济合理性不了解，使得计算在技术适用性方面出现问题；测算内容不全，出现了漏项缺项，致使计算成果不可靠；渎职疏忽或有意进行的弄虚作假，使计算结果与实际产生误差；审计核查不严格，导致未能发现之前过程步骤中出现的错误，这些情况都会导致项目投资实际投入超出预计范围。另外，在测算阶段，还需要预料文旅项目在未来可能面临的质量问题、进度延迟和成本超支等风险，需做好不确定性分析。

5.2.3　规划设计阶段风险分析

规划设计工作大致可分为规划策划和方案设计。在规划策划阶段首先要考虑用地风险。乡村文化旅游项目的建设，必须要解决土地规划的问题，因为项目大多占地面积大，有些项目动辄占地上千亩，而且土地涉及面广，有的涉及农用地、建设用地以及荒山、荒沟、荒丘、荒滩等未利用的土地，因此，需注意了解不同类型土地所需的流转程序、报批审核手续、土地权属等，以免在用地时引发相关法律风险，导致无法推进项目进一步实施落地。

此阶段还要考虑规划设计风险。现实中影响设计方案的风险因素很多，有些风险因素还比较隐匿，很难被发现。例如，成都市的龙潭水乡项目，就是没有考虑到周围大量工业厂房的存在，以及密密麻麻铁路线遮挡住优越的地理位置等原因，导致项目后续失败。

还有不容忽视的生态环境风险。规划设计方案中要充分考虑项目开发及后期运营对自然生态环境的影响,以确保项目顺利进行并能够守护当地的绿水青山。

5.2.4　建设施工阶段风险分析

乡村文旅项目建设施工阶段的风险因素很多,主要表现为施工进度迟缓、施工质量问题、施工管理不善等问题带来的各种类型的风险。从人的因素看,可能存在为节约成本偷工减料而产生的质量风险,现场管理不严、培训不到位或操作大意致使发生安全事故而带来的安全风险,在施工中技艺方法发生改变而带来的进度风险,项目发起人和相关技术方的能力有限、经验不足而带来的管理风险,因投资方资金不到位产生的资金风险等诸多情形。除了以上风险因素外,还存在不可预见的客观因素,如暴雨、台风、洪水、地质条件变化等,这些都可能会引起安全事故或造成成本增加或进度延误,也是产生施工阶段风险的不可忽视的原因。

另外,此阶段的社会风险也不容忽视。在项目建设过程中,由于与当地居民的利益冲突,如拆迁补偿不完善,损坏了当地居民的某些财产、财物等难以预料的大小摩擦等,都可能会引发社会风险。

5.2.5　运营阶段风险分析

在乡村文旅项目的运营过程中,会面临经营风险、市场风险、管理风险、知识产权风险及其他风险。在经营上,项目能否吸引游客前来打卡,旅游项目及其附属产业能否达到预期的收益是必须要考虑的;若项目责任主体缺乏整体系统的运营风险管理意识,导致利益各方出现互相博弈甚至挤兑,也会对项目运营非常不利。在市场风险方面,可能会面临同质化竞争,项目的竞争力弱等问题;在管理风险上,工作人员的素质与技能培训、全员环境保护意识的养成、基础设施的布局与维护等方面,在一定程度上考验着运营方的管理能力,若管理不善则存在着很大的风险隐患。此外,知识产权风险也需要重视。乡村文化旅游项目通过"文化+旅游"的方式将文化资源转化为旅游产品,增添相应的文化属性,以增强游客体验感和参与感,从而实现项目的经济效益。但如果在文旅项目运营中缺乏对知识产权保护、知识产权评估的意识,造成文创产品侵权等法律纠纷,则会制约自身继续发展,也会产生经济损失,必须具备这种知识产权保护意识,掌握知识产权维护手段。另外,运营中还存在其他风险,如在无数商机的背后也产生了不同的法律关系,招致风险。例如,商铺进驻所签的租赁合同风险、运营中的广告违规宣传风险、消费者权益维护风险、安全保障义务引发的侵权风险等。倘若这些纠纷出现而未能妥善处理,则会直接影响到乡村文旅项目的品牌声誉。

通过对乡村文旅项目各阶段的风险分析发现,投资阶段的风险处在最前端,对项目的整体效果的好坏起着决定性作用;运营阶段的风险处在末端,对项目能否运营成功起着关键作用。因此,接下来通过实际案例对乡村文旅项目的这两个阶段可能存在的风险进一步详细分析评价。

5.3　乡村文化旅游项目投资阶段风险实证研究

5.3.1　项目概况与投资规模

1. 元宝岛项目概况

杨柳青是天津市与环渤海经济区最大的乡镇,元宝岛项目位于其中心地带,紧邻西青区政府驻地,项目距天津西站 15 公里、天津站 22 公里、天津南站 12 公里、天津机场 30 公里,为游客的到来提供了便利的出行路径。项目周围坐落着众多高校及生活小区,已开通的地铁线、公交线进一步缩短了项目与周边及市区的距离,为项目后期的运营提供了天然的位置条件和客源优势。元宝岛项目的开发建设旨在体现"人文运河"底蕴的华北民俗集合地,打造区域核心商旅商务圈。

2. 投资规模

项目总投资为 33.97 亿元,建设期投资由政府接受外单位的投资的资本金 16.97 亿元,在项目资金中的占比为 49.96%;剩余资金通过政府发行专项债进行筹集,在项目资金中的占比为 50.04%,共计 17.00 亿元。具体的项目投资构成见表 5-1。该项目范围内征地拆迁由政府负责,一期工程计划为建筑总面积 25.65 万平方米,景观道路及广场铺装 12.37 万平方米,绿化景观 27.33 万平方米,费用概算约为 0.58 亿元。但项目最终的消耗成本结算,以政府财政部门确认的金额为准。

表 5-1　项目投资构成表

项目投资方	出资金额/亿元
政府方出资	17.00
社会资本方	16.97
合计	33.97

乡村文化旅游项目投资阶段面临的主要风险是投资决策风险。在元宝岛项目的整体投资中,政府与社会资本方的占比几乎相等,这一模式意味着政府以微弱的差距占据着主导作用,但承担的风险比例大致相同,收益主要在于项目建成后

的经营期；而社会资本方需要在项目的前期策划、项目设计和成本控制等方面提出要求，资本回收必须在有限的时间内完成，其中也存在着相应的资金风险、建设风险等，因此，社会资本方需要对每个环节的风险都进行严密把控，降低自身的利益损害。

5.3.2　投资风险评价指标体系的构建

对文旅 PPP（public-private partnership，公私合作）元宝岛项目投资风险指标的提取依次采用了三种方法：案例归纳法、文献查阅法和专家意见法。通过前两种方法对指标汇总、甄别、剔除，得到筛选后的理论指标，然后将其以问卷形式发放给相关专家，根据专家多年的项目运作经验对各指标的重要性进行去留。最后对所研究项目实地访谈，根据政府部门、社会资本方负责人及大量居民和游客的意见，得到文旅 PPP 元宝岛项目投资风险最终评价指标体系。

1. 案例提取

通过对近些年我国文旅 PPP 项目相关案例进行研究，简要分析项目中问题发生的原因，提炼出 PPP 项目投资风险因素（表 5-2），为下一步评价指标的初次筛选提供基本参考。

表 5-2　典型 PPP 项目案例中的评价指标

序号	PPP 项目名称	问题描述	评价指标
1	北京鸟巢体育馆	公众反对冠名，成本超出，运营管理不善，2009 年社会资本退出	法律风险（A1） 社会风险（A2） 成本风险（A3） 运营管理风险（A4） 公众反对风险（A5） 利益分配不当风险（A6） 资本方退出风险（A7）
2	龙潭水乡	前期勘察设计不足，项目游玩路线复杂；缺乏项目的特色性、游客很少；后期经营活动不合理，商家门店陆续关闭	规划不足风险（B1） 经营管理风险（B2） 建设用地获取风险（B3） 费用收取风险（B4）
3	陕西龙头村	景区建好后村民的收入只有土地的租金，很多人出去打工，劳动力留不住；缺乏旅游特点、没有乡村特色产业；服务质量跟不上，建立的民居没有游客居住	资源利用风险（C1） 征地补偿风险（C2） 运营管理风险（C3） 生活质量风险（C4）
4	内蒙古根河天工部落	第一期于 2006 年进入大众视线，然而因为交通不便，周边没有形成旅游大环境，定位失误导致游客度假成本增高等因素，该项目如今无法继续动工	规划不足风险（D1） 项目基础条件风险（D2） 决策失误风险（D3） 费用收取风险（D4）

续表

序号	PPP 项目名称	问题描述	评价指标
5	江苏福禄贝尔科幻乐园	选址不当，周围经济不发达，交通不方便，降低游客的旅游次数；设计规划超前，导致投入大量资金（超过一亿美金）；后期缺乏自有资金，运营未达预期效果；成本消费太高但收入较低	规划不足风险（E1） 成本超支风险（E2） 运营管理风险（E3） 费用收取风险（E4） 资金流动性风险（E5） 项目基础条件风险（E6）
6	海南民族文化村	二期换了规划团队，侧重点上进行了改变；人均日游客量 200 人，月平均亏损 140 万元，但政府仍按门票收入予以纳税，引起社会公众反对；利益分配不均导致票价不正当竞争	规划不足风险（F1） 费用收取风险（F2） 利益分配不均风险（F3） 运营管理风险（F4）
7	广东番禺飞龙世界游乐城	游玩的主题单一、整体建筑缺乏特色性，降低吸引程度；市场定位过于乐观，导致大量设施闲置；开发的蛇系列产品未能适时销售；投资过于依赖贷款，经营亏损导致资金链断裂	项目基础条件风险（G1） 决策失误风险（G2） 经营管理风险（G3） 债务风险（G4） 建筑风格吸引力（G5）

2. 文献提取

政府作为 PPP 项目的发起者和核心参与者，目前有众多学者对其存在风险进行归纳总结。邓小鹏等通过问卷调查法，将政府的风险因素归为政策不稳定、监管体制不完善、官僚及腐败、主权风险、政府信用风险、法律法规体系不完善、法律法规和标准变化[5]。亓霞等分析中国实施的 PPP 项目中 16 个失败的案例原因，总结政府风险为法律变更、审批延误、政治决策冗长、政治反对、政府信用、不可抗力、官员腐败七个方面[6]。赵晔也通过对 PPP 项目失败的原因分析提出政府风险包括决策能力、政府审批、办事效率、履约能力、提供配套服务能力、政府监督、法律制度的完整性、政府反对、寻租行为[7]。陆雨基于契约理论，认为政府还存在未被认识或有所认识但由于缺乏相应的风险管理手段而未能有效控制的风险因素，即财政风险和金融风险、政府信用风险、俘获风险、不完全契约风险等[8]。林立宏等根据国内外 PPP 项目风险研究现状，从政府角度将风险归纳为治理结构、产权治理、政策法律、合同制、价格控制、关系契约及科学决策几个方面[9]。何中平等通过文献识别法归纳出政府部门面临的主要风险为政府失信、审批延误、决策能力、政府监管、法律政策变更[10]。

社会投资者是 PPP 项目的主要股东和主要参与者，其参与 PPP 项目的主要动机是在承担相应风险的同时获取与风险匹配的项目收益。邓小鹏等通过问卷调查得出社会资本方的投资风险因素包括利率变动、汇率变化、通货膨胀、金融市场不健全、项目决策失误、获准风险、项目融资结构、投资诱因不足、融资可获得性、融资成本高[5]。王嘉炜等的文献分析结合专家访谈法确定了 PPP 项目社会资本方的风险因素为信誉风险、竞争风险、能力技术风险、组织风险、公众敌对风险、合同风险和监督风险[11]。冯玉清通过研究社会资本方在 PPP 项目中的退出机制保障问题，提出社会资本方存在着投资体量大、回报周期长、保障措施不完善、资本市场不健全的风险[12]。易达和尤完采用蒙特卡罗模拟方法和风险概率–影响矩阵分析法得出社会资本方主要承担着企业资信风险、项目按时完工风险、工程管理风险、投融资管理风险及不可抗力风险[13]。刘海涛等认为社会资本方通常采用合体方式带来的风险有投标过程风险、超预算风险、延期风险、环保风险、运营成本风险、项目移交风险、不可抗力风险[14]。

学者对 PPP 项目中社会公众的风险研究主要表现为社会公众的参与度、社会公众的情绪化影响行为等。张晓丽和杨高升从 PPP 项目的监管治理、发展模式和运营问题等角度分析，发现现有文献鲜有将情绪因素考虑到 PPP 项目中，并认为当公众带有情绪时必然会影响其对项目的参与程度，进而影响项目的运作效益[15]。游江涛在研究高速公路 PPP 项目标准化管理时提出社会公众监督弥补了政府监管不足的缺点，但是目前存在着社会公众监督管理缺乏渠道的风险[16]。刘穷志和张莉莎提出随着 PPP 模式越来越广泛地被应用，PPP 契约合同关系变得更加复杂，社会监督因素的引入能够有效提高合同的激励强度和项目公司的努力水平，如何解释社会监督在 PPP 外部规制中发挥的作用是所研究的重点[17]。王超认为 PPP 项目在建设过程中会涉及费用收取和资源利用等与公众权益息息相关的问题，若社会公众存在无法有效参与并激烈反对的风险，项目将难以推行，最终耽误项目的发展进行甚至损害社会公共利益[18]。

3. 专家征询

本书选择拜访 9 位有关文旅项目、PPP 项目的专家，其中 3 位是政府负责人，3 位是文旅 PPP 项目专家，3 位是参与过 PPP 项目的投资人员。通过对案例提取与研究文献提取的指标进行筛选、提炼、合并，得到初步的利益相关者视角下投资风险评价指标结果（表 5-3）。

表 5-3　专家调查法确定评价指标过程表

序号	指标	专家指标保留意见（总计 9 个）	专家意见筛选汇总
Z1	政策不稳定风险	2	我国在政策方面不会产生很大的变动，只会进行微调，可以忽略此风险
Z2	监管体制不完善	7	从空间维度"权力越位"、时间"权力缺位"、制度上"确立错位"三个维度表明监管体制的重要性
Z3	官僚及腐败风险	1	目前政府官员收入公开透明，且大数据时代可直接举报，因此该风险不予考虑
Z4	政府信用	7	通过查询中华人民共和国最高人民法院网站"失信被执行人名单"显示，我国共有 100 多个地方政府存在失信行为

序号	指标	专家指标保留意见（总计9个）	专家意见筛选汇总
Z5	政府干预	9	政府干预对各主体行为具有一定的负向影响
Z6	审批延误	8	审批环节繁多、过程冗长，造成项目工期的延误
Z7	主权风险	1	主权风险是因国家发生政治经济动乱而影响资产难以回收的风险
Z8	法律法规变化	9	在整个项目期间，法律法规的变更将会对项目的成本、运营有不同的影响，要有相应的应对措施
Z9	关系契约纠纷	1	主体在参与项目前会请专家审核合同条例内容，出现该风险的可能性较小
Z10	建设用地获取风险	2	建设用地可以通过相应政策和法律获取，土地的使用权和所属权决定了用地资格，这些大大降低土地的获取风险
Z11	运营管理风险	9	PPP项目建成后要移交给政府进行运营管理，合理的经营方式决定了项目的收益情况
Z12	项目基础条件	9	项目本身具有的文化特色、可塑性决定了其开发价值
Z13	利率变动	7	利率变动和通货膨胀风险都会直接影响投资成本
Z14	通货膨胀	7	
Z15	资金筹措风险	8	在整个项目建设期间，融资不当容易造成项目上的资金链断裂，造成项目停工
Z16	市场调研风险	8	市场对项目的需求和竞争决定了项目的收益情况，开发前做市场调研是很有必要的
Z17	投资体量大	2	Z17、Z18属于PPP项目的常规情况，不必作为特定的影响指标
Z18	回报周期长	2	
Z19	决策失误风险	8	社会资本方在前期做出的决策决定项目成败
Z20	信誉风险	9	社会资本方作为主要投资者，出现的信用风险会影响项目的资金落实和开展进度
Z21	资金流动性风险	9	资金流动性在一定程度上代表了企业的实力，是企业能否健康生存和发展的关键
Z22	突发事件应对能力	7	突发事件应对能力是每个企业必不可少的，确保突发事件一旦发生，能够及时有效处置，最大限度地减少损失和影响
Z23	退出机制不完善	7	社会资本方在不完善的退出机制下退出项目，政府部门需重新寻找社会资本方，为政府管控项目加大了难度
Z24	权益分配不当风险	9	项目的建设最终目的是各方达到预期盈利
Z25	征地补偿风险	9	部分居民靠种地维持生活，征地补偿是当地居民关注的重要问题之一
Z26	费用收取风险	7	门票、房租、停车费等费用直接决定公众是否到此游玩或从事相关旅游工作
Z27	资源使用风险	7	资源的科学使用，促进自然系统中的微循环，维持生态系统的平衡，为生态环境奠定基础
Z28	生活质量风险	9	生活质量的提升决定了公众的参与度
Z29	建筑风格融合度	6	建筑风格与当地环境的融合度越高，越会增加游客的重游次数，延长游玩时间

续表

序号	指标	专家指标保留意见（总计9个）	专家意见筛选汇总
Z30	公众反对风险	8	公众态度导致公众的行为结果，将其考虑为一项风险因素是有必要的
Z31	公众监督风险	8	让公众参与到项目的最好办法就是作为第三者监督，使项目在开发中更具公平、合理性

　　为了确定最终的评价指标，并使其更贴近于文旅 PPP 项目的实际情况，本章采用实地访谈法，通过对政府部门、社会资本方负责人以及大量居民和游客的意见进行实地调研，在政府部门风险指标中增加了"文化传承风险"，社会公众指标中增加了"文化冲突风险"。最终得到文旅 PPP 元宝岛项目投资风险最终评价指标体系（图 5-1）。

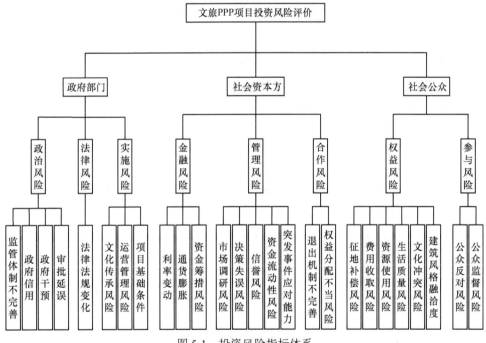

图 5-1　投资风险指标体系

4. 投资风险指标释义

1）政府部门风险

　　政府部门风险主要包括监管体制不完善、政府信用、政府干预、审批延误、法律法规变化、文化传承风险、运营管理风险、项目基础条件。因为政府部门自身的水平、地位、能力和功能等因素，使其在项目开发中占据主要领导地位；同时根据风险分担原则，政府应首当其冲成为项目风险的主要承担方。

（1）法律法规变化。随着法律法规的逐渐完善，与参与方利益相关的条规可能会发生较大的改动。政府作为法律的制定者和实施者，要承担变动后给项目造成的风险结果。

（2）政府信用。政府在公共地位、政治经济等方面具有管理优势，若因自身优势而不履行生效合同或协议的行为，会导致与其他参与主体合作失败。

（3）审批延误。政府审批机制不完善、执行效率低、服务保障不到位等，会造成审批程序过于复杂甚至审批延误，增加社会资本方的运作压力，提高项目成本风险。

（4）监管体制不完善。政府部门内部若监管权分配过于分散，各部门间分工不明确，可能导致政府多重监管、交易费用重复；同时不能有效履行各部门对 PPP 项目的监督管理职责，处理问题不及时。

（5）政府干预。在公私双方合作的过程中，政府若提出过多的干预信息，会降低社会资本方自主决策的能力、影响主体间的融洽度等。

（6）项目基础条件。项目本身所具有的文化特色、群众基础、可塑性等条件在前期投资决策阶段，是政府采取行为的首要依据，项目建设是否成功主要取决于这些开发价值高低。

（7）文化传承风险。文旅项目开发的核心原因是其具备特有的历史文化和优越的自然环境，应利用好这些优势资源，在开发中提炼出当地独特的文化景观特质。政府合理的保护政策，以及加大投入资金和人力等措施，有助于传承当地文化。

（8）运营管理风险。门票价格高低会直接影响游客是否选择到此旅游，门票定价及物价要综合考虑项目区位、市场竞争情况、产品优势等多重因素；服务质量决定了游客的重游意愿。在运营管理过程中若存在服务管理者的权力分配、服务质量、员工成本等问题，可能会导致项目管理成本增加、运营收益直接减少。

2）社会资本方风险

社会资本方风险包括利率变动、通货膨胀、资金筹措风险、市场调研风险、决策失误风险、信誉风险、资金流动性风险、突发事件应对能力、权益分配不当风险、退出机制不完善。社会资本方作为项目的最大投资者，自身存在的风险对项目的后续开发具有直接的影响作用，根据风险分担原则，社会资本方要承担与资金相关的众多风险问题。

（1）利率变动。市场利率的变动可能对社会资本方造成一定的成本或收益损失。在投资过程中，利率上升会增加企业的借款成本，增加企业获取资本金的难度，使项目面临停工和收益下降的风险。

（2）通货膨胀。物价指数的上升导致货币贬值，降低货币的购买能力，增加项目的成本；若物价水平超过一定界限会增加项目的初步预算，进而影响社会资本方对 PPP 项目的投资。

（3）资金筹措风险。社会资本方对项目的投资除了自身的流动资金，还会通过其他渠道如银行贷款、发行债券等形式进行资金筹措。资金筹措的渠道较为单一，难以满足项目的资金需求，也无法进行风险转移和分担，加大了社会资本方的投资风险指数。

（4）市场调研风险。不同区域的文旅经济活力、文旅人才数量等都会影响市场对项目的需求；同区域下的文旅项目过于饱和、其他代替性项目产生的竞争，会使开发成本升高，甚至在项目建成开始运营后，达不到预想的客源。这些市场风险都需要进行前期调研。

（5）决策失误风险。社会资本方在项目建设中存在疑问或信息不全面时，可能会制订出不合适的方案，而作为出资方，错误的决策可能会使之前付出的资金白费。

（6）信誉风险。社会资本方的资信水平是参与项目的基础，为项目实施过程中的各项环节提供便利。

（7）资金流动性风险。社会资本方的流动性资金是政府选取与其合作的重要原因，且资金流动性越强，自身竞争力越强，项目成功的影响力越大。若社会资本方财力不足，无法撑起项目建设所需资金，可能会出现项目中止的风险。

（8）突发事件应对能力。突发事件包括地震、暴雨等自然灾害，也包括疫情问题等，这些问题都具备不确定性和爆发性，企业处置反应不及时会造成项目上的延期和经济上的损失。

（9）权益分配不当风险。PPP 项目通常由多个主体参与，权力和利益需要合理分配，否则直接影响参与者的积极性；若后期需要补充细则，进行谈判，还会增加项目交付的压力与成本。

（10）退出机制不完善。社会资本方通常承担较大的市场需求风险，该风险一旦发生，将会导致对项目的需求量减少甚至低于预期效果，社会资本方无法实现项目利润，提前退出行为会造成巨大的社会损失，为后期项目动工增加了难度。

　3）社会公众风险

社会公众作为项目的直接受益群体，对项目存在的风险主要表现在参与方面和态度方面，具体风险包括征地补偿风险、费用收取风险、资源使用风险、生活质量风险、文化冲突风险、建筑风格融洽度、公众反对风险、公众监督风险。

（1）征地补偿风险。土地征用和规划是项目建设的基础条件，选址地的土地征用进度直接影响项目建设进程，其征地补偿的决策更容易受到公众的关注，如何妥善解决征地补偿而不引起居民的不满成为建设前期一个重点问题。

（2）费用收取风险。商户选取商铺营业前，会与店铺所有人签订合同，付出固定的资金成本，经营性质的商户和当地居民会按比例缴纳税费；对游客而言，停车费、门票价格是直接付出的现有成本，这些费用的收取比例高于公众预期，会引起不满。

（3）资源使用风险。资源的过度开发会出现资源枯竭的现象，对人类社会产生威胁性因素；另外在已开发的地方重新规划新项目，原有的旅游资源、游客等是否能达到甚至超过原有效益，是公众关注的一大形势。

（4）生活质量风险。生活质量可以从物质、情感、健康、安全、生活、文化等多种维度表达，是一个复杂的、多层面的范畴，公众对生活质量的满意程度，是确保文旅项目可持续发展的关键。

（5）文化冲突风险。在文化交往与融合中，存在着不相容或冲突的因素，该因素往往会引起不同文化之间的冲突。新开发的项目会增加外来工作者和游客，可能会影响当地民众的生活习性，形成一定的文化冲突。

（6）建筑风格融洽度。虽然每个建筑设施都属于独立的个体，但是在装修风格上应与整个项目的风貌保持统一，具有明显的整体性。风格的突兀性会使地域的文化内涵和历史风貌被破坏，降低游客逗留的时间、投资者的吸引力等，导致项目的文化底蕴逐渐被遗弃。

（7）公众反对风险。因各方面原因导致公众利益不受保护，引起公众情绪上的不满，不配合调研、拒绝外来者、扰乱项目正常执行等行为，会给项目建设动工带来一定的难度风险。

（8）公众监督风险。在项目开发影响到政府和当地民众的利益的情况下，若公众不参与项目监督，则无法获取项目信息，会对建设过程的措施与行动存在异议；项目在建设中未能得到公众充分理解和监督，导致发生公众对抗项目建设的事件。

5.3.3 投资风险评价模型的构建

1. 确定因素集与评语集

（1）首先确定评价对象的因素集 $U = \{U_1, U_2, \cdots, U_m\}$，表示待评价对象的 m 种因素（评价指标），其中 m 为评价因素的数量，由评价指标体系决定。

（2）建立评价等级 $V = \{V_1, V_2, \cdots, V_n\}^{\mathrm{T}}$，它是被调查者做出的评价结果的等级集合，其中，$n$ 代表评价结果的数量，评价结果一般在 3～5 个等级范围内，本书采用的是五级评价，即

$$V = \{V_1, V_2, \cdots, V_n\}^{\mathrm{T}} = \{非常同意，同意，一般，不同意，非常不同意\}^{\mathrm{T}}$$
$$= \{5, 4, 3, 2, 1\}^{\mathrm{T}}$$

（3）确定评价因素的权重集 $W=\{W_1,W_2,\cdots,W_m\}$，其中 W_m 表示第 m 个因素的权重。

2. 因素集模糊综合评判矩阵

（1）进行因素的模糊综合评价，建立模糊关系矩阵 $R=\begin{bmatrix} r_{11} & r_{12} & \cdots & r_{1n} \\ r_{21} & r_{22} & \cdots & r_{2n} \\ \vdots & \vdots & & \vdots \\ r_{m1} & r_{m2} & \cdots & r_{mn} \end{bmatrix}$，

$r_i=(r_{i1},r_{i2},\cdots,r_{in})$，其中，$i=1,2,\cdots,m$。$r_{ij}$ 表示从因素 U_i 得到的等级模糊子集 V_j 的隶属度。因子 U_i 中的评价对象选项由模糊向量 r_i 表征，r_i 被称为单因素评价矩阵，可以被视为因素集 U 和评语集 V 之间的一种模糊关系，即评价因素与评价对象之间的模糊关系。

（2）利用最优的模糊合成算子，将模糊矩阵 R 与权重集 W 相结合，得到被评价对象的模糊综合评价结果向量 B，即

$$B=W\times R=\{W_1,W_2,\cdots W_m\}\times\begin{bmatrix} r_{11} & r_{12} & \cdots & r_{1n} \\ r_{21} & r_{22} & \cdots & r_{2n} \\ \vdots & \vdots & & \vdots \\ r_{m1} & r_{m2} & \cdots & r_{mn} \end{bmatrix}=\{b_1,b_2,\cdots,b_n\}$$

其中，$b_j(j=1,2,\cdots,n)$ 表示评价对象对评价等级模糊子集 V_j 作为一个整体的隶属度，常用的合成算子有以下四个，比较筛选后 $M（\cdot,\oplus）$ 更合适做合成算子（表 5-4）。

表 5-4 常用的四种模糊合成算子

属性	$M（\wedge,\vee）$	$M（\cdot,\vee）$	$M（\wedge,\oplus）$	$M（\cdot,\oplus）$
计算方法	先取小，再取大	先求积，再取大	先取小，再求和	先求积，再求和
体现权数作用	不明显	明显	不明显	明显
综合程度	弱	弱	强	强
利用 R 的信息	不充分	不充分	比较充分	充分
类型	主因素突出型	主因素突出型	加权平均型	加权平均型

（3）计算最终评价结果 $Z=B\times V=\{b_1,b_2,\cdots,b_n\}\times\{V_1,V_2,\cdots,V_n\}^{\mathrm{T}}$；

（4）为了评价结果显示更为直观，将其转化为百分制，即 $\dfrac{Z}{5}\times100$。其中，90 分及以上评价等级为高风险，80～90 分（含 80 分）为较高风险，70～80 分（含 70 分）为中等风险，60～70 分（含 60 分）为一般风险。

5.3.4 元宝岛项目投资风险评价实证研究

1. 元宝岛项目投资风险整体评价结果

前文确定了政府部门、社会资本方及社会公众对元宝岛项目投资风险的 26 个风险因素，由于调查研究中涉及的主体类型多，为了获取到一手资料，笔者分周末和工作时间段，多次对居民、游客、西青区文旅部门、元宝岛项目负责人、企业投资负责人等相关人员进行访谈交流，并通过线下和线上两种形式向社会公众发放问卷 200 份，回收 180 份，回收率达 90%；排除无效问卷，最终得到有效问卷 171 份，回收问卷的有效率为 85.5%。

根据上述模糊综合评价方法的操作步骤，首先，表 5-2 中的评价指标体系为因素集 U，在上一节层次划分时得到了权重集 W；其次，元宝岛项目投资风险评价的问卷调查结果构成了模糊关系矩阵 R，其中 $R_i = \{r_{i1}, r_{i2}, r_{i3}, r_{i4}, r_{i5}\}$，元素 r_{ij} 指各指标在五个评语结果上的频率分布（$r_{i1} + r_{i2} + r_{i3} + r_{i4} + r_{i5} = 1$）；最后，借助最佳的合成算子，将模糊关系矩阵 R 与权重相结合，转化成百分制，得到最后的量化结果。各项风险指标的概率见表 5-5~表 5-7。

表 5-5　政府部门投资风险评价统计结果

政府部门风险评价指标	统计数据〔频数/频率（%）〕				
	非常同意（5）	同意（4）	一般（3）	不同意（2）	非常不同意（1）
监管体制不完善 C1	59/34.50	72/42.10	20/11.70	10/5.85	10/5.85
政府信用 C2	60/35.09	81/47.37	11/6.43	11/6.43	8/4.68
政府干预 C3	63/36.84	73/42.69	20/11.70	10/5.85	5/2.92
审批延误 C4	63/36.84	72/42.11	17/9.94	10/5.85	9/5.26
法律法规变化 C5	61/35.67	71/41.52	22/12.87	10/5.85	7/4.09
文化传承风险 C6	69/40.35	69/40.35	14/8.19	14/8.19	5/2.92
运营管理风险 C7	69/40.35	70/40.94	15/8.77	8/4.68	9/5.26
项目基础条件 C8	70/40.94	71/41.52	9/5.26	10/5.85	11/6.43

表 5-6　社会资本方投资风险评价统计结果

社会资本方风险评价指标	统计数据〔频数/频率（%）〕				
	非常同意（5）	同意（4）	一般（3）	不同意（2）	非常不同意（1）
利率变动 C9	59/34.50	62/36.25	22/12.87	14/8.19	14/8.19
通货膨胀 C10	54/31.58	77/45.03	14/8.19	11/6.43	15/8.77
资金筹措风险 C11	60/35.09	71/41.52	18/10.52	12/7.02	10/5.85
市场调研风险 C12	59/34.50	71/41.52	17/9.94	12/7.02	12/7.02
决策失误风险 C13	52/30.41	74/43.27	20/11.70	14/8.19	11/6.43
信誉风险 C14	49/28.66	76/44.44	20/11.70	20/11.70	6/3.50
资金流动性风险 C15	58/33.92	69/40.35	19/11.11	10/5.85	15/8.77

续表

社会资本方风险评价指标	统计数据［频数/频率（%）］				
	非常同意（5）	同意（4）	一般（3）	不同意（2）	非常不同意（1）
突发事件应对能力 C16	58/33.92	72/42.11	12/7.02	11/6.43	18/10.52
退出机制不完善 C17	68/39.77	64/37.43	14/8.19	14/8.19	11/6.43
权益分配不当风险 C18	57/33.33	70/40.94	16/9.36	17/9.94	11/6.43

表5-7　社会公众投资风险评价统计结果

社会公众风险评价指标	统计数据［频数/频率（%）］				
	非常同意（5）	同意（4）	一般（3）	不同意（2）	非常不同意（1）
征地补偿风险 C19	74/43.28	57/33.33	19/11.11	12/7.02	9/5.26
费用收取风险 C20	53/30.99	88/51.47	12/7.02	11/6.43	7/4.09
资源使用风险 C21	64/37.43	67/39.17	20/11.70	10/5.85	10/5.85
生活质量风险 C22	59/34.50	80/46.79	11/6.43	14/8.19	7/4.09
文化冲突风险 C23	59/34.50	68/39.76	24/14.04	8/4.68	12/7.02
建筑风格融洽度 C24	76/44.44	66/38.60	9/5.26	10/5.85	10/5.85
公众反对风险 C25	75/43.87	59/34.50	17/9.94	11/6.43	9/5.26
公众监督风险 C26	63/36.84	79/46.20	8/4.68	10/5.85	11/6.43

　　根据上述各评价指标的风险评价等级概率作为其隶属度，得到 26 行 5 列的模糊关系矩阵 $R_{26\times5}$；借助合成算子 M（·，$\oplus$），将模糊关系矩阵 $R_{26\times5}$ 与权重集 $W_{1\times26}$ 进行合成，得到上一级指标层的评价等级隶属度向量 B_{ij}，一个 8×5 的矩阵；重复上一步骤以获得准则层的评价等级隶属度向量 B_i，一个 3×5 的矩阵；继续重复此步骤，最后得到项目的总体评价等级隶属度向量 B；最后将 B 与评语集 V 相乘得出最终的评价结果，转换成相应的百分制分数。具体的评价步骤如下：

$$指标层的评价等级隶属度向量\ B_{ij} = \begin{bmatrix} 0.357 & 0.447 & 0.091 & 0.061 & 0.045 \\ 0.357 & 0.415 & 0.129 & 0.059 & 0.041 \\ 0.405 & 0.410 & 0.079 & 0.053 & 0.053 \\ 0.337 & 0.397 & 0.111 & 0.075 & 0.080 \\ 0.324 & 0.423 & 0.106 & 0.082 & 0.065 \\ 0.349 & 0.401 & 0.091 & 0.095 & 0.064 \\ 0.381 & 0.404 & 0.096 & 0.069 & 0.050 \\ 0.417 & 0.387 & 0.077 & 0.062 & 0.057 \end{bmatrix}$$

$$准则层的评价等级隶属度向量\ B_i = \begin{bmatrix} 0.363 & 0.432 & 0.101 & 0.059 & 0.044 \\ 0.334 & 0.406 & 0.107 & 0.080 & 0.073 \\ 0.408 & 0.392 & 0.082 & 0.064 & 0.055 \end{bmatrix}$$

项目的总体评价等级隶属度向量 $B = \begin{bmatrix} 0.368 & 0.410 & 0.097 & 0.067 & 0.058 \end{bmatrix}$

最终评价结果：

$Z = B \times V = \begin{bmatrix} 0.368 & 0.410 & 0.097 & 0.067 & 0.058 \end{bmatrix} \times \begin{bmatrix} 5 & 4 & 3 & 2 & 1 \end{bmatrix}^T = 3.964$ 将其转化为百分制后：$(3.964/5) \times 100 = 79.28$

其他各层级指标评价得分是由各层级评价等级隶属度向量 B 的各向量与评语集 $V = \begin{bmatrix} 5 & 4 & 3 & 2 & 1 \end{bmatrix}^T$ 相乘后变化成百分制，具体结果见表 5-8。

表 5-8　元宝岛项目投资风险评价结果

总目标	评分	准则层	评分	指标层	评分	方案层	评分
文旅 PPP 项目投资风险评价	79.28	政府部门 P1	80.19	政治风险 A1	80.21	监管体制不完善 C1	78.71
						政府信用 C2	80.35
						政府干预 C3	80.94
						审批延误 C4	79.88
				法律风险 A2	79.77	法律法规变化 C5	79.77
				实施风险 A3	81.22	文化传承风险 C6	81.40
						运营管理风险 C7	81.29
						项目基础条件 C8	80.94
		社会资本方 P2	76.98	金融风险 A4	76.75	利率变动 C9	76.14
						通货膨胀 C10	76.84
						资金筹措风险 C11	78.60
				管理风险 A5	77.19	市场调研风险 C12	76.89
						决策失误风险 C13	76.61
						信誉风险 C14	76.61
						资金流动性风险 C15	76.96
						突发事件应对能力 C16	76.50
				合作风险 A6	77.52	退出机制不完善 C17	79.19
						权益分配不当风险 C18	77.96
		社会公众 P3	80.66	权益风险 A7	79.92	征地补偿风险 C19	80.27
						费用收取风险 C20	79.77
						资源使用风险 C21	79.30
						生活质量风险 C22	79.88
						文化冲突风险 C23	78.01
						建筑风格融洽度 C24	81.99
				参与风险 A8	80.91	公众反对风险 C25	81.06
						公众监督风险 C26	80.43

2. 投资风险评价分析

（1）由上述计算结果可知，元宝岛项目整体的投资风险隶属于"中等风险"等级。对照风险等级表，"政府部门""社会公众"整体的投资风险评价指标结果为处于"较高风险"等级，"社会资本方"的评价结果为"中等风险"等级，三方主体在项目投资风险程度排名为社会公众＞政府部门＞社会资本方。因此，该项目在建设过程中应着重关注社会公众提出的反馈意见，尽可能在合理的范围内进行协调。

（2）在指标层风险的评价结果中，政府部门的政治风险 A1、实施风险 A3 及社会公众的参与风险 A8 评价结果为"较高风险"；政府部门的法律风险 A2、社会资本方的金融风险 A4、管理风险 A5、合作风险 A6 及社会公众的权益风险 A7 的评价结果为"中等风险"。其中政府部门指标层的评价结果排序为实施风险 A3＞政治风险 A1＞法律风险 A2；社会资本方指标层的评价结果排序为合作风险 A6＞管理风险 A5＞金融风险 A4；社会公众指标层的评价结果排序为参与风险 A8＞权益风险 A7（其排序是按风险程度由高到低）。因此，政府部门对其政治和实施维度、社会公众对其参与维度，都应给予足够的重视，对可能出现的风险结果提前预测，做好应对的风险方案。

（3）从方案层各风险因素对元宝岛项目的综合权重可以看出，处于较高风险即得分在 80 分以上的因素分别为：政府信用 C2、政府干预 C3、文化传承风险 C6、运营管理风险 C7、项目基础条件 C8、征地补偿风险 C19、建筑风格融洽度 C24、公众反对风险 C25、公众监督风险 C26。除此之外，其他指标对元宝岛项目投资风险的评分结果均超过 75 分。由此可见，元宝岛项目具体的投资风险因素主要来源于政府部门和社会公众，尤其是文化传承风险、建筑风格融洽度，两者对项目影响度最高，这也凸显了文旅项目的核心属性——文化，故在项目整个过程中，政府部门应做好调研，对项目特有文化有着准确认知，社会公众积极参与配合，加大项目文化保护及宣传。

5.4　文化旅游项目运营阶段风险实证研究

5.4.1　项目概况

北京环球影城主题公园作为大型文化旅游项目，位于通州区，处于京哈高速和东六环路交叉路口处，东至颐瑞东路，南至云瑞北街，西至玉桥西路南延，北至曹园南大街。环球影城的投建带动了度假区周边乡村民宿的发展。

环球影城总面积超 4 平方千米，项目一期占地大约 159.57 公顷；项目二期占地大约 165.83 公顷，是目前全球最大的环球影城。北京环球影城合作意向书于 2001 年由北京市政府和美国环球主题公园度假区集团进行签署，经历 13 年项目启动的准备，于 2015 年签署《合资协议》，并于 2015 年 11 月，开始基础工程的建设。北京环球影城总投资约 65 亿美元，其中，北京首寰文化旅游投资有限公司投资占比 30%，美国康卡斯特 NBC 环球公司旗下的环球主题公园及度假区集团投资占比 70%。2021 年 9 月 1 日，北京环球影城开始试运行，2021 年 9 月 20 日正式开园。通过对该文旅项目的运营风险分析希望能给我国乡村文化旅游主题公园在运营上带来启示与示范。

环球影城作为环球影视旗下的公司，具有丰富的 IP 资源，除了最知名的电影 IP 以外，还有电视剧、动漫和游戏等。在大力发展环球影城自有 IP 的同时，通过购买版权的方式，扩大自身资源范围，在主题公园中引入更多的资源，经过对所购买版权内容的打造，使环球影城的娱乐项目、文化元素更加丰富，从而提高吸引力。同时，在不同国家、不同地区，环球影城会根据其本地特点对项目进行设计，将项目内的文化 IP 与当地文化相结合。目前，环球影城 IP 储备情况如表 5-9 所示。

表 5-9 环球影城 IP 储备情况

IP 来源	具体 IP	环球影城项目
环球影业自有	《速度与激情》《神偷奶爸》《侏罗纪公园》等	速度与激情——超动力、小黄人、3D 虚拟过山车、侏罗纪公园、激流勇进
华纳兄弟	《哈利波特》等	哈利波特的魔法世界
梦工厂	《史瑞克》《马达加斯加》等	史瑞克 4D 剧院
派拉蒙	《变形金刚》等	变形金刚、3D 虚拟过山车
AMC 电视网	《行尸走肉》等	《行尸走肉》主题娱乐项目
集英社	《死亡笔记》《海贼王》等	《死亡笔记》主题项目、《海贼王》舞台秀

目前，北京环球影城园区内共有七大主题景区和北京环球城市大道，七大主题景区分别为哈利波特的魔法世界、变形金刚基地、功夫熊猫盖世之地、好莱坞、未来水世界、小黄人乐园、侏罗纪世界努布拉岛，除了这些景区外，各种游乐项目有 16 个，各类小吃、纪念品商店有 21 个，大大小小的餐厅有 39 个。除此之外，园区内服务设施丰富，有 3 个游客服务点、4 个寄存柜、2 个医疗站、1 个失物招领处、1 个婴儿车与轮椅租赁点、2 个家庭中心点、7 个指定吸烟区、2 个自动提款机。北京环球影城常规时段平日 9:00 开园，19:00 闭园，北京环球城市大道则营业至 22:00，具体时间会根据周末及节假日游客数量情况进行调整。通过查询北京环球影城的官方网站，影城淡季的门票价格为 418 元，平季的门票价格为 528 元，中国法定节假日的旺季门票价格为 638 元，特定日门票价格为 748 元。

截至 2023 年 12 月 29 日，北京环球影城在各大景点门票销售平台数据统计如下：美团数据显示，北京环球影城门票有 134.9 万人消费，72 556 条评价；去哪儿网显示北京环球影城为北京市地标榜第一名，用户评论 19.8 万条，好评率接近 100%；携程网显示北京环球度假区为 2023 年度必打卡景点之一，有 1.8 万条用户点评；除上述门票数据以外，还有北京环球度假区官方网站未公开的门票销售量以及其他门票销售平台的数据。各路明星、KOL（key opinion leader，关键意见领袖）打卡北京环球影城。以上资料与数据在一定程度上说明北京环球影城的火热程度。

5.4.2　运营风险评价指标体系的构建

为了评价北京环球影城项目的运营风险，首先建立评价指标体系，运用文献研究法和专家问卷调查法对运营风险因素进行识别。

（1）文献研究法。对文旅项目运营风险相关文献进行分析，结合北京环球影城实际情况，对文旅项目运营风险评价指标进行初步识别。

（2）专家问卷调查法。分两轮设计调查问卷，对北京环球影城的风险因素进行识别。第一次问卷调查是专家根据自身经验对风险因素识别清单指标进行筛选、增减和合并，根据专家的意见对风险清单进行优化，目的是使专家对于优化后的指标体系的意见更趋于一致；第二次问卷调查是将优化后的风险评价指标反馈给各位专家，专家对优化后的指标进行打分，对问卷数据进行处理后得到最终的调查结果。

通过阅读大量文献资料，结合北京环球影城的实际情况，对国内外文旅项目运营中的风险因素进行分类整理和归纳，得到北京环球影城运营风险的初步清单。按照风险的来源不同，分别从内部和外部两个层面列出运营阶段所面临的风险，具体如下。

1. 内部风险

内部风险主要涉及由项目内部变化所引起的风险，这类风险发生在项目运营的过程中，多为内部可控因素所导致的风险，主要从人员风险、操作风险、安保风险、管理风险、营销风险、文化风险六个方面进行考虑，风险清单如表 5-10 所示。

表 5-10　内部风险因素识别清单

风险类型	一级指标	二级指标
内部风险	人员风险	人员配比风险
		教育培训风险
		信息交流风险
		员工道德风险
		人员流失风险
	操作风险	设备安全风险
		服务质量风险
		食宿保障风险
		维护超支风险

续表

风险类型	一级指标	二级指标
内部风险	安保风险	应急救援风险
		医护设施风险
		隐患管理风险
		安全宣传风险
		安全检查风险
	管理风险	管理水平风险
		管理制度风险
		园区接待能力不足风险
		财务风险
		持续改进能力风险
	营销风险	市场信息获取风险
		新产品研发风险
		营销活动风险
		定价风险
	文化风险	吸引力不足风险
		文化创新风险

内部风险指标释义如下所示。

（1）人员风险是指在北京环球影城运营过程中由于工作人员的分配、培训以及道德等因素引起的风险。其中，人员配比风险是指园区营业过程中各个娱乐项目指导人员配比、安全巡查人员配比以及其他工作人员配比等的合理性方面的风险。教育培训风险是指工作人员日常培训、教育培训制度完善性、应急事故培训、人员安全培训的到位效果方面的风险。信息交流风险是指信息交流快捷性、游客意见反馈及时性以及员工意见处理时效性方面的风险。员工道德风险是指园区工作人员可能存在素质、道德低下等风险因素。人员流失风险是指员工对待遇、工作不满意或对企业文化不认同等导致的员工流失的风险。

（2）操作风险是指由于员工、过程、基础设施、技术或对运作有影响的类似因素的失误而亏损的风险。其中，设备安全风险是指由于娱乐设施在运行过程中出现障碍而产生的风险。服务质量风险是指园区工作人员为游客提供的服务不到位，使游客对园区整体的服务满意度较低的风险。食宿保障风险是指餐饮住宿卫生情况、安全性和服务标准性方面的风险。维护超支风险是指大型娱乐设施维护成本较高，日常维护不到位会产生维护费用超支的风险。

（3）安保风险是指给园区内应急救援、安全宣传等方面带来的不利影响因素。其中，应急救援风险是指应急救援机构完善性、应急预案完善程度、紧急事故处理时效性等方面的风险。医护设施风险是指医务设施和救援设施的配备情况等方面的风险。隐患管理风险是指事故隐患监控效果、事故隐患清查和治理情况等方面的风险。安全宣传风险是指安全知识讲解、安全提示效果等方面的风险。安全检查风险是安全检查制度完善性、安全检查频率、安全检查档案管理程度等方面的风险。

（4）管理风险主要是指由于管理人员在管理运作过程中因信息不对称、管理不善、判断失误等影响园区内的整体管理的风险[19]。其中，管理水平风险是指北京环球影城园区内管理人员经验丰富性是否满足管理需要的风险。管理制度风险是指园区内的各项制度的完善程度的风险。园区接待能力不足风险是指周末或节假日游客爆满时园区内游客聚集、人员分流情况等方面的风险。财务风险是指园区各项成本是否控制得当，是否会产生额外的增加成本从而影响整体财务情况的风险。持续改进能力风险是指在现有经营基础上进行改进过程中产生的风险。

（5）营销风险是指营销策略和营销计划偏离了市场实际发展的方向导致营销战略受阻，营销活动失败或未达到预期营销成果致使企业承受的风险[20]。其中，市场信息获取风险是指对市场中竞品相关信息的获取能力方面的风险。新产品研发风险是指北京环球影城文化 IP 的衍生产品、创意产品以及相关的周边产品研发的风险。营销活动风险是指营销方案、营销策划以及营销活动的举办效果方面的风险。定价风险是门票、产品等价格不合理或超出游客可支付能力范围的情况的风险。

（6）文化风险是指园区内部的文化风险，主要包括文化吸引力不足和文化创新性不够所带来的风险。其中，吸引力不足风险是指园区内文化 IP 对游客的吸引力不足，无法产生二次消费的风险。文化创新风险是指园区文化过于固定，不随着市场发展进行更新或在原有文化基础上进行创新的风险。

2. 外部风险

外部风险与内部风险不同，外部风险是来源于北京环球影城项目本身以外的风险，由其外部环境发生变化而引起，从而影响北京环球影城的正常运营，如国家政策出台、地方政府的管控、社会环境变化、行业发展趋势等。本书主要从自然环境风险、社会环境风险、政策风险、市场风险、经济风险、文化风险六个方面进行考虑，具体风险清单见表 5-11。

表 5-11　外部风险因素识别清单

风险类型	一级指标	二级指标
外部风险	自然环境风险	季节性风险
		环境破坏风险
		不可抗力风险
	社会环境风险	城市规划风险

续表

风险类型	一级指标	二级指标
外部风险	社会环境风险	居民态度风险
		周边配套不足风险
		区位交通不便风险
		突发性社会事件风险
	政策风险	金融政策风险
		财政政策风险
		产业政策风险
		节能环保政策风险
	市场风险	市场竞争风险
		市场供需关系风险
	经济风险	通货膨胀风险
		利率风险
	文化风险	文化破坏风险
		进入障碍风险

外部风险指标释义如下所示。

（1）自然环境风险主要是指在运营过程中由于自然环境的风险因素而给运营带来的影响。季节性风险是由于季节变化而产生的风险，如夏季暴雨导致的洪涝损失。环境破坏风险是指周边居民或游客对园区内和园区周边环境的破坏。不可抗力风险是指由于地震、洪水、疫情等影响的冲击而产生的风险。

（2）社会环境风险是指由于城市规划、居民态度等社会因素给影城的运营带来不利影响因素的风险。其中，城市规划风险是指在北京环球影城建设时，当地政府对于周边的规划设计是否落实的风险。居民态度风险是指周边居民因未能在环球影城的带动下发展民宿，或者生活受到园区内噪声、灯光等的影响而产生不满情绪的风险。周边配套不足风险是指园区周边生活配套设施不完善的风险。区位交通不便风险是指游客去往环球影城的交通方式不够便捷的风险。突发性社会事件风险是指在园区内引入某个品牌或明星进行代言后，由于明星塌房或品牌事件对园区造成影响的风险。

（3）政策风险是指政府为平衡经济发展，对文旅项目进行宏观调控而带来的风险。金融政策风险是指金融政策的改变导致成本增加、资金周转困难而带来的风险。财政政策风险是指政府通过对财政收入和支出总量的调节来影响市场总需求如税收政策以及政府补贴政策的风险。产业政策风险是指政府根据国家的资源、资金、科学技术、市场需求、经济发展等情况出台的抑制或鼓励相关产业发展的规划的风险。节能环保政策风险是指当地政府对于垃圾处理、环境卫生、污水处理、噪声污染、光污染等要求较高的情况下，使项目产生过高成本的风险。

（4）市场风险是指文旅项目市场供求、同质竞争等因素给北京环球影城的运营带来的风险。其中，市场竞争风险是指产业内不同企业之间竞争的不确定性导致的风险。市场供需关系风险是指旅游产品和服务的提供与需求的不平衡和错配的风险。

（5）经济风险是指国家经济环境变化带来的风险。文旅项目投资量大、回收周期长，运营过程中依然需要投入大量资金对设施项目进行维护和更新的风险。通货膨胀风险是指物价水平在一段时间内，呈现连续性地快速上涨状态，使得收回的资金远低于投入资金的真实价值所带来的风险。利率风险是在文旅项目运营过程中银行利率上升而带来损失的风险。

（6）文化风险主要指外部文化风险，包括对于文化的破坏和未引入的文化因素的进入障碍风险。文化破坏风险是指园区对文化 IP 的改造脱离原本的内容，破坏了文化的原有属性，或游客在园区内对文化元素造成破坏的风险。进入障碍风险是指北京环球影城对于中国元素或其他高流量元素引入能力不够的风险。

为了对北京环球影城运营风险进行合理评价，提高后期问卷调查的一致性，首先要对所识别出的风险清单进行优化，根据专家意见，对北京环球影城运营风险识别出的清单项目进行增减、合并和删除，进一步获取更加准确的运营风险评价指标体系。

为此先后开展两次问卷调查对指标进行优化。第一次问卷调查是邀请专家根据自身经验，对北京环球影城运营风险初步识别清单内的风险因素进行判断，结合实际情况进行筛选、增减和合并。然后根据专家意见对风险评价指标进行调整，使专家对于优化后的指标体系的意见更趋于一致。第二次问卷调查是将根据专家意见调整后的北京环球影城运营风险识别清单再次发放给各位专家，邀请专家对优化后的指标进行打分。在研究过程中邀请从事文旅项目工作三年以上的管理人员和相关工作人员共 12 位专家进行调研。

首先是第一次问卷调查。

通过对专家调查发现，各位调查对象针对风险识别初步清单中 43 个影响北京环球影城运营的风险因素所持观点基本一致，认为前期总结的风险初步识别清单较为全面，且对北京环球影城运营过程中所面临的一系列风险有较好的体现。同时，也针对风险清单中的个别风险因素提出了一些修改意见。

对于"安全检查风险"，一般是由安全检查人员或安全管理人员对设备、仪器等进行现场检查或资料检查，主要通过用眼看、动手查、工具测等方法来完成，因此，将"安全检查风险"归为"操作风险"。

对于"维护超支风险"，一般是由员工来进行设施设备的维护工作，但其所花费费用的超支最终会归到整体的财务费用中，可以通过财务风险来体现，因此，将"维护超支风险"删除。

对于"持续改进能力风险"，可以理解为现有业务流程和信息系统操作运行情况的监管、运行评价及持续改进能力方面引发的风险[21]，很多情况下，这种风险在管理水平风险可以得到体现，因此，将"持续改进能力风险"删除。

对于"新产品研发风险"，主题公园项目的产品大多为文化 IP 或具有纪念意义的周边产品，而产品的设计、功能质量、创意新颖性等都会影响到游客对产品的好感度和喜爱度，对产品畅销也会产生一定影响。因此，综合以上因素，将"新产品研发风险"改为"产品风险"。

对于"营销活动风险"，结合以往的营销情况来看，营销策略不全面、发展规律把握不到位等原因都可能导致营销活动不理想或者达不到预期的营销目标等情况的出现，与前期所制定的营销策略有很大关系。因此，结合专业人员的经验，综合考虑营销环境的不确定性和复杂性，将"营销活动风险"改为"营销策略风险"。

对于"文化破坏风险"和"进入障碍风险"，"文化破坏风险"更多的是指开发商对文化原本内涵以及设计进行破坏的风险，在北京环球影城运营阶段游客对文化破坏的可能性相对较小，属于项目内部风险。"进入障碍风险"可以理解为在园区设计过程中对于文化元素的引入成功与否的障碍因素，在一定程度上是能够通过开发商的努力避免或者解决该风险因素。因此，将"进入障碍风险"改为"引入障碍风险"，将"文化破坏风险"和"引入障碍风险"归为内部风险中的"文化风险"。

将风险因素初步识别清单与专家意见进行整理，最终确定了 41 个影响北京环球影城运营的风险因素，包括内部 25 个风险因素，外部 16 个风险因素，每个风险因素对于北京环球影城的成功运营都有着一定的影响。结合内部与外部两个层面对所识别出的风险因素进行分类整理，具体见表 5-12 和表 5-13。

表 5-12　北京环球影城内部运营风险因素表

风险类型	一级指标	二级指标
内部风险	人员风险	人员配比风险
		教育培训风险
		信息交流风险
		员工道德风险
		人员流失风险
	操作风险	设备安全风险
		服务质量风险
		食宿保障风险
		安全检查风险
	安保风险	应急救援风险

续表

风险类型	一级指标	二级指标
内部风险	安保风险	医护设施风险
		隐患管理风险
		安全宣传风险
	管理风险	管理水平风险
		管理制度风险
		园区接待能力不足风险
		财务风险
	营销风险	市场信息获取风险
		产品风险
		营销策略风险
		定价风险
	文化风险	吸引力不足风险
		文化创新风险
		文化破坏风险
		引入障碍风险

表 5-13 北京环球影城外部运营风险因素表

风险类型	一级指标	二级指标
外部风险	自然环境风险	季节性风险
		环境破坏风险
		不可抗力风险
	社会环境风险	城市规划风险
		居民态度风险
		周边配套不足风险
		区位交通不便风险
		突发性社会事件风险
	政策风险	金融政策风险
		财政政策风险
		产业政策风险
		节能环保政策风险
	市场风险	市场竞争风险
		市场供需关系风险
	经济风险	通货膨胀风险
		利率风险

其次是第二次问卷调查。

根据第一次问卷调查中专家给出的意见,对指标体系进行调整,将调整后的

41个风险指标再次发放给各位专家进行打分。根据问卷调查结果，对平均值、变异系数和标准差进行计算，具体步骤如下所示。

（1）计算专家打分平均值 $\overline{x_J}$，$\overline{x_J}$ 表示各位专家对指标评分的集中程度，反映了指标的重要性。$\overline{x_J}$ 数值越大，说明这一指标越适合作为风险评价的指标，一般情况下，当均值大于3时，对指标予以保留。其计算公式为

$$\overline{x_J} = \frac{1}{n}\sum_{i=1}^{n} x_{ij} \tag{5-1}$$

其中，i 表示第 i 位专家；j 表示第 j 个指标；x_{ij} 表示第 i 位专家打给第 j 个指标的分数；n 表示专家的总人数；$\overline{x_J}$ 表示指标 j 所得的打分平均数。

（2）计算标准差 σ_j，标准差表示专家们对风险指标打分结果的分散程度，其数值越大，说明各位专家们打分的数值结果越分散，其计算公式为

$$\sigma_j = \sqrt{\frac{\sum_{i=1}^{n}\left(x_{ij} - \overline{x_J}\right)^2}{n}} \tag{5-2}$$

其中，n 表示专家的总人数；σ_j 表示标准差，其余符号所代表的含义同上。

（3）计算变异系数 V_j，表示各位专家对第 j 个指标打分的一致性，V_j 数值越小，说明专家意见比较一致，其计算公式为

$$V_j = \frac{\sigma_j}{\overline{x_J}} \tag{5-3}$$

其中，σ_j 表示标准差；$\overline{x_J}$ 表示各位专家对风险指标 j 的打分平均值；V_j 表示变异系数。

根据以上步骤对问卷调查所得数据进行计算，所得的平均值、变异系数和标准差如表5-14、表5-15所示。

表5-14　一级指标均值、标准差、变异系数表

一级指标	$\overline{x_J}$	σ_j	V_j
人员风险	3.667	0.471	0.128
操作风险	3.750	0.829	0.221
安保风险	3.917	0.759	0.194
管理风险	3.500	0.500	0.143
营销风险	4.083	0.862	0.211
文化风险	3.333	0.624	0.187
自然环境风险	3.083	0.759	0.246
社会环境风险	3.500	0.866	0.247
政策风险	3.417	0.493	0.144
市场风险	4.083	0.759	0.186
经济风险	3.167	0.553	0.175

表 5-15　二级指标均值、标准差、变异系数表

二级指标	$\overline{x}_j$	σ_j	V_j
人员配比风险	3.083	0.640	0.208
教育培训风险	3.667	0.624	0.170
信息交流风险	3.583	0.862	0.241
员工道德风险	3.500	0.764	0.218
人员流失风险	3.083	0.493	0.160
设备安全风险	4.167	0.687	0.165
服务质量风险	3.333	0.745	0.224
食宿保障风险	3.750	0.595	0.159
安全检查风险	3.583	0.640	0.179
应急救援风险	3.500	0.866	0.247
医护设施风险	3.333	0.745	0.224
隐患管理风险	3.750	0.595	0.159
安全宣传风险	3.333	0.624	0.187
管理水平风险	3.500	0.645	0.184
管理制度风险	3.250	0.595	0.183
园区接待能力不足风险	3.167	0.687	0.217
财务风险	3.583	0.862	0.241
市场信息获取风险	3.500	0.645	0.184
产品风险	3.583	0.862	0.241
营销策略风险	4.000	0.577	0.144
定价风险	3.583	0.493	0.138
吸引力不足风险	3.167	0.687	0.217
文化创新风险	3.167	0.553	0.175
文化破坏风险	3.000	0.707	0.236
引入障碍风险	3.333	0.624	0.187
季节性风险	3.167	0.373	0.118
环境破坏风险	3.250	0.722	0.222
不可抗力风险	3.083	0.759	0.246
城市规划风险	3.250	0.433	0.133
居民态度风险	3.417	0.759	0.222
周边配套不足风险	3.667	0.745	0.203
区位交通不便风险	3.333	0.745	0.224
突发性社会事件风险	3.500	0.764	0.218
金融政策风险	3.333	0.745	0.224
财政政策风险	3.250	0.722	0.222
产业政策风险	3.083	0.759	0.246
节能环保政策风险	3.667	0.471	0.129
市场竞争风险	4.167	0.687	0.165
市场供需关系风险	3.750	0.722	0.193
通货膨胀风险	3.417	0.640	0.187
利率风险	3.417	0.759	0.222

　　从问卷调查结果可以看出，各风险指标的均值均大于3且变异系数均比较小，说明专家意见趋于一致且各项风险指标均予以保留。

　　根据第一次问卷调查后的结果，对问卷进行调整，再根据第二次专家对问卷调查进行的打分，计算指标变异系数和标准差，通过所得结果可以看出专家意见已经基本趋于一致，接下来从内部风险和外部风险两个层面分别建立北京环球影城运营风险的评价指标体系，如图5-2和图5-3所示。

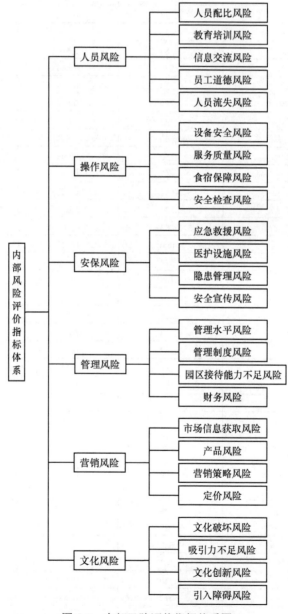

图 5-2　内部风险评价指标体系图

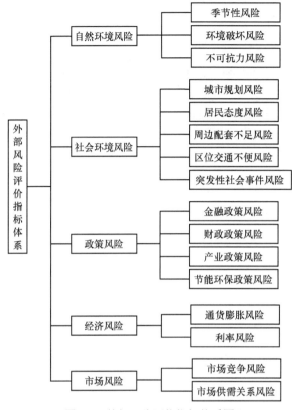

图 5-3　外部风险评价指标体系图

5.4.3　运营风险评价模型的构建

通过运用 ANP–灰色聚类分析法构建出风险评价模型，具体框架如图 5-4 所示。

1. 基于 ANP 的风险指标权重的确定

1）构建 ANP 网络结构模型

谢宇等提出，一般情况下，ANP 网络结构模型包括两个部分，一部分是控制层，包括决策目标和相应的准则，其中准则是全部独立的，它只受到决策目标的影响，在任何一个 ANP 网络结构图中，决策目标是必须要存在的，而准则层在有些时候则可以没有[22]。另一部分是网络层，之所以为网络层是因为受不同控制层支配的元素之间具有相互影响关系，根据其影响关系将各元素进行联系，就得到了一个网络结构。常见的确定各元素之间是否存在关联关系的方法主要有：专家访谈、问卷调查、文献研究等。图 5-5 为典型的 ANP 网络结构。

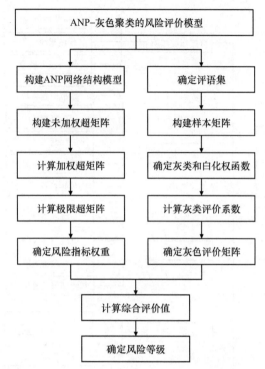

图 5-4　ANP-灰色聚类的风险评价模型框架图

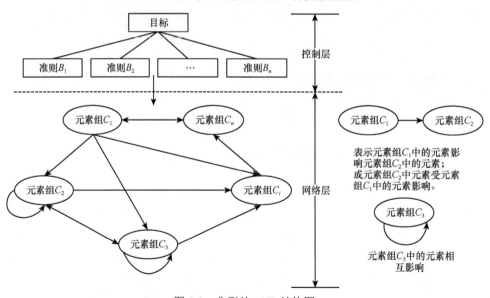

图 5-5　典型的 ANP 结构图

2）构建判断矩阵

优势度是指一个元素在和它具有相同影响的元素中的地位，根据其影响的路径，可以分为直接优势度和间接优势度两种。其中，直接优势度是在提前确定了准则的情况下，将对准则具有影响作用的元素进行两两比较，通过比较来判断哪一个元素对准则更加重要；间接优势度是在提前确定的准则和元素之间再引入另外一个因素作为判断其重要性的次准则，即在既定准则下，对两个有影响作用的元素对次准则的重要性进行两两比较，在因素间具有相关关系的情况下，这种方法更加适用。因此，直接优势度比较适合层次分析法这种假设元素间没有关系、相互独立的情况；间接优势度则更加适用于 ANP 这种元素间存在关联关系的情况。

构造判断矩阵是结合所确定的网络结构模型，即可知道各个因素之间的相关关系，也能明确哪些指标对相同的准则具有影响关系，据此对各因素之间的间接优势度进行两两比较判断的过程。假设网络模型的控制层有 B_1, B_2, …, B_n 项元素，网络层中有 C_1, C_2, …, C_n 项元素组，其中 C_i 由 d_{i1}, d_{i2}, …, d_{ini}（i=1, 2, …, n）项指标元素组成。以 B_m（m=1, 2, …, n）为主准则，再以 d_{j1} 为次准则，将元素组 C_j 中元素对 d_{j1} 的影响力大小进行间接优势度的比较，即可构造出判断矩阵。通常情况下采用 Saaty 的 "1-9 标度法" 进行优势度比较，优势度判断准则见表 5-16。

表 5-16　优势度判断准则表

标度	定义	释义
1	同等重要	i 元素和 j 元素同等重要
3	略微重要	i 元素比 j 元素略微重要
5	相当重要	i 元素比 j 元素相当重要
7	明显重要	i 元素比 j 元素明显重要
9	绝对重要	i 元素比 j 元素绝对重要
2、4、6、8	介于相邻重要程度之间	
倒数	若元素 i 与元素 j 的重要性之比为 d_{ij}，则元素 j 与元素 i 的重要性之比为 $d_{ji}=\dfrac{1}{d_{ij}}$	

3）进行一致性检验

ANP 中的两两比较判断矩阵是通过专家的经验来判断的，主要依赖于专家的认识能力、知识经验、个人偏好等，多种主观经验的介入可能会导致矩阵的完全一致性不一定完全符合实际要求。因此，在专家对矩阵判断完毕后，要对结果的一致性进行检验，避免出现矛盾。一般情况下，当一致性比例 CR<0.1 时，表示通过一致性检验；反之，则不通过，如果一致性检验不通过，则需要对判断矩阵的数值进行调整。CR 计算公式如下：

$$CI = \frac{\lambda_{\max} - n}{n-1} \tag{5-4}$$

$$CR = \frac{CI}{RI} \tag{5-5}$$

其中，CI 表示一致性指标；RI 表示平均随机一致性指标，其数值随判断矩阵的阶数变化而变化；$\lambda_{\max}$ 表示最大的特征根；n 表示判断矩阵的阶数，RI 的取值见

表 5-17。

表 5-17　平均随机一致性指标

阶数	2	3	4	5	6	7	8	9	10	11	12
RI	0	0.52	0.89	1.12	1.26	1.36	1.41	1.46	1.49	1.52	1.54

4）构建未加权超矩阵

未加权超矩阵是指各个元素组内的元素，对于次准则的重要程度，在构建了判断矩阵以后即可得到，需要注意的是，未加权超矩阵中的重要性程度只在元素组内进行比较，不进行跨元素组比较。当元素组内的某个元素与次准则元素之间不存在相互影响关系时，未加权超矩阵中显示的数据为 0，在这种情况下，元素组内的各个元素之间的重要性不进行排序。将不同次准则下的判断矩阵进行归一化处理，即可得到特征向量，将所有特征向量进行组合就是所说的未加权超矩阵 W。在未加权超矩阵中，其列向量不一定是归一化的，但每个子矩阵的列向量都是归一化的。

根据上述步骤，对所有的归一化特征向量进行计算，即可得到 $W_{i1}^{jl}, W_{i2}^{jl}, \cdots, W_{ini}^{jl}$，通过特征根法对求得的归一化特征向量进行计算，得到排序向量，$W_{ij} = W_{i1}^{jl}, W_{i2}^{jl}, \cdots, W_{ini}^{jl}$。$W_{ij}$ 中的列向量即 C_i 中元素 $d_{i1}, d_{i2}, \cdots, d_{ini}$ 对次准则元素 C_j 中 $d_{j1}, d_{j2}, \cdots, d_{jnj}$ 的影响程度排序。如果两者之间没有影响，那么 $W_{ij} = 0$。未加权超矩阵 $W = W_{ij}(i, j = 1, 2, \cdots, N)$。

W_{ij} 和 W 的矩阵表达式如下：

$$W_{ij} = \begin{bmatrix} W_{i1}^{j1} & W_{i1}^{j2} & \cdots & W_{i1}^{jnj} \\ W_{i2}^{j1} & W_{i2}^{j2} & \cdots & W_{i2}^{jnj} \\ \vdots & \vdots & & \vdots \\ W_{ini}^{j1} & W_{ini}^{j2} & \cdots & W_{ini}^{jnj} \end{bmatrix} \tag{5-6}$$

$$W = \begin{bmatrix} W_{11} & W_{12} & \cdots & W_{1N} \\ W_{21} & W_{22} & \cdots & W_{2N} \\ \vdots & \vdots & & \vdots \\ W_{N1} & W_{N2} & \cdots & W_{NN} \end{bmatrix} \tag{5-7}$$

5）计算加权超矩阵

将未加权超矩阵与加权矩阵相乘，即可得到的新矩阵即加权超矩阵，它代表着元素间的相互作用关系，加权的目的是使未加权超矩阵的列向量得到归一化处理，因此，加权超矩阵所反映的元素与准则层之间的重要性程度，是跨元素组进行比较的[23]。

以 B_m 为第一准则，C_j 为次准则，将 B_m 准则下其他的元素组与 C_j 的影响力进行两两比较，再对比较后的判断矩阵进行归一化处理，然后把所有特征向量相组合，即可得到加权矩阵 A：

$$A = \begin{bmatrix} a_{11} & a_{12} & \cdots & a_{1N} \\ a_{21} & a_{22} & \cdots & a_{2N} \\ \vdots & \vdots & & \vdots \\ a_{N1} & a_{N2} & \cdots & a_{NN} \end{bmatrix} \tag{5-8}$$

接下来将加权矩阵 A 与未加权超矩阵 W 相乘，得到的加权超矩阵记作 $\overline{W}$，$\overline{W}_{ij}$ 所对应的数值为元素 i 对元素 j 的直接优势度，其公式如下：

$$\overline{W} = a_{ij}W_{ij}(i, j = 1, 2, \cdots, N) \tag{5-9}$$

6）计算极限超矩阵

极限超矩阵是指通过对加权超矩阵进行平方、立方、四次方$\cdots n$ 次方等多次幂运算，得到各元素影响路径的 2，3，$\cdots$，n 步优势度，最后所得的极限超矩阵结果，即各元素对目标的重要性权重。运用 ANP 方法确定风险指标权重的计算过程比较复杂，手工计算很难保证结果的准确性，因此，通过 Super Decisions 软件对其进行计算。

2. 基于灰色聚类分析法的风险评价

灰色聚类分析法来源于灰色系统理论，其提出时间相对来说比较早，而且比其他方法的应用范围更广一些。灰色聚类分析法根据聚类对象的不同主要分为两种，一种是灰色关联聚类分析，另一种是灰色白化权函数聚类分析。前者是在面对复杂多样的指标元素时，对相同类型的指标进行合并，对原本复杂多样的大量指标元素进行分类和简化。后者是先设定几个灰类，然后对评估对象或者指标元素进行检验，最终确定可以归为相同灰类的指标，通过定量的方式对指标属于某个灰类的程度进行描述，进一步有针对性地对待不同灰类的指标。在灰色白化权函数聚类分析中，灰数表示评价对象划分等级的个数，灰类表示评价对象被划分等级的不同种类。

设有 m 个聚类指标，n 个聚类对象，s 个不同灰类，根据第 i（$i=1,2,\cdots,n$）个对象关于 j（$j=1,2,\cdots,m$）指标的观测值 x_{ij}（$i=1,2,\cdots,n$；$j=1,2,\cdots,m$），将第 i 个对象归入第 k（$k=1,2,\cdots,s$）个灰类，即灰色聚类。

由于文旅项目风险具有模糊性、不确定性、不可预知性等特点，文旅项目的风险具有明显的灰色特征，针对文旅项目风险的特点，选用灰色聚类分析法对文旅项目运营风险进行评估。具体步骤如下。

1）确定评语集

根据文旅项目的特点，将项目风险划分为 5 个等级，分别为低、较低、一般、较高、高，如表 5-18 所示。

表 5-18　风险等级标度

风险等级	取值范围	解释说明
低	[0,2]	风险发生的概率很低，且带来的负面影响可以忽略
较低	(2,4]	风险带来的损失较小，不会阻碍整体目标的实现
一般	(4,6]	风险会带来中度负面影响，但不会造成很大的损失
较高	(6,8]	风险一旦发生会造成比较严重的损失，对项目整体目标的实现产生影响
高	(8,10]	风险带来的影响非常严重，会造成很大损失，甚至可能导致项目失败

2）确定样本矩阵

假设有 p 位专家对风险因素指标进行打分，令 x_{ijk} 表示第 $k(k=1,2,\cdots,p)$ 位专家对风险指标 R_{ij}（$i=1,2,\cdots,N$; $j=1,2,\cdots,n_i$, n_i 表示第 i 类风险所包含的风险因素个数）的评分，汇总 p 位专家的打分结果，形成样本矩阵 D，如下所示：

$$D=\begin{bmatrix} x_{111} & x_{112} & \cdots & x_{11p} \\ x_{121} & x_{122} & \cdots & x_{12p} \\ \vdots & \vdots & & \vdots \\ x_{Nn_N1} & x_{Nn_N2} & \cdots & x_{Nn_Np} \end{bmatrix} \tag{5-10}$$

3）确定灰类和白化权函数

根据上面划分的风险等级，将风险指标划分为 5 个灰类（$k=1,2,3,4,5$），分别对应：低、较低、一般、较高、高。

接下来确定白化权函数，常见的灰色白化权函数 $f_j^k(\bullet)$ 有四种基本类型。

（1）典型白化权函数，记为 $f_j^k\left[x_j^k(1),x_j^k(2),x_j^k(3),x_j^k(4)\right]$，如图 5-6 所示，其表达式为

$$f_j^k(x)=\begin{cases} 0, & x\notin\left[x_j^k(1),x_j^k(4)\right] \\ \dfrac{x-x_j^k(1)}{x_j^k(2)-x_j^k(1)}, & x\notin\left[x_j^k(1),x_j^k(2)\right] \\ 1, & x\in\left[x_j^k(2),x_j^k(3)\right] \\ \dfrac{x_j^k(4)-x}{x_j^k(4)-x_j^k(3)}, & x\in\left[x_j^k(3),x_j^k(4)\right] \end{cases} \tag{5-11}$$

（2）上限测度白化权函数，在典型白化权函数中，如果没有转折点 $x_j^k(3)$ 和 $x_j^k(4)$，则称 $f_j^k(\bullet)$ 为上限测度白化权函数，记为 $f_j^k\left[x_j^k(1),x_j^k(2),-,-\right]$，如图 5-7 所示，其表达式为

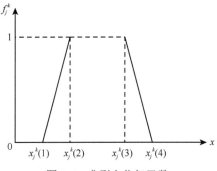

图 5-6　典型白化权函数

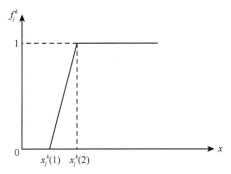

图 5-7　上限测度白化权函数

$$f_j^k(x) = \begin{cases} 0, & x < x_j^k(1) \\ \dfrac{x - x_j^k(1)}{x_j^k(2) - x_j^k(1)}, & x \in \left[x_j^k(1), x_j^k(2) \right] \\ 1, & x > x_j^k(2) \end{cases} \qquad （5\text{-}12）$$

（3）适中测度（三角）白化权函数，当第二个转折点和第三个转折点 $x_j^k(2)$ 和 $x_j^k(3)$ 重合时，则称 $f_j^k(\bullet)$ 为适中测度白化权函数，记为 $f_j^k\left[x_j^k(1), x_j^k(2), -, x_j^k(4) \right]$，如图 5-8 所示，其表达式为

$$f_j^k(x) = \begin{cases} 0, & x \notin \left[x_j^k(1), x_j^k(4) \right] \\ \dfrac{x - x_j^k(1)}{x_j^k(2) - x_j^k(1)}, & x \in \left[x_j^k(1), x_j^k(2) \right] \\ \dfrac{x_j^k(4) - x}{x_j^k(4) - x_j^k(2)}, & x \notin \left[x_j^k(2), x_j^k(4) \right] \end{cases} \qquad （5\text{-}13）$$

（4）下限测度白化权函数，在典型白化权函数中，如果没有转折点 $x_j^k(1)$ 和 $x_j^k(2)$，则称 $f_j^k(\bullet)$ 为下限测度白化权函数，记为 $f_j^k\left[-, -, x_j^k(3), x_j^k(4) \right]$，如图 5-9 所示，其表达式为

$$f_j^k(x) = \begin{cases} 0, & x \notin \left[0, x_j^k(4)\right] \\ 1, & x \in \left[0, x_j^k(3)\right] \\ \dfrac{x_j^k(4) - x}{x_j^k(4) - x_j^k(3)}, & x \in \left[x_j^k(3), x_j^k(4)\right] \end{cases} \tag{5-14}$$

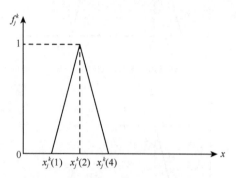

图 5-8　适中测度（三角）白化权函数

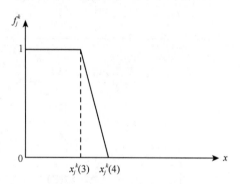

图 5-9　下限测度白化权函数

研究中选取基于混合型的中心点三角白化权函数的灰色聚类评估方法，对北京环球影城运营风险进行综合评价，设 λk 为 k 灰类的中心点，即最可能是属于 k 灰类的点 $\lambda_1, \lambda_2, \cdots, \lambda_s$，其对应的中心点白化权函数值为 1。

对于灰类 k，分别连接以点 $(\lambda_k, 1)$，$(\lambda_{k-1}, 0)$ 和 $(\lambda_{k+1}, 0)$，得到指标 j 关于 k 灰类的三角白化权函数 $f_j^k(\bullet)$　$(j=1,2,\cdots,m;\ k=1,2,\cdots,s)$，其表达式为

$$f_j^k(x) = \begin{cases} 0, & x \notin \left[\lambda_{k-1}, \lambda_{k+1}\right] \\ \dfrac{x - \lambda_{k-1}}{\lambda_k - \lambda_{k-1}}, & x \in \left[\lambda_{k-1}, \lambda_k\right] \\ \dfrac{\lambda_{k+1} - x}{\lambda_{k+1} - \lambda_k}, & x \in \left[\lambda_k, \lambda_{k+1}\right] \end{cases} \tag{5-15}$$

对于灰类 1，将其取值范围向左进行延拓，得到 λ_0，即可得到灰类 1 的下限

测度白化权函数 $f_j^1\left(-,-,\lambda_1,\lambda_2\right)$；对于灰类 s，将其取值范围向右进行延拓，得到 λ_{s+1}，即可得到灰类 s 的上限测度白化权函数 $f_j^s\left(\lambda_{s-1},\lambda_s,-,-\right)$，其表达式为

$$f_j^1\left(x\right)=\begin{cases}0, & x\notin\left[\lambda_0,\lambda_2\right]\\ 1, & x\in\left[\lambda_0,\lambda_1\right]\\ \dfrac{\lambda_2-x}{\lambda_2-\lambda_1}, & x\in\left[\lambda_1,\lambda_2\right]\end{cases} \tag{5-16}$$

$$f_j^s\left(x\right)=\begin{cases}0, & x\notin\left[\lambda_{s-1},\lambda_{s+1}\right]\\ \dfrac{x-\lambda_{s-1}}{\lambda_s-\lambda_{s-1}}, & x\in\left[\lambda_{s-1},\lambda_s\right]\\ 1, & x\in\left[\lambda_s,\lambda_{s+1}\right]\end{cases} \tag{5-17}$$

由此可得混合型中心点白化权函数的图像如图 5-10 所示。

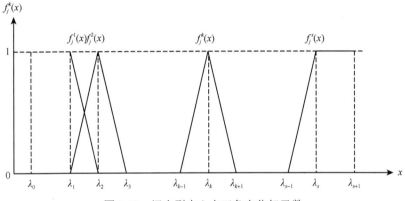

图 5-10　混合型中心点三角白化权函数

4）计算灰色聚类系数和灰色聚类权矩阵

计算某一指标 j 属于灰类 k 的聚类系数 g_{ijk}，其表达式如下：

$$g_{ijk}=\sum_{l=1}^{p}f_k\left(x_{ijl}\right) \tag{5-18}$$

则该指标总的聚类系数为

$$g_{ij}=\sum_{k=1}^{s}g_{ijk} \tag{5-19}$$

则 p 位专家对风险指标 R_{ij} 第 k 子类的归一化聚类系数为

$$v_{ijk}=\frac{g_{ijk}}{g_{ij}} \tag{5-20}$$

分别计算指标 R_{ij} 属于每个灰类的归一化聚类系数，并用向量的形式表示，构成指标 R_{ij} 的归一化聚类系数向量：

$$v_{ij} = \left(v_{ij1}, v_{ij2}, \cdots, v_{ijs} \right) \tag{5-21}$$

按上述步骤依次求出所有聚类指标 R_i 的归一化聚类系数向量，按顺序组合起来，构成 R_i 的归一化聚类系数矩阵：

$$U_i = \begin{bmatrix} v_{i1} \\ v_{i2} \\ \vdots \\ v_{in} \end{bmatrix} = \begin{bmatrix} v_{i11} & v_{i12} & \cdots & v_{i1s} \\ v_{i21} & v_{i22} & \cdots & v_{i2s} \\ \vdots & \vdots & & \vdots \\ v_{in1} & v_{in2} & \cdots & v_{ins} \end{bmatrix} \tag{5-22}$$

5）风险综合评价

将通过 ANP 法求出的一级风险指标 R_i（$i=1,2,3,4,5$）的权重向量 W_i 与归一化聚类系数矩阵相结合，即可对一级风险指标 R_i 做综合评价：

$$Q_i = W_i \times U_i = (Q_{i1}, Q_{i2}, Q_{i3}, Q_{i4}, Q_{i5}, Q_{i6}) \tag{5-23}$$

一级风险指标相对于评价目标的权重为 W，对评价目标作综合评价，可得评价目标的灰色综合评价矩阵：

$$Q = W \times U = (Q_1, Q_2, Q_3, Q_4, Q_5, Q_6) \tag{5-24}$$

将各风险等级代表值作为综合聚类系数的权向量，即 $\mu = (1,3,5,7,9)^T$，与矩阵 Z 相乘，得出综合评价结果 Z_i 和 $Z_{总}$：

$$Z_i = Q_i \times \mu^T \tag{5-25}$$

$$Z_{总} = Q \times \mu^T \tag{5-26}$$

5.4.4　北京环球影城运营风险评价实证研究

1. 基于 ANP 的评价指标权重确定

1）构建 ANP 网络结构模型

确定各风险指标之间的关联关系，然后根据指标间的关联情况，运用 Super Decisions 软件构建 ANP 网络结构模型。本书将北京环球影城的运营风险分为了内部风险和外部风险两个指标体系，且所涉及的风险指标较多，因此，邀请六位专家成立专家小组，将评价目的和评价指标体系进行详细说明，由专家讨论给出指标间的相互关联关系。为了保证结果不受权威影响，线上会议过程中不对各位专家进行介绍，采取匿名的方式进行。

根据风险指标关联关系，建立北京环球影城运营风险指标 ANP 网络结构模型，如图 5-11、图 5-12 所示。

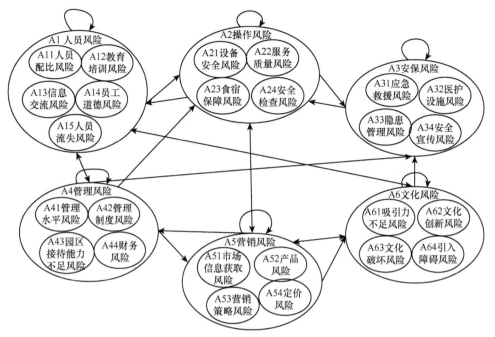

图 5-11　内部风险指标 ANP 网络结构图

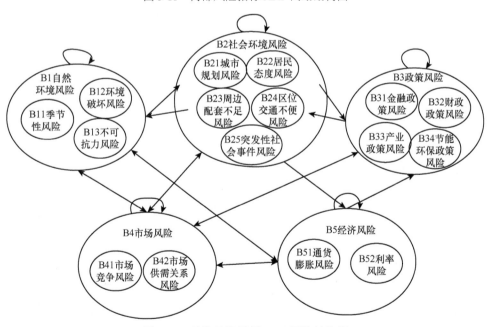

图 5-12　外部风险指标 ANP 网络结构图

2）构建判断矩阵

在建立 ANP 网络结构模型后，Super Decisions 软件会自动识别出风险指标间的两两比较判断矩阵，采用 1 到 9 标度法对风险指标的两两比较重要性进行打分。

将判断矩阵数据输入到软件以后，Super Decisions 软件会自动计算 CR 的值，当 CR≤0.1 时，满足一致性检验；如果在计算过程中出现判断矩阵没有通过一致性检验的情况，可以根据软件给出的建议进行调整。

3）在 Super Decisions 软件中计算

运用 Super Decisions 软件依次构造未加权超矩阵，计算加权超矩阵、极限超矩阵和风险指标的优先度排序，最终得到优先度排序风险指标的权重，计算过程及权重见本章附录中附图 5-1、附图 5-2 与附表 5-1、附表 5-2。

由极限超矩阵及优先度排序结果整理得到一级风险指标对于总目标的权重、二级风险指标对于总目标的权重和二级风险指标在各自所属的风险类别中所占的权重，如表 5-19、表 5-20 所示。

表 5-19　内部风险指标权重

一级指标	权重	二级指标	局部权重	综合权重
A1 人员风险	0.2409	A11 人员配比风险	0.1011	0.0244
		A12 教育培训风险	0.3515	0.0847
		A13 信息交流风险	0.1255	0.0302
		A14 员工道德风险	0.2866	0.0690
		A15 人员流失风险	0.1353	0.0326
A2 操作风险	0.1901	A21 设备安全风险	0.1964	0.0373
		A22 服务质量风险	0.2945	0.0560
		A23 食宿保障风险	0.2369	0.0450
		A24 安全检查风险	0.2722	0.0517
A3 安保风险	0.0936	A31 应急救援风险	0.2462	0.0230
		A32 医护设施风险	0.1681	0.0157
		A33 隐患管理风险	0.4059	0.0380
		A34 安全宣传风险	0.1798	0.0168
A4 管理风险	0.1779	A41 管理水平风险	0.6528	0.1161
		A42 管理制度风险	0.1611	0.0287
		A43 园区接待能力不足风险	0.0532	0.0095
		A44 财务风险	0.1329	0.0236
A5 营销风险	0.2094	A51 市场信息获取风险	0.2049	0.0429
		A52 产品风险	0.1258	0.0263
		A53 营销策略风险	0.5312	0.1112
		A54 定价风险	0.1381	0.0289
A6 文化风险	0.0880	A61 吸引力不足风险	0.4587	0.0404
		A62 文化创新风险	0.3210	0.0282
		A63 文化破坏风险	0.1415	0.0125
		A64 引入障碍风险	0.0788	0.0069

表 5-20　外部风险指标权重

一级指标	权重	二级指标	局部权重	综合权重
B1 自然环境风险	0.1394	B11 季节性风险	0.0258	0.0036
		B12 环境破坏风险	0.1583	0.0221
		B13 不可抗力风险	0.8159	0.1137
B2 社会环境风险	0.3086	B21 城市规划风险	0.0544	0.0168
		B22 居民态度风险	0.3268	0.1009
		B23 周边配套不足风险	0.1431	0.0442
		B24 区位交通不便风险	0.0710	0.0219
		B25 突发性社会事件风险	0.4048	0.1249
B3 政策风险	0.1596	B31 金融政策风险	0.2883	0.0460
		B32 财政政策风险	0.3349	0.0535
		B33 产业政策风险	0.2941	0.0469
		B34 节能环保政策风险	0.0827	0.0132
B4 市场风险	0.2587	B41 市场竞争风险	0.5632	0.1457
		B42 市场供需关系风险	0.4368	0.1130
B5 经济风险	0.1337	B51 通货膨胀风险	0.6362	0.0851
		B52 利率风险	0.3638	0.0486

2. 基于灰色聚类分析的风险评价

1）确定样本矩阵

为了保持数据的准确性和一致性，继续邀请上文中为判断矩阵打分的 6 位专家对北京环球影城运营过程中所面临的风险因素进行打分，具体见表 5-21 和表 5-22。

表 5-21　内部风险指标打分结果

风险指标	专家 1	专家 2	专家 3	专家 4	专家 5	专家 6
A11 人员配比风险	3	2	3	2	2	3
A12 教育培训风险	5	5	5	4	5	4
A13 信息交流风险	3	3	2	3	3	3
A14 员工道德风险	6	5	5	4	5	4
A15 人员流失风险	2	3	3	3	3	3
A21 设备安全风险	5	6	5	5	5	5
A22 服务质量风险	4	7	5	5	6	5
A23 食宿保障风险	6	5	5	4	4	5
A24 安全检查风险	5	4	4	4	4	4

风险指标	专家1	专家2	专家3	专家4	专家5	专家6
A31 应急救援风险	4	4	4	4	4	3
A32 医护设施风险	3	3	3	4	3	3
A33 隐患管理风险	5	4	5	5	4	4
A34 安全宣传风险	4	3	3	4	4	4
A41 管理水平风险	4	6	5	5	5	5
A42 管理制度风险	3	4	4	5	4	5
A43 园区接待能力不足风险	3	3	3	4	3	3
A44 财务风险	4	6	5	5	5	5
A51 市场信息获取风险	4	5	5	6	5	5
A52 产品风险	5	6	6	6	6	6
A53 营销策略风险	6	7	6	6	6	6
A54 定价风险	5	6	5	5	5	5
A61 吸引力不足风险	5	5	4	5	4	4
A62 文化创新风险	5	4	4	3	4	4
A63 文化破坏风险	4	3	3	3	3	3
A64 引入障碍风险	3	3	2	3	3	3

表 5-22　外部风险指标打分结果

风险指标	专家1	专家2	专家3	专家4	专家5	专家6
B11 季节性风险	4	4	3	4	3	3
B12 环境破坏风险	3	2	3	3	2	3
B13 不可抗力风险	6	5	4	5	4	5
B21 城市规划风险	3	3	3	2	2	3
B22 居民态度风险	3	4	4	3	2	3
B23 周边配套不足风险	5	5	5	4	3	4
B24 区位交通不便风险	4	3	4	3	3	3
B25 突发性社会事件风险	3	4	4	4	4	3
B31 金融政策风险	3	3	3	2	3	3
B32 财政政策风险	3	3	2	2	3	2
B33 产业政策风险	4	4	3	4	4	4
B34 节能环保政策风险	4	3	3	3	3	3
B41 市场竞争风险	5	4	5	4	4	5
B42 市场供需关系风险	6	5	5	6	5	5
B51 通货膨胀风险	4	3	3	2	3	3
B52 利率风险	3	2	2	2	3	2

2）确定灰类和白化权函数

按照前文投资阶段风险分析所述的评价方法，结合专家意见，采用 10 分制的方法对指标进行打分。本书将北京环球影城运营风险划分成 5 个灰类（k=1,2,3,4,5）：低、较低、一般，较高、高，其代表值分别为 1,3,5,7,9。

按照划分标准，中间三个中心点三角白化权函数灰类的中心点取 λ_2=3，λ_3=5，λ_4=7，取值范围分别为灰类 2：[1,5]，灰类 3：[3,7]，灰类 4：[5,9]。对于下限测度的白化权函数，即灰类 1，将其取值范围向左进行延拓，得到其端点 λ_0，取 λ_0=0；对于上限测度的白化权函数，即灰类 5，将其取值范围向右延拓，得到其右端点 λ_6，取 λ_6=10。综上可得每个灰类下的灰色白化权函数公式，具体如下：

$$f_j^1(x) = \begin{cases} 0, & x \notin [0,3] \\ 1, & x \in [0,1] \\ \dfrac{3-x}{2}, & x \in [1,3] \end{cases} \tag{5-27}$$

$$f_j^2(x) = \begin{cases} 0, & x \notin [1,5] \\ \dfrac{x-1}{2}, & x \in [1,3] \\ \dfrac{5-x}{2}, & x \in [3,5] \end{cases} \tag{5-28}$$

$$f_j^3(x) = \begin{cases} 0, & x \notin [3,7] \\ \dfrac{x-3}{2}, & x \in [3,5] \\ \dfrac{7-x}{2}, & x \in [5,7] \end{cases} \tag{5-29}$$

$$f_j^4(x) = \begin{cases} 0, & x \notin [5,9] \\ \dfrac{x-5}{2}, & x \in [5,7] \\ \dfrac{9-x}{2}, & x \in [7,9] \end{cases} \tag{5-30}$$

$$f_j^5(x) = \begin{cases} 0, & x \notin [7,10] \\ \dfrac{x-7}{2}, & x \in [7,9] \\ 1, & x \in [9,10] \end{cases} \tag{5-31}$$

3）计算灰色聚类系数和灰色聚类权矩阵

根据样本数据和白化权函数公式，可以计算出各个二级风险指标的白化权函数值，然后通过式（5-18）、式（5-19）分别求出各灰类和总的灰色评估系数。以内部风险中的二级指标人员配比风险 A11 为例，将打分结果分别代入不同灰类下的白化权函数，计算结果如下：

第一灰类的灰色评价系数：

$$g_{\mathrm{A}111} = \sum_{l=1}^{6} f_1(x_{\mathrm{A}11l}) = f_1(3) + f_1(2) + f_1(3) + f_1(2) + f_1(2) + f_1(3) = 1.5$$

第二灰类的灰色评价系数：

$$g_{\mathrm{A}112} = \sum_{l=1}^{6} f_2(x_{\mathrm{A}11l}) = f_2(3) + f_2(2) + f_2(3) + f_2(2) + f_2(2) + f_2(3) = 4.5$$

第三灰类的灰色评价系数：

$$g_{\mathrm{A}113} = \sum_{l=1}^{6} f_3(x_{\mathrm{A}11l}) = f_3(3) + f_3(2) + f_3(3) + f_3(2) + f_3(2) + f_3(3) = 0$$

第四灰类的灰色评价系数：

$$g_{\mathrm{A}114} = \sum_{l=1}^{6} f_4(x_{\mathrm{A}11l}) = f_4(3) + f_4(2) + f_4(3) + f_4(2) + f_4(2) + f_4(3) = 0$$

第五灰类的灰色评价系数：

$$g_{\mathrm{A}115} = \sum_{l=1}^{6} f_5(x_{\mathrm{A}11l}) = f_5(3) + f_5(2) + f_5(3) + f_5(2) + f_5(2) + f_5(3) = 0$$

总的灰色评估系数：

$$g_{\mathrm{A}11} = \sum_{k=1}^{5} g_{\mathrm{A}11k} = g_{\mathrm{A}111} + g_{\mathrm{A}112} + g_{\mathrm{A}113} + g_{\mathrm{A}114} + g_{\mathrm{A}115} = 6$$

由式（5-20）可求出人员配比风险 $A11$ 的灰色评价权值为

$$k=1, \quad v_{\mathrm{A}111} = \frac{g_{\mathrm{A}111}}{g_{\mathrm{A}11}} = \frac{1.5}{6} = 0.25$$

$$k=2, \quad v_{\mathrm{A}112} = \frac{g_{\mathrm{A}112}}{g_{\mathrm{A}11}} = \frac{4.5}{6} = 0.75$$

$$k=3, \quad v_{\mathrm{A}113} = \frac{g_{\mathrm{A}113}}{g_{\mathrm{A}11}} = \frac{0}{6} = 0$$

$$k=4, \quad v_{\mathrm{A}114} = \frac{g_{\mathrm{A}114}}{g_{\mathrm{A}11}} = \frac{0}{6} = 0$$

$$k=5, \quad v_{\mathrm{A}115} = \frac{g_{\mathrm{A}115}}{g_{\mathrm{A}11}} = \frac{0}{6} = 0$$

根据人员配比风险 A11 的灰色评价权值，可得其在各灰类中的灰色评价权向量 $v_{\mathrm{A}11}$：

$$v_{\mathrm{A}11} = (v_{\mathrm{A}111}, v_{\mathrm{A}112}, \cdots, v_{\mathrm{A}115}) = (0.250, 0.750, 0.000, 0.000, 0.000)$$

按上述求解步骤，依次计算北京环球影城运营风险评价指标体系中各风险指标的灰色评价权向量，具体见表 5-23、表 5-24。

表 5-23 内部风险指标灰色评价系数及灰色评价权向量

指标	$k=1$	$k=2$	$k=3$	$k=4$	$k=5$	灰色评价权向量
A11	1.5	4.5	0	0	0	(0.250,0.750,0.000,0.000,0.000)
A12	0	1	5	0	0	(0.000,0.167,0.833,0.000,0.000)
A13	0.5	5.5	0	0	0	(0.083,0.917,0.000,0.000,0.000)
A14	0	1	4.5	0.5	0	(0.000,0.167,0.750,0.083,0.000)
A15	0.5	5.5	0	0	0	(0.083,0.917,0.000,0.000,0.000)
A21	0	0	5.5	0.5	0	(0.000,0.000,0.917,0.083,0.000)
A22	0	0.5	4	1.5	0	(0.000,0.083,0.667,0.250,0.000)
A23	0	1	4.5	0.5	0	(0.000,0.167,0.750,0.083,0.000)
A24	0	2.5	3.5	0	0	(0.000,0.417,0.583,0.000,0.000)
A31	0	3.5	2.5	0	0	(0.000,0.583,0.417,0.000,0.000)
A32	0	5.5	0.5	0	0	(0.000,0.917,0.083,0.000,0.000)
A33	0	1.5	4.5	0	0	(0.000,0.250,0.750,0.000,0.000)
A34	0	4	2	0	0	(0.000,0.667,0.333,0.000,0.000)
A41	0	0.5	5	0.5	0	(0.000,0.083,0.833,0.083,0.000)
A42	0	2.5	3.5	0	0	(0.000,0.417,0.583,0.000,0.000)
A43	0	5.5	0.5	0	0	(0.000,0.917,0.083,0.000,0.000)
A44	0	0.5	5	0.5	0	(0.000,0.083,0.833,0.083,0.000)
A51	0	0.5	5	0.5	0	(0.000,0.083,0.833,0.083,0.000)
A52	0	0	3.5	2.5	0	(0.000,0.000,0.583,0.417,0.000)
A53	0	0	2.5	3.5	0	(0.000,0.000,0.417,0.583,0.000)
A54	0	0	5.5	0.5	0	(0.000,0.000,0.917,0.083,0.000)
A61	0	1.5	4.5	0	0	(0.000,0.250,0.750,0.000,0.000)
A62	0	3	3	0	0	(0.000,0.500,0.500,0.000,0.000)
A63	0	5.5	0.5	0	0	(0.000,0.917,0.083,0.000,0.000)
A64	0.5	5.5	0	0	0	(0.083,0.917,0.000,0.000,0.000)

表 5-24 外部风险指标灰色评价系数及灰色评价权向量

指标	$k=1$	$k=2$	$k=3$	$k=4$	$k=5$	灰色评价权向量
B11	0	4.5	1.5	0	0	(0.000,0.750,0.250,0.000,0.000)
B12	1	5	0	0	0	(0.167,0.833,0.000,0.000,0.000)
B13	0	1	4.5	0.5	0	(0.000,0.167,0.750,0.083,0.000)
B21	1	5	0	0	0	(0.167,0.833,0.000,0.000,0.000)
B22	0.5	4.5	1	0	0	(0.083,0.750,0.167,0.000,0.000)
B23	0	2	4	0	0	(0.000,0.333,0.667,0.000,0.000)
B24	0	5	1	0	0	(0.000,0.833,0.167,0.000,0.000)
B25	0	4.5	1.5	0	0	(0.000,0.750,0.250,0.000,0.000)
B31	0.5	5.5	0	0	0	(0.083,0.917,0.000,0.000,0.000)
B32	1.5	4.5	0	0	0	(0.250,0.750,0.000,0.000,0.000)

指标	$k=1$	$k=2$	$k=3$	$k=4$	$k=5$	灰色评价权向量
B33	0	3.5	2.5	0	0	(0.000,0.583,0.417,0.000,0.000)
B34	0	5.5	0.5	0	0	(0.000,0.917,0.083,0.000,0.000)
B41	0	1.5	4.5	0	0	(0.000,0.250,0.750,0.000,0.000)
B42	0	0	5	1	0	(0.000,0.000,0.833,0.167,0.000)
B51	0.5	5	0.5	0	0	(0.083,0.833,0.083,0.000,0.000)
B52	2	4	0	0	0	(0.333,0.667,0.000,0.000,0.000)

根据表 5-23 和表 5-24 中北京环球影城内部风险和外部风险各二级指标的灰色评价权向量，可得各一级指标 Ai（i=1,2,3,4,5,6）和 Bi（i=1,2,3,4,5）的灰色评价权矩阵，分别记为 U_{Ai}（i=1,2,3,4,5,6）和 U_{Bi}（i=1,2,3,4,5）。

$$U_{A1} = \begin{bmatrix} v_{A11} \\ v_{A12} \\ v_{A13} \\ v_{A14} \\ v_{A15} \end{bmatrix} = \begin{bmatrix} 0.250 & 0.750 & 0.000 & 0.000 & 0.000 \\ 0.000 & 0.167 & 0.833 & 0.000 & 0.000 \\ 0.083 & 0.917 & 0.000 & 0.000 & 0.000 \\ 0.000 & 0.167 & 0.750 & 0.083 & 0.000 \\ 0.083 & 0.917 & 0.000 & 0.000 & 0.000 \end{bmatrix}$$

$$U_{A2} = \begin{bmatrix} v_{A21} \\ v_{A22} \\ v_{A23} \\ v_{A24} \end{bmatrix} = \begin{bmatrix} 0.000 & 0.000 & 0.917 & 0.083 & 0.000 \\ 0.000 & 0.083 & 0.667 & 0.250 & 0.000 \\ 0.000 & 0.167 & 0.750 & 0.083 & 0.000 \\ 0.000 & 0.417 & 0.583 & 0.000 & 0.000 \end{bmatrix}$$

$$U_{A3} = \begin{bmatrix} v_{A31} \\ v_{A32} \\ v_{A33} \\ v_{A34} \end{bmatrix} = \begin{bmatrix} 0.000 & 0.583 & 0.417 & 0.000 & 0.000 \\ 0.000 & 0.917 & 0.083 & 0.000 & 0.000 \\ 0.000 & 0.250 & 0.750 & 0.000 & 0.000 \\ 0.000 & 0.667 & 0.333 & 0.000 & 0.000 \end{bmatrix}$$

$$U_{A4} = \begin{bmatrix} v_{A41} \\ v_{A42} \\ v_{A43} \\ v_{A44} \end{bmatrix} = \begin{bmatrix} 0.000 & 0.083 & 0.833 & 0.083 & 0.000 \\ 0.000 & 0.417 & 0.583 & 0.000 & 0.000 \\ 0.000 & 0.917 & 0.083 & 0.000 & 0.000 \\ 0.000 & 0.083 & 0.833 & 0.083 & 0.000 \end{bmatrix}$$

$$U_{A5} = \begin{bmatrix} v_{A51} \\ v_{A52} \\ v_{A53} \\ v_{A54} \end{bmatrix} = \begin{bmatrix} 0.000 & 0.083 & 0.833 & 0.083 & 0.000 \\ 0.000 & 0.000 & 0.583 & 0.417 & 0.000 \\ 0.000 & 0.000 & 0.417 & 0.583 & 0.000 \\ 0.000 & 0.000 & 0.917 & 0.083 & 0.000 \end{bmatrix}$$

$$U_{A6} = \begin{bmatrix} v_{A61} \\ v_{A62} \\ v_{A63} \\ v_{A64} \end{bmatrix} = \begin{bmatrix} 0.000 & 0.250 & 0.750 & 0.000 & 0.000 \\ 0.000 & 0.500 & 0.500 & 0.000 & 0.000 \\ 0.000 & 0.917 & 0.083 & 0.000 & 0.000 \\ 0.083 & 0.917 & 0.000 & 0.000 & 0.000 \end{bmatrix}$$

$$U_{B1} = \begin{bmatrix} v_{B11} \\ v_{B12} \\ v_{B13} \end{bmatrix} = \begin{bmatrix} 0.000 & 0.750 & 0.250 & 0.000 & 0.000 \\ 0.167 & 0.833 & 0.000 & 0.000 & 0.000 \\ 0.000 & 0.167 & 0.750 & 0.083 & 0.000 \end{bmatrix}$$

$$U_{B2} = \begin{bmatrix} v_{B21} \\ v_{B22} \\ v_{B23} \\ v_{B24} \\ v_{B25} \end{bmatrix} = \begin{bmatrix} 0.167 & 0.833 & 0.000 & 0.000 & 0.000 \\ 0.083 & 0.750 & 0.167 & 0.000 & 0.000 \\ 0.000 & 0.333 & 0.667 & 0.000 & 0.000 \\ 0.000 & 0.833 & 0.167 & 0.000 & 0.000 \\ 0.000 & 0.750 & 0.250 & 0.000 & 0.000 \end{bmatrix}$$

$$U_{B3} = \begin{bmatrix} v_{B31} \\ v_{B32} \\ v_{B33} \\ v_{B34} \end{bmatrix} = \begin{bmatrix} 0.083 & 0.917 & 0.000 & 0.000 & 0.000 \\ 0.250 & 0.750 & 0.000 & 0.000 & 0.000 \\ 0.000 & 0.583 & 0.417 & 0.000 & 0.000 \\ 0.000 & 0.917 & 0.083 & 0.000 & 0.000 \end{bmatrix}$$

$$U_{B4} = \begin{bmatrix} v_{B41} \\ v_{B42} \end{bmatrix} = \begin{bmatrix} 0.000 & 0.250 & 0.750 & 0.000 & 0.000 \\ 0.000 & 0.000 & 0.833 & 0.167 & 0.000 \end{bmatrix}$$

$$U_{B5} = \begin{bmatrix} v_{B51} \\ v_{B52} \end{bmatrix} = \begin{bmatrix} 0.083 & 0.833 & 0.083 & 0.000 & 0.000 \\ 0.333 & 0.667 & 0.000 & 0.000 & 0.000 \end{bmatrix}$$

4）风险综合评价

将上文确定的风险指标权重和灰色评价权矩阵相结合，即可得到北京环球影城运营风险的综合评价值。

其中，内部风险权重向量 W_{Ai}（i=1,2,3,4,5,6）分别为

$$W_{A1} = (0.1011, 0.3515, 0.1255, 0.2866, 0.1353)$$

$$W_{A2} = (0.1964, 0.2945, 0.2369, 0.2722)$$

$$W_{A3} = (0.2462, 0.1681, 0.4059, 0.1798)$$

$$W_{A4} = (0.6528, 0.1611, 0.0532, 0.1329)$$

$$W_{A5} = (0.2049, 0.1258, 0.5312, 0.1381)$$

$$W_{A6} = (0.4587, 0.3210, 0.1415, 0.0788)$$

外部风险权重向量 W_{Bi}（i=1,2,3,4,5）分别为

$$W_{B1} = (0.0258, 0.1583, 0.8159)$$

$$W_{B2} = (0.0544, 0.3268, 0.1431, 0.0710, 0.4048)$$

$$W_{B3} = (0.2883, 0.3349, 0.2941, 0.0827)$$
$$W_{B4} = (0.5632, 0.4368)$$
$$W_{B5} = (0.6362, 0.3638)$$

对一级指标 Ai（i=1,2,3,4,5,6）和 Bi（i=1,2,3,4,5）作综合评价，由式（5-23）可得

$$Q_{A1} = W_{A1} \times U_{A1} = \begin{bmatrix} 0.1011 \\ 0.3515 \\ 0.1255 \\ 0.2866 \\ 0.1353 \end{bmatrix}^{T} \begin{bmatrix} 0.250 & 0.750 & 0.000 & 0.000 & 0.000 \\ 0.000 & 0.167 & 0.833 & 0.000 & 0.000 \\ 0.083 & 0.917 & 0.000 & 0.000 & 0.000 \\ 0.000 & 0.167 & 0.750 & 0.083 & 0.000 \\ 0.083 & 0.917 & 0.000 & 0.000 & 0.000 \end{bmatrix}$$
$$= (0.0470, 0.4212, 0.5079, 0.0239, 0.0000)$$

$$Q_{A2} = W_{A2} \times U_{A2} = \begin{bmatrix} 0.1964 \\ 0.2945 \\ 0.2369 \\ 0.2722 \end{bmatrix}^{T} \begin{bmatrix} 0.000 & 0.000 & 0.917 & 0.083 & 0.000 \\ 0.000 & 0.083 & 0.667 & 0.250 & 0.000 \\ 0.000 & 0.167 & 0.750 & 0.083 & 0.000 \\ 0.000 & 0.417 & 0.583 & 0.000 & 0.000 \end{bmatrix}$$
$$= (0.000, 0.1775, 0.7128, 0.1097, 0.0000)$$

$$Q_{A3} = W_{A3} \times U_{A3} = \begin{bmatrix} 0.2462 \\ 0.1681 \\ 0.4059 \\ 0.1798 \end{bmatrix}^{T} \begin{bmatrix} 0.000 & 0.583 & 0.417 & 0.000 & 0.000 \\ 0.000 & 0.917 & 0.083 & 0.000 & 0.000 \\ 0.000 & 0.250 & 0.750 & 0.000 & 0.000 \\ 0.000 & 0.667 & 0.333 & 0.000 & 0.000 \end{bmatrix}$$
$$= (0.0000, 0.5190, 0.4810, 0.0000, 0.0000)$$

$$Q_{A4} = W_{A4} \times U_{A4} = \begin{bmatrix} 0.6528 \\ 0.1611 \\ 0.0532 \\ 0.1329 \end{bmatrix}^{T} \begin{bmatrix} 0.000 & 0.083 & 0.833 & 0.083 & 0.000 \\ 0.000 & 0.417 & 0.583 & 0.000 & 0.000 \\ 0.000 & 0.917 & 0.083 & 0.000 & 0.000 \\ 0.000 & 0.083 & 0.833 & 0.083 & 0.000 \end{bmatrix}$$
$$= (0.0000, 0.1814, 0.7531, 0.0655, 0.0000)$$

$$Q_{A5} = W_{A5} \times U_{A5} = \begin{bmatrix} 0.2049 \\ 0.1258 \\ 0.5312 \\ 0.1381 \end{bmatrix}^{T} \begin{bmatrix} 0.000 & 0.083 & 0.833 & 0.083 & 0.000 \\ 0.000 & 0.000 & 0.583 & 0.417 & 0.000 \\ 0.000 & 0.000 & 0.417 & 0.583 & 0.000 \\ 0.000 & 0.000 & 0.917 & 0.083 & 0.000 \end{bmatrix}$$
$$= (0.0000, 0.0171, 0.5921, 0.3909, 0.0000)$$

$$Q_{A6} = W_{A6} \times U_{A6} = \begin{bmatrix} 0.4587 \\ 0.3210 \\ 0.1415 \\ 0.0788 \end{bmatrix}^{T} \begin{bmatrix} 0.000 & 0.250 & 0.750 & 0.000 & 0.000 \\ 0.000 & 0.500 & 0.500 & 0.000 & 0.000 \\ 0.000 & 0.917 & 0.083 & 0.000 & 0.000 \\ 0.083 & 0.917 & 0.000 & 0.000 & 0.000 \end{bmatrix}$$

$$= (0.0066, 0.4771, 0.5163, 0.0000, 0.0000)$$

同理，可求出：

$$Q_{B1} = W_{B1} \times U_{B1} = (0.0264, 0.2873, 0.6184, 0.0680, 0.0000)$$

$$Q_{B2} = W_{B2} \times U_{B2} = (0.0363, 0.7009, 0.2629, 0.0000, 0.0000)$$

$$Q_{B3} = W_{B3} \times U_{B3} = (0.1078, 0.7628, 0.1294, 0.0000, 0.0000)$$

$$Q_{B4} = W_{B4} \times U_{B4} = (0.0000, 0.1408, 0.7864, 0.0728, 0.0000)$$

$$Q_{B5} = W_{B5} \times U_{B5} = (0.1743, 0.7727, 0.0530, 0.0000, 0.0000)$$

从而得到北京环球影城内部和外部运营风险一级指标的灰色评价矩阵 U_A 和 U_B，如下：

$$U_A = \begin{bmatrix} Q_{A1} \\ Q_{A2} \\ Q_{A3} \\ Q_{A4} \\ Q_{A5} \\ Q_{A6} \end{bmatrix} = \begin{bmatrix} 0.0470 & 0.4212 & 0.5079 & 0.0239 & 0.0000 \\ 0.0000 & 0.1775 & 0.7128 & 0.1097 & 0.0000 \\ 0.0000 & 0.5190 & 0.4810 & 0.0000 & 0.0000 \\ 0.0000 & 0.1814 & 0.7531 & 0.0655 & 0.0000 \\ 0.0000 & 0.0171 & 0.5921 & 0.3909 & 0.0000 \\ 0.0066 & 0.4771 & 0.5163 & 0.0000 & 0.0000 \end{bmatrix}$$

$$U_B = \begin{bmatrix} Q_{B1} \\ Q_{B2} \\ Q_{B3} \\ Q_{B4} \\ Q_{B5} \end{bmatrix} = \begin{bmatrix} 0.0264 & 0.2873 & 0.6184 & 0.0680 & 0.0000 \\ 0.0363 & 0.7009 & 0.2629 & 0.0000 & 0.0000 \\ 0.1078 & 0.7628 & 0.1294 & 0.0000 & 0.0000 \\ 0.0000 & 0.1408 & 0.7864 & 0.0728 & 0.0000 \\ 0.1743 & 0.7727 & 0.0530 & 0.0000 & 0.0000 \end{bmatrix}$$

由表 5-19 和表 5-20 可知，北京环球影城内部运营风险和外部运营风险的各个一级指标的权重向量分别为 W_A 和 W_B：

$$W_A = (0.2409, 0.1901, 0.0936, 0.1779, 0.2094, 0.0880)$$

$$W_B = (0.1394, 0.3086, 0.1596, 0.2587, 0.1337)$$

由式（5-24）可得内部和外部运营风险的综合评价值 Q_A 和 Q_B：

$$Q_A = W_A \times U_A = \begin{bmatrix} 0.2409 \\ 0.1901 \\ 0.0936 \\ 0.1779 \\ 0.2094 \\ 0.0880 \end{bmatrix}^{\mathrm{T}} \begin{bmatrix} 0.0470 & 0.4212 & 0.5079 & 0.0239 & 0.0000 \\ 0.0000 & 0.1775 & 0.7128 & 0.1097 & 0.0000 \\ 0.0000 & 0.5190 & 0.4810 & 0.0000 & 0.0000 \\ 0.0000 & 0.1814 & 0.7531 & 0.0655 & 0.0000 \\ 0.0000 & 0.0171 & 0.5921 & 0.3909 & 0.0000 \\ 0.0066 & 0.4771 & 0.5163 & 0.0000 & 0.0000 \end{bmatrix}$$

$$= (0.0119, 0.2616, 0.6063, 0.1201, 0.0000)$$

同理可得

$$Q_B = W_B \times U_B = (0.0554, 0.5178, 0.3985, 0.0283, 0.0000)$$

通过式（5-25）对上述结果作单值化处理，可得北京环球影城内部运营风险的风险值为

$$Z_{A1} = Q_{A1} \times \mu^T = \begin{bmatrix} 0.0470 & 0.4212 & 0.5079 & 0.0239 & 0.0000 \end{bmatrix} \begin{bmatrix} 1 \\ 3 \\ 5 \\ 7 \\ 9 \end{bmatrix} = 4.0172$$

$$Z_{A2} = Q_{A2} \times \mu^T = \begin{bmatrix} 0.0000 & 0.1775 & 0.7128 & 0.1097 & 0.0000 \end{bmatrix} \begin{bmatrix} 1 \\ 3 \\ 5 \\ 7 \\ 9 \end{bmatrix} = 4.8646$$

$$Z_{A3} = Q_{A3} \times \mu^T = \begin{bmatrix} 0.0000 & 0.5190 & 0.4810 & 0.0000 & 0.0000 \end{bmatrix} \begin{bmatrix} 1 \\ 3 \\ 5 \\ 7 \\ 9 \end{bmatrix} = 3.9619$$

$$Z_{A4} = Q_{A4} \times \mu^T = \begin{bmatrix} 0.0000 & 0.1814 & 0.7531 & 0.0655 & 0.0000 \end{bmatrix} \begin{bmatrix} 1 \\ 3 \\ 5 \\ 7 \\ 9 \end{bmatrix} = 4.7681$$

$$Z_{A5} = Q_{A5} \times \mu^T = \begin{bmatrix} 0.0000 & 0.0171 & 0.5921 & 0.3909 & 0.0000 \end{bmatrix} \begin{bmatrix} 1 \\ 3 \\ 5 \\ 7 \\ 9 \end{bmatrix} = 5.7476$$

$$Z_{A6} = Q_{A6} \times \mu^T = \begin{bmatrix} 0.0066 & 0.4771 & 0.5163 & 0.0000 & 0.0000 \end{bmatrix} \begin{bmatrix} 1 \\ 3 \\ 5 \\ 7 \\ 9 \end{bmatrix} = 4.0195$$

通过式（5-26）可计算出内部风险总的综合评价值为

$$Z_\mathrm{A} = Q_\mathrm{A} \times \mu^\mathrm{T} = \begin{bmatrix} 0.0119 & 0.2616 & 0.6063 & 0.1201 & 0.0000 \end{bmatrix} \begin{bmatrix} 1 \\ 3 \\ 5 \\ 7 \\ 9 \end{bmatrix} = 4.6688$$

同理，可求得：Z_{B1}=4.4560，Z_{B2}=3.4535，Z_{B3}=3.0434，Z_{B4}=4.8640，Z_{B5}=2.7575，Z_B=3.7996。

根据综合评价结果，结合风险等级划分标准可知，北京环球影城运营过程中的内部风险评价的最终结果为 4.6688，属于一般风险，外部风险评价的最终结果为 3.7996，属于较低风险。

3. 北京环球影城项目运营风险评价结果分析

从内部风险来看，北京环球影城运营阶段的内部风险评价综合值为 4.6688，属于一般风险。图 5-13 为内部风险评价值雷达图，其中，人员风险的风险值为 4.0172，风险等级为一般风险；操作风险的风险值为 4.8646，风险等级为一般风险；安保风险的风险值为 3.9619，属于较低风险；管理风险的风险值为 4.7681，为一般风险；营销风险的风险值为 5.7476，风险等级为一般风险，且接近于较高风险范畴；文化风险的风险值为 4.0195，为一般风险。各种风险大小排序结果为营销风险＞操作风险＞管理风险＞文化风险＞人员风险＞安保风险，显然营销风险的风险值最大，说明营销风险是对北京环球影城的整体运营效果影响最为关键的风险，应采取必要的控制措施，降低风险发生概率并制定有效的应对措施；而安保风险主要涉及医护设施、安全宣传等方面，相对来说是北京环球影城运营过程中比较小的风险，这类风险要采取一定的监控措施，将风险控制在当前水平，防止风险升级。

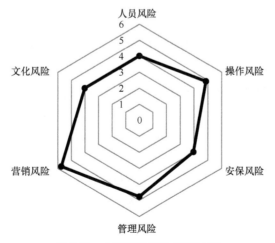

图 5-13　内部风险评价值雷达图

从外部风险来看，北京环球影城运营阶段的外部风险评价综合值为3.7996，属于较低风险。图5-14为外部风险评价值雷达图，其中，自然环境风险的风险值为4.4560，风险等级为一般风险；社会环境风险的风险值为3.4535，属于较低风险；政策风险的风险值为3.0434，属于较低风险；市场风险的风险值为4.8640，风险等级为一般风险；经济风险的风险值为2.7575，属于较低风险，各种风险大小排序结果为：市场风险＞自然环境风险＞社会环境风险＞政策风险＞经济风险，市场风险为北京环球影城运营过程中需要重点防范的风险。

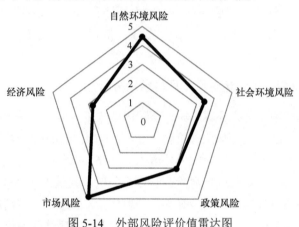

图5-14　外部风险评价值雷达图

5.5　乡村文化旅游项目风险防范措施

5.5.1　乡村文化旅游项目投资风险防范措施

1. 加大文化传承力度，树立项目品牌形象

项目文化传承风险对项目影响非常大，这也凸显了文旅项目的核心属性——文化属性。首先，政府在项目最初的设计规划中，选择打破以往大规模、集中建造、运营难度大的传统城市文化的建设模式，致力将元宝岛打造成大运河文化的重要承载地和生态休闲走廊。其次，政府以国家"振兴传统工艺计划"为契机，大力发展木版年画、剪纸、折扇等具有天津特色的传统工艺项目，整合资源，扩大生产规模，打造天津传统工艺品牌。最后，政府可以编印相关文化读物、视频、教材等，推动文化走进校园、走进社区；鼓励旅游文化产业交叉式发展，伴随着大数据时代的到来，通过直播、短视频等形式，将元宝岛"民俗文化节"特色文化推向网络，不仅能唤醒当地民众的自觉，更有利于后期吸引游客到元宝岛项目观光体验。

2. 拓宽资金筹措渠道，合理运用金融杠杆

PPP 项目的资金主要是通过银行贷款和 PPP 基金来解决项目资金问题，元宝岛项目目前只有一家企业参与投资建设，且以抵押贷款以及自有资金方式为主，资金来源过于单一。企业可以在初期采用合作开发的方法，与多家金融机构或其他小规模投资者签署联合开发协议，为项目提供完整的资金链和服务支持；到后期可以以政府的规划为指导，合理运用杠杆，将贷款作为融资渠道，降低企业流动资金不足风险，全过程提供项目所需的资金支持。

3. 提高公众法律意识，完善公众监督途径

首先，社会公众可以派出代表与项目其他参与方协调，申请扩大监督主体范围，并要求公开项目信息，充分全面地获取项目的基本信息、同步后期信息等，做到有的放矢地履行自己的监督权。其次，公众可以对项目建设中存在的错误做法提出批评和举报，并且其隐私要受到保护，不被泄露，从而保证公民监督权的行使不受到大量外部干扰。从维护自身利益出发而发起的监督行为，能够提高行动效率，维护社会公平。

4. 提升公众特色认知，协调建筑风格融洽度

城市色彩与其自然、社会以及人文有关，对于一个项目的人文和社会经济而言，景观特征和建筑风格便是其独有的资源，元宝岛项目的建筑色彩离不开政府和专业机构的宏观层面控制，同时也离不开公众对微观层面的建筑风格的调整。在项目运营过程中，根据项目地域性的建筑风貌，公众应主动提高对建筑风格的认知度和接受程度；商户可以根据项目的整体文化氛围将店铺进行装修；根据项目所突出的文化特色，出售相应的手工艺品满足市场需求，使项目风格更具地域性和整体性。

5.5.2　乡村文化旅游项目运营风险防范措施

1. 媒体组合宣传，创新营销策略

第一，要加强北京环球影城的品牌宣传工作，把当前的互联网新媒体和传统媒体进行组合，借助社会热点事件开展营销活动或者举办公益活动等，制造热点话题，扩大品牌影响力[24]。第二，成立市场信息部门，充分收集、处理和掌握各类市场信息，进行科学充分的市场调研，结合各类调研报告和可行性分析报告，运用适当的定性和定量方法开展市场测算，制定适合当前市场发展的营销策略[24]。第三，丰富产品元素和创造性，吸引不同年龄层的消费群体，满足游客日渐升级的消费需求，吸引游客和回头客。第四，提升北京环球影城的

使用价值，可以积极和高校、企业等社会组织进行合作，举办年会活动等，不断加强园区场地安排和设备设施的配备情况，提高环球影城的社会关注度，通过良好的口碑提高自己的竞争地位。做好营销策略和产品完善，可以有效增加游客的驻留时间，提高二次消费和多次消费机会，扩大综合收入。

2. 牢记安全理念，提升服务质量

第一，增强设备操作员工安全意识，在牢记安全理念、正确操作设备的同时，要做到能够分析常见的设备异常表现，并对设备的运行情况进行及时记录，只有这样才能更加全面地把控设备的运行情况，有效降低操作风险。第二，开发智慧景区，在当前的消费形式下，线上与线下相结合是主题公园类项目发展的必然趋势，利用智慧科技优化北京环球影城园区内的服务效果，创造贴心和即时服务新模式，如让游客在园区内通过手机进行自助排队，通过园区餐厅的线上销售模式打造园内外卖，通过后台数据使进入园区内的游客实现线上购买纪念品的模式等，促进游客消费。第三，提升服务质量，从北京环球影城的各主题来看，游客定位多为年轻人或儿童，因此在周末或节假日园区内的人流量会比较大，此时园区工作人员要采取相应的措施对人流量进行疏散，防止聚集，同时也避免游客长时间排队等候，如可以为游客设置游戏环节或抽奖环节，缓解游客的排队焦虑情绪，也可以在排队区设置休息座椅、大屏幕等，为游客提供休息场地，分散游客的注意力，在天气炎热的时候，可以为游客提供免费的饮用水，提高游客的游玩体验，从而提升园区内的服务质量。

3. 深度解读政策，把握发展趋势

政策风险相比其他风险来说，发生的概率是比较小的，但如果发生了政策风险，因此而带来的损失是不可估量的。第一，深入分析国家宏观政策。文旅项目非常容易受到政策变化的影响，其发展与国家政策的发展趋势、动向紧密相关，北京环球影城在运营过程中应密切关注与自身发展相关的政策信息，提前研判政策可能的发展趋势，只有做到有备无患才能为项目的长期运营做好准备。第二，深入解读区域政策。文旅项目的运营离不开当地的发展，因此北京环球影城还需要对通州区的区域发展规划、定位等政策进行深入解读，对当地政府的文旅相关动向及时把握，才能进一步降低政策风险。第三，政策是国家对行业发展进行调控的利器，国家宏观调控政策和有关法律法规的变化时刻影响着整个行业投资的决策和经营，因此，在北京环球影城的运营阶段，要重视政策变化可能带来的风险，可以与第三方咨询单位的顾问团队达成长期合作关系，通过顾问团队对政策发展趋势的研究进行提醒，这样在政策出现调整时才能够及时应对。

4. 注重市场需求，提供多元产品服务

第一，合理定价，提高游客的二次消费。面对其他主题公园的市场竞争，可以将北京环球影城的产品、定位和客群进行差异化发展，避免出现同质化现象，通过打造独有特色来进行良性竞争，和其他主题公园共同做大这个市场，尽可能多地满足不同游客的需求。第二，北京环球影城要投入大量资金打造新颖的园区旅游产品，运用高科技手段丰富园区内游玩设施和娱乐项目，增加开园期间的活动内容，提高园区内的吸引力，让游客们在北京环球影城内部游玩期间一直都有多种选择，从而停留更长的时间来游玩。第三，北京环球影城强大的电影文化 IP 背景是其核心竞争力，可以由此衍生出更多相关的旅游产品，也可以从旅游配套服务、旅游产品体验度、品牌影响力等方面对产品内容进行丰富，提升旅游消费体验。第四，创新营销模式，新颖的营销模式除了能有效降低营销风险以外，也对防范市场风险起着关键作用，要有效开发自媒体应用和文化活动策划，虽然北京环球影城有属于自己的微博和公众号，但其影响力发展得还不够，要利用好自媒体优势，通过自己的文案宣传吸引人们的眼球，从而进一步提高北京环球影城的知名度和影响力[25]。在不同的区域、不同的服务方式、不同的时间节点的情况下，可以联合旅行社、社区和学校，面对不同人群进行促销，发掘不同类型的潜在消费者并促使其进行消费，降低市场风险。

参 考 文 献

[1] 武永成. 乡村旅游带动乡村振兴的意义、困境与提升路径[J]. 郑州轻工业大学学报(社会科学版), 2021, 22(3): 85-90.

[2] Palmer C. Touring Churchill's England: rituals of kinship and belonging[J]. Annals of Tourism Research, 2003, (2): 426-445.

[3] 张朝枝. 文化与旅游何以融合: 基于身份认同的视角[J]. 南京社会科学, 2018, (12): 162-166.

[4] 傅才武. 论文化和旅游融合的内在逻辑[J]. 武汉大学学报(哲学社会科学版), 2020, 73(2): 89-100.

[5] 邓小鹏, 李启明, 熊伟, 等. 城市基础设施建设 PPP 项目的关键风险研究[J]. 现代管理科学, 2009, (12): 55-56, 59.

[6] 亓霞, 柯永建, 王守清. 基于案例的中国 PPP 项目的主要风险因素分析[J]. 中国软科学, 2009, (5): 107-113.

[7] 赵晔. 我国 PPP 项目失败案例的风险因素及防范对策[J]. 经济研究参考, 2015, (42): 14.

[8] 陆雨. PPP 推进中地方政府风险因素分析及对策研究[J]. 财政科学, 2017, (3): 76-81, 109.

[9] 林立宏, 杜怀德, 欧晓培, 等. PPP 项目的政府风险治理机制研究[J]. 知识经济, 2018, (6): 17-20.

[10] 何中平, 杜连明, 刘素坤. PPP 项目地方政府风险防范研究[J]. 辽宁经济, 2020, (6): 50-51.

[11] 王嘉炜, 刘淑瑶, 冯偲玟, 等. PPP 轨道交通项目社会资本方的非理性风险识别与评价[J].

物流工程与管理, 2021, 43(7): 113-117.

[12] 冯玉清. 市政工程 PPP 项目社会资本退出机制存在的问题与建议[J]. 财富时代, 2021, (6): 167-168.

[13] 易达, 尤完. 基于敏感性分析的某 PPP 项目投资风险管理研究[J]. 城市住宅, 2021, 28(5): 226-228, 230.

[14] 刘海涛, 刘月明, 陈智鹏, 等. 高速公路 BOT 项目社会资本方融资风险评价模型研究[J]. 项目管理技术, 2020, 18(9): 29-35.

[15] 张晓丽, 杨高升. 公众情绪对养老 PPP 项目运作影响的演化分析[J]. 工程管理学报, 2019, 33(6): 66-71.

[16] 游江涛. 政府视角下高速公路 PPP 项目标准化管理研究[J]. 公路交通科技(应用技术版), 2020, 16(1): 389-392.

[17] 刘穷志, 张莉莎. PPP: 社会监督、外部规制与最优激励合同设计[J]. 经济学(季刊), 2021, 21(3): 999-1022.

[18] 王超. 经济法视域下 PPP 模式中社会公共利益保护的政府职责[J]. 安徽大学学报(哲学社会科学版), 2021, 45(5): 125-132.

[19] 殷群, 贾玲艳. 产业技术创新联盟内部风险管理研究: 基于问卷调查的分析[J]. 科学学研究, 2013, 31(12): 1848-1853, 1847.

[20] 孙彤, 汪波. 全面风险管理模式在营销风险管理中的应用[J]. 现代管理科学, 2008, (9): 103-105.

[21] 杜莹芬. 企业风险管理: 理论·实务·案例[M]. 北京: 经济管理出版社, 2012: 306-311.

[22] 谢宇, 肖贵蓉, 付金朋. 基于 ANP 的旅游企业竞争力评价模型[R]. 大连: 中国管理现代化研究会, 2010: 39-48.

[23] 荆丽娜. 基于"互联网+"的哈尔滨冰雪旅游城市形象塑造与传播[J]. 冰雪运动, 2016, 38(1): 59-63.

[24] 初宇平, 方雪. 千山风景区旅游文化营销研究[J]. 经济研究导刊, 2012, (13): 185-186.

[25] 徐莹, 李瑞. 基于网络分析法的第四方物流企业竞争力评价[J]. 江苏商论, 2016, (2): 45-49.

附　录

Here are the priorities.			
Icon	Name	Normalized by Cluster	Limiting
No Icon	A11人员配比风险	0.10108	0.024347
No Icon	A12教育培训风险	0.35145	0.084655
No Icon	A13信息交流风险	0.12550	0.030230
No Icon	A14员工道德风险	0.28664	0.069044
No Icon	A15人员流失风险	0.13532	0.032596
No Icon	A21设备安全风险	0.19641	0.037336
No Icon	A22服务质量风险	0.29445	0.055973
No Icon	A23食宿保障风险	0.23692	0.045037
No Icon	A24安全检查风险	0.27223	0.051749
No Icon	A31应急救援风险	0.24624	0.023057
No Icon	A32医护设施风险	0.16806	0.015737
No Icon	A33隐患管理风险	0.40591	0.038008
No Icon	A34安全宣传风险	0.17979	0.016835
No Icon	A41管理水平风险	0.65275	0.116149
No Icon	A42管理制度风险	0.16112	0.028670
No Icon	A43园区接待能力不足风险	0.05323	0.009471
No Icon	A44财务风险	0.13290	0.023648
No Icon	A51市场信息获取风险	0.20492	0.042919
No Icon	A52产品风险	0.12576	0.026339
No Icon	A53营销策略风险	0.53121	0.111255
No Icon	A54定价风险	0.13811	0.028925
No Icon	A61吸引力不足风险	0.45869	0.040375
No Icon	A62文化创新风险	0.32098	0.028254
No Icon	A63文化破坏风险	0.14153	0.012458
No Icon	A64引入障碍风险	0.07880	0.006936

附图 5-1　内部风险指标优先度排序

Here are the priorities.			
Icon	Name	Normalized by Cluster	Limiting
No Icon	B11季节性风险	0.02576	0.003590
No Icon	B12环境破坏风险	0.15831	0.022066
No Icon	B13不可抗力风险	0.81593	0.113725
No Icon	B21城市规划风险	0.05437	0.016778
No Icon	B22居民态度风险	0.32676	0.100834
No Icon	B23周边配套不足风险	0.14314	0.044172
No Icon	B24区位交通不便风险	0.07096	0.021898
No Icon	B25突发性社会事件风险	0.40476	0.124903
No Icon	B31金融政策风险（银行）	0.28832	0.046007
No Icon	B32财政政策风险（政府）	0.33493	0.053443
No Icon	B33产业政策风险	0.29408	0.046926
No Icon	B34节能环保政策风险	0.08267	0.013191
No Icon	B41市场竞争风险	0.56319	0.145724
No Icon	B42市场供需关系风险	0.43681	0.113023
No Icon	B51通货膨胀风险	0.63624	0.085079
No Icon	B52利率风险	0.36376	0.048642

附图 5-2　外部风险指标优先度排序

附表 5-1　内部风险未加权超矩阵

变量	A11	A12	A13	A14	A15	A21	A22	A23	A24	A31	A32	A33	A34	A41	A42	A43	A44	A51	A52	A53	A54	A61	A62	A63	A64
A11	0.000	0.071	0.450	0.000	0.122	0.402	0.106	0.086	0.125	0.150	0.000	0.157	0.250	0.000	0.000	0.540	0.000	0.195	0.104	0.123	0.000	0.250	0.333	0.250	1.000
A12	0.122	0.000	0.240	0.625	0.320	0.321	0.448	0.296	0.201	0.372	0.750	0.594	0.750	0.200	0.540	0.000	0.000	0.391	0.165	0.289	1.000	0.750	0.667	0.750	0.000
A13	0.320	0.251	0.000	0.137	0.000	0.183	0.164	0.130	0.313	0.372	0.000	0.249	0.000	0.000	0.000	0.163	0.000	0.138	0.409	0.420	0.000	0.000	0.000	0.000	0.000
A14	0.000	0.514	0.105	0.000	0.558	0.000	0.283	0.209	0.000	0.000	0.000	0.000	0.000	0.800	0.297	0.000	0.000	0.000	0.322	0.000	0.000	0.000	0.000	0.000	0.000
A15	0.558	0.164	0.205	0.238	0.000	0.094	0.000	0.279	0.361	0.106	0.250	0.196	0.541	0.000	0.163	0.297	0.540	0.276	0.000	0.168	0.000	0.137	0.000	0.000	0.163
A21	0.000	0.092	0.175	0.000	0.000	0.000	0.249	0.000	0.750	0.540	0.000	0.000	0.203	0.000	0.000	0.750	0.000	0.000	0.000	0.000	0.250	0.625	0.000	1.000	0.540
A22	0.540	0.481	0.307	0.750	0.667	0.000	0.000	0.250	0.000	0.000	0.000	0.000	0.000	0.000	0.594	0.000	0.540	0.000	0.000	0.000	0.750	0.238	0.000	0.000	0.297
A23	0.163	0.295	0.135	0.250	0.333	0.000	0.594	0.000	0.250	0.163	0.000	0.493	0.144	0.000	0.249	0.000	0.163	0.000	0.000	0.000	0.000	0.000	0.000	0.000	0.000
A24	0.297	0.131	0.383	0.000	0.250	0.625	0.157	0.625	0.000	0.297	1.000	0.311	0.111	0.000	0.157	0.250	0.297	0.000	1.000	0.137	0.000	0.163	0.625	0.000	0.157
A31	0.614	0.415	0.481	0.000	0.333	0.000	0.351	0.163	0.179	0.000	0.000	0.493	0.333	0.000	0.000	0.250	0.000	0.000	0.000	0.000	0.000	0.000	0.000	0.000	0.000
A32	0.000	0.107	0.092	0.000	0.000	0.000	0.109	0.000	0.320	0.249	0.000	0.311	0.000	0.000	0.000	0.000	1.000	0.000	0.000	0.000	0.000	0.000	0.000	0.000	1.000
A33	0.268	0.293	0.295	0.000	0.000	0.800	0.189	0.540	0.363	0.594	0.750	0.196	0.667	0.000	0.667	0.750	0.000	0.250	0.140	0.238	0.667	0.297	0.000	0.250	0.000
A34	0.117	0.185	0.131	0.000	0.000	0.200	0.351	0.297	0.138	0.157	0.250	0.540	0.000	0.000	0.333	0.000	0.000	0.000	0.540	0.540	0.268	0.110	0.448	0.152	0.000
A41	0.521	0.614	0.000	0.000	0.000	0.625	0.000	0.600	0.625	0.800	0.400	0.297	0.297	0.000	1.000	0.163	0.000	0.000	0.000	0.297	0.117	0.265	0.164	0.441	0.000
A42	0.177	0.268	0.000	0.000	0.550	0.238	0.594	0.200	0.238	0.200	0.200	0.163	0.540	0.000	0.000	0.163	0.000	0.000	0.528	0.000	0.614	0.439	0.283	0.290	0.594
A43	0.115	0.117	0.000	0.000	0.210	0.000	0.000	0.000	0.137	0.000	0.000	0.000	0.163	0.000	0.000	0.000	0.000	0.000	0.333	0.163	0.000	0.187	0.106	0.117	0.157
A44	0.187	0.000	0.000	0.000	0.000	0.137	0.000	0.200	0.000	0.000	0.400	0.000	0.000	0.000	0.000	0.297	0.000	1.000	0.625	0.510	0.451	0.000	0.625	0.250	0.000
A51	0.179	0.538	0.350	0.000	0.240	0.000	0.000	0.000	0.000	0.000	0.000	0.000	0.000	1.000	0.000	0.000	0.137	0.000	0.238	0.226	0.261	0.540	0.000	0.750	0.249
A52	0.260	0.124	0.112	0.000	0.000	0.000	0.333	0.000	0.000	0.000	0.000	0.000	0.000	0.000	0.000	0.000	0.625	1.000	0.137	0.159	0.169	0.297	0.238	0.152	0.135
A53	0.458	0.256	0.322	0.000	0.000	0.000	0.140	0.200	0.000	0.000	0.000	0.000	0.000	0.000	0.000	0.000	0.238	0.000	0.000	0.104	0.119	0.163	0.441	0.000	0.248
A54	0.104	0.082	0.216	0.000	0.000	0.000	0.528	0.800	0.000	0.000	0.000	0.000	0.000	0.000	0.000	0.000	0.750	0.000	0.000	0.000	0.000	0.000	0.164	0.000	0.505
A61	0.271	0.534	0.000	0.000	0.750	0.000	1.000	0.000	0.000	0.000	0.000	0.000	0.000	0.000	0.000	0.000	0.000	0.540	0.625	0.510	0.451	0.000	0.625	0.750	0.112
A62	0.418	0.218	0.750	0.000	0.000	0.000	0.000	0.000	0.000	0.000	0.000	0.000	0.000	0.000	0.000	1.000	0.250	0.000	0.238	0.226	0.261	0.540	0.000	0.000	0.333
A63	0.191	0.145	0.250	0.000	0.000	0.000	0.000	0.000	0.000	0.000	0.000	0.000	0.000	0.000	0.000	0.000	0.000	0.297	0.137	0.159	0.169	0.297	0.238	0.000	0.140
A64	0.121	0.102	0.000	0.250	0.250	0.000	0.297	0.000	0.000	0.000	0.000	0.000	0.000	0.000	0.000	0.000	0.000	0.163	0.000	0.104	0.119	0.163	0.137	0.000	0.000

附表 5-2　外部风险未加权超矩阵

变量	B11	B12	B13	B21	B22	B23	B24	B25	B31	B32	B33	B34	B41	B42	B51	B52
B11	0.000	0.071	0.450	0.000	0.122	0.402	0.106	0.086	0.125	0.150	0.000	0.157	0.250	0.000	0.000	0.540
B12	0.122	0.000	0.240	0.625	0.320	0.321	0.448	0.296	0.201	0.372	0.750	0.594	0.750	0.200	0.540	0.000
B13	0.320	0.251	0.000	0.137	0.000	0.183	0.164	0.130	0.313	0.372	0.000	0.249	0.000	0.000	0.000	0.163
B21	0.000	0.514	0.105	0.000	0.558	0.000	0.283	0.209	0.000	0.000	0.000	0.000	0.000	0.800	0.297	0.000
B22	0.558	0.164	0.205	0.238	0.000	0.094	0.000	0.279	0.361	0.106	0.250	0.000	0.000	0.000	0.163	0.297
B23	0.000	0.092	0.175	0.000	0.000	0.000	0.249	0.000	0.750	0.540	0.000	0.196	0.541	0.000	0.000	0.750
B24	0.540	0.481	0.307	0.750	0.667	0.000	0.000	0.250	0.000	0.000	0.000	0.000	0.203	0.000	0.594	0.000
B25	0.163	0.295	0.135	0.250	0.333	0.000	0.594	0.000	0.250	0.163	0.000	0.493	0.144	0.000	0.249	0.250
B31	0.297	0.131	0.383	0.000	0.000	1.000	0.157	0.750	0.000	0.297	1.000	0.311	0.111	0.000	0.157	0.250
B32	0.614	0.415	0.481	0.000	0.000	0.000	0.351	0.163	0.179	0.000	0.000	0.493	0.333	0.000	0.000	0.000
B33	0.000	0.107	0.092	0.000	0.000	0.000	0.109	0.000	0.320	0.249	0.000	0.311	0.000	0.000	0.000	0.000
B34	0.268	0.293	0.295	0.000	0.000	0.800	0.189	0.540	0.363	0.594	0.750	0.000	0.667	0.000	0.667	0.750
B41	0.117	0.185	0.131	0.000	0.000	0.200	0.351	0.297	0.138	0.157	0.250	0.196	0.000	0.000	0.333	0.000
B42	0.521	0.614	0.000	0.000	0.550	0.625	0.550	0.600	0.625	0.800	0.400	0.540	0.297	0.000	1.000	0.540
B51	0.177	0.268	0.000	0.000	0.210	0.238	0.210	0.200	0.238	0.200	0.200	0.297	0.540	0.000	0.000	0.163
B52	0.115	0.117	0.000	0.000	0.000	0.000	0.240	0.000	0.137	0.000	0.000	0.163	0.163	0.000	0.000	0.000

第6章 乡村文化旅游产业的价值共创研究

通过对文旅项目投资风险和运营风险的具体表现形式及产生机理进行深入分析，提高了文旅项目的实际落地率，促进了我国乡村文化旅游产业的发展，有助于各地的乡村振兴实践探索。随着我国文化和旅游"十四五"规划的提出，明确了文旅融合高质量发展的目标、内容和路径，要求建设一批国家级文化产业和旅游产业融合发展示范区，满足产业链中各方主体合作互补与价值共创的迫切需求。本章以价值共创为研究视角，探究旅游者在乡村文化旅游参与过程中，其行为意向对乡村文化旅游产业发展的作用与影响，为完善乡村文化旅游结构、激发乡村发展活力与活化优秀传统文化等方面提出政策性建议，同时也为我国乡村文化旅游理论研究和高质量发展提供新视角。

6.1 价值共创与乡村文化旅游产业

6.1.1 逻辑联系

价值共创是 Prahalad 和 Ramaswamy 提出的企业未来的竞争将依赖于一种新的价值创造方法——以个体为中心，由消费者与企业共同创造价值的理论[1]。传统的价值创造观点认为，价值是由企业创造，然后通过交换传递给大众消费者，消费者不是价值的创造者，而是价值的使用者或消费者。随着环境的逐渐变化，消费者的角色也发生了很大转变，消费者不再是消极的购买者，而是转变为积极的参与者。消费者积极参与企业的研发、设计和生产，以及在消费领域贡献自己的知识技能，创造更好的消费体验，这些都说明价值不仅仅来源于生产者，而且是建立在消费者参与的基础上的，即来源于消费者与企业或其他相关利益者的共同创造，且价值最终是由消费者来决定的。

对于乡村文化旅游产业来说，乡村文化旅游产业价值共创是价值共创理论的延伸应用，是指价值网络中参与主体对可利用资源共同进行价值创造以满足消费者需求的行为。价值共创理论随着生产和消费方式的转变不断迭代更新，并且作为一种新的价值创造观点受到服务业的关注。乡村文化旅游产业价值共创主要有顾客体验和服务主导逻辑两种价值共创模式。其中，基于顾客体验的价值共创模式强调互动是价值共创的基本方式，顾客的个性化体验是价值共创的核心；基于服务主导逻辑的价值共创模式提出服务是一切经济交换的根本基础，顾客不仅是价值的共同创造者，还是操纵性资源的拥有者，即顾客往往会在价值创造过程中投入自己的知识、技能和经验等。虽然两种模式侧重方向有所不同，但是都明确了顾客在价值创造中的重要地位并强调了通过"互动"创造价值。乡村文化旅游产业是一种综合性产业，乡村文化旅游产业能否得以持续发展来源于游客的满意度高低，其涉及要素、利益主体众多，要提高乡村文化旅游产业可持续发展，必须以游客价值体验为核心，以提高游客需求为根本，企业等相关主体不再单纯地需要依据市场制定出各式各样的、满足不同游客多元化需求的服务及产品，而为游客提供体验的平台则更为重要，让游客在平台中自由发挥，创造出满足自身需求的产品，从而丰富体验感与参与感。

6.1.2 理论应用

在以产品为主导的传统价值共创体系中，将产品自身固有价值卖给顾客的企业是价值发出的主体，所以企业价值创造与顾客价值获取是分开的，两者仅在消费时存在短暂且少量的交流机会；如今，在信息化时代经济背景下的价值共创体系中，顾客和企业是相互合作的关系，两者共同创造并分享价值，最终实现共同利益最大化。

随着旅游产业的逐渐完善，价值共创在旅游业中形成了一种新的发展模式，并受到学术界研究者的广泛关注。施琳霞基于顾客价值共创理论构建了旅游者和旅游地的价值共创互动模型，研究发现在"合作、共享、创新"三大思维指导下，提升乡村全域旅游高层次发展、丰富乡村旅游产品体验性设计、挖掘乡村旅游多业态融合发展、探索多元化主体协同发展模式，是旅游价值共创视角下促进乡村振兴的四大路径[2]。陆宣伊和张月莉结合商业实践与创新活动过程，从农业区域品牌价值共创的内涵、要素构成以及运作过程三方面，构建了农业区域品牌价值共创模式的理论框架，研究发现：农业区域品牌价值共创包括角色、平台、动作三大要素，其中平台作为实施农业区域品牌价值共创战略的重要载体，各利益相关者在平台上进行信息共享、资源整合、参与互动，实现合作共生，进而实现品牌价值创新[3]。李凌汉和池易真从价值识别与多主体参与、资源整合、多主体互动以及目标实现与多主体价值增值四个维度探讨和分析了由乡村精英主导的农村科技创新过程，研究表明：乡村精英联合村民、地方政府、农业科研院所等拥有关键操作性资源的利益相关群体进行技术攻关，并通过资源整合实现了以技术进步为特征的农村科技创新实践，助力农村产业结构升级[4]。

由此可见，在价值共创理论指导下发展乡村文化旅游产业有两个方面的好处：一是价值的创造能辐射到旅游业内部各类利益相关者，而并不仅限于经营者和消费者；二是旅游产品塑造更加追求精细化、个性化的旅游体验，游客和市场都不再仅满足于旅游产品外部功能所带来的实用价值。因此，本章基于价值共创理论来研究乡村文化旅游产业，以期增强旅游目的地的核心竞争力，促进乡村文化旅游产业健康可持续发展。

6.2　价值共创概念模型

乡村文化旅游作为新兴的产业形态，由于其能够有效促进城乡要素的流动和乡村经济的发展，逐渐成为我国乡村振兴战略实施的重要途径和有效手段。随着旅游产业的不断发展与完善，仅靠旅游经营者的力量已无法获得较大的市场优势，而游客作为旅游活动中的重要参与主体，同时也是旅游目的地的免费宣传者，在旅游产业高层次发展、旅游产品体验性设计、旅游业态高质量融合、旅游主体多元化协同发展中发挥不可或缺的作用。

随着乡村旅游目的地生态、经济、文化价值的开发，乡村的资源价值被激活，一方面，乡村文化能够在保护中得以传承；另一方面，乡村的生态环境更加宜居宜游。随着体验经济时代的到来，如何满足旅游者更加个性化、多样化、品质化、层次化的情感、社会、体验价值等需求已成为研究热点。因此，围绕乡村旅游目的地和乡村旅游者之间的需求，基于服务主导逻辑，旅游目的地通过营造和渲染丰富的氛围与环境，实现产品、信息与人际的多层次互动，引领游客认识乡村、融入乡村、回归乡村，以此实现提升游客获得感与归属感的目标，同时也激活了乡村旅游目的地的发展活力。通过乡村旅游目的地乡村旅游者之间的互动，最终实现如图 6-1 所示的价值共创结果。

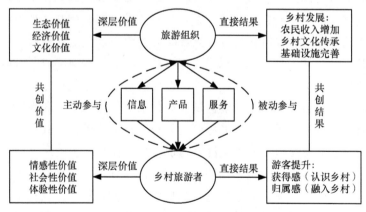

图 6-1　乡村旅游目的地与乡村旅游者价值共创概念模型

6.3　价值共创模式

价值共创是价值创造主体通过服务交换和资源整合而共同创造价值的动态过程。随着互联网经济时代的发展，价值共创的主体从企业和顾客的二元互动转变到多个社会经济参与者的动态互动。当前存在两种主流的价值共创模式：顾客体验模式和服务主导模式。

6.3.1　顾客体验模式

Prahalad 和 Ramaswamy 基于顾客体验的价值共创理论，认为价值共创对特定顾客而言，是通过具有深刻内涵和敏感性的个性化互动来共同创造价值的，对个体而言，共同创造体验是独特价值的基础[5]，该理论强调互动是价值共创的基本方式，顾客的个性化体验是价值共创的核心。首先，价值共创的本质是企业和顾客共同创造顾客体验，其贯穿于顾客体验的整个过程，顾客甚至可以在产品和服务中重新创造自身体验。可见，共创体验是顾客与企业共同创造价值的基础。共创体验高度依赖个体，个体的特性将会影响共同创造的过程和共创体验结果，没有个体的参与，企业将无法创造价值。因此，为顾客提供个性化体验的新环境对企业而言是必要的。其次，企业与顾客互动是共同创造价值的基本方式，价值共创通过顾客和企业之间的异质互动而形成。因此，价值共创是超越传统供需关系的顾客和企业的互动与合作。

6.3.2　服务主导逻辑模式

根据对社会财富基本来源及商品生产所借助资源的认识，发现资源可分为操作性资源（知识与技能）和对象性资源（有形资源和自然资源）两类，其中操作性资源处于主体地位。基于该观点，Vargo 和 Lusch 提出服务主导逻辑下的价值共创理论，提出服务是一切经济交换的根本基础，顾客不仅是价值的共同创造者，还是操纵性资源的拥有者，即顾客往往会在价值创造过程中投入自己的知识、技能和经验等[6]。

关于服务主导逻辑的价值共创研究分为三个阶段。早期价值共创从顾客和企业的二元关系进行探讨，钟振东等基于服务主导逻辑分析了价值共创中企业和顾客的角色，构建了企业和顾客互动的价值共创模型[7]。随着消费实践的发展，顾客在价值创造中的重要性日渐凸显，国内学者李耀和王新新指出，顾客由消费体验、消费社群、消费代理和消费抵制四种途径分别通过体验活动、社群互动、叙事分析和产品盗用过程单独创造价值[8]；李耀等研究了顾客独创价值的动机、方式、过程和对企业与顾客的影响，并对顾客独创价值概念进行了界定[9]。在当前网络环境下，李雷等将服务主导逻辑 10 个基本命题归纳为操作性资源与竞争优势、市场交易机制、价值共创模式和服务生态系统四类，并指出服务生态系统是服务主导逻辑的最终归宿[10]。

　　综上，尽管价值共创理论经历了不同的发展阶段，但每一阶段都明确了顾客在价值创造中的重要地位并强调了通过"互动"创造价值。游客一方面通过参与旅游活动获得了认知，这种认知包括身体运动与心理运动上的学习、收集、获取和分享信息；另一方面也产生了反思，进而导致了对价值的感知和评估。该参与模式促使了情感价值，如依恋感、幸福感和满足感的产生，这些即游客的感知价值，是影响游客体验获得满意度的先决条件。除此之外，游客还对重游抱有深厚的期望。

　　本书选择服务主导逻辑下的价值共创发展模式开展分析。首先，构建乡村文化旅游产业价值共创模式理论模型（图 6-1）；其次，探讨旅游目的地和旅游者（游客）之间在乡村文化旅游产业中的价值共创路径，以期实现资源投入和产出的效益最大化，促进整个旅游价值共创系统动态循环发展。

6.4　研究模型构建

　　价值共创理论明确了顾客在价值创造中的重要地位，强调了"互动"创造价值，一方面，游客通过参与产品设计、开发生产流程，使产品更加受到市场青睐；另一方面，游客自身定位越明确，就越能在价值体系中的诸多环节中产生影响。一般而言，价值共创较为抽象不易被观察，但共创主体的行为是具象且可观察的。因此，本节基于游客价值共创理论构建旅游者和旅游地的价值共创互动模型，探究游客感知价值、满意度、地方依恋和重游意愿之间的影响路径，促使双方共同创造乡村文化旅游价值，以促进整个旅游价值共创系统动态循环发展。

6.4.1　提出研究假设

1. 感知价值与满意度、重游意愿

　　针对游客感知价值与满意度、忠诚度和重游意愿等变量之间的关系，学者展开了丰富的研究。蔡伟民通过主成分分析，对乡村旅游地游客感知价值体系的维度进行解构，发现相比于感知成本价值，感知精神价值与游客重游意愿的关系更加密切[11]。赵磊等认为游客感知价值对游客满意度和忠诚度有显著积极影响[12]。王竑等的研究指出旅游公共服务满意度最直接的影响因素是游客的感知价值[13]。田彩云和裴正兵以北京圆明园为案例地，验证了文化遗产地游客感知价值各维度对游客满意和游客忠诚都具有正向影响[14]。综上所述，已有研究普遍认同感知价值作为前因变量对满意度和重游意愿产生影响。

　　根据对相关学者的研究分析，提出如下假设。

　　H1：游客感知价值对游客满意度有显著正向影响。

　　H2：游客感知价值对游客重游意愿有显著正向影响。

2. 地方依恋与满意度、重游意愿

关于地方依恋与满意度和重游意愿的关系，存在不同的研究结论。唐丽丽等发现旅游者地方依恋对重游倾向和推荐意愿都具有正面影响[15]。丁风芹等运用结构方程模型的方法，对周庄古镇游客重游意愿影响因素及作用机理展开了研究，实证结果支持了地方认同对重游意愿具有直接显著影响的假设，但同时也发现地方依赖对重游意愿的直接影响不显著[16]。朱峰等以威海为案例进行分析，证明了地方依恋和地方认同都对重游意愿有直接显著影响[17]。贾衍菊和林德荣运用结构方程模型方法，发现地方依恋直接影响游客满意与游客忠诚[18]。周学军和于开红以网红城市重庆为例，发现地方依恋对游客忠诚度产生积极作用，在满意度间接作用下，加强了对游客忠诚度的影响[19]。龙江智等采用实证研究探讨了游客忠诚的内在机制，发现地方依恋是影响目的地游客忠诚的关键因素[20]。综上所述，大部分研究都证明地方依恋和游客满意度以及重游意愿有着密切的联系。

根据对相关学者的研究分析，提出如下假设。

H3：游客地方依恋对游客满意度有显著正向影响。

H4：游客地方依恋对游客重游意愿有显著正向影响。

3. 满意度与重游意愿

作为消费者行为和市场研究领域的重要课题，有关满意度与重游意愿关系的研究成果非常丰富。许春晓和朱茜在探究旅游者重游间隔意愿的影响因素时，发现游客满意度对重游意愿有直接影响，但是影响程度随着时间推移而减弱[21]。肖潇等通过 Logistic 回归分析，对城郊旅游地游客重游意愿影响因素展开了研究，结果表明游客满意度对重游意愿有显著影响且不同维度的满意度影响程度有差异[22]。周杨等对乡村旅游各构成要素满意度与重游意愿的关系进行分析，发现满意度会在较大程度上影响重游意愿[23]。寿东奇等以西塘古镇为例，运用层次回归分析法证明了旅游消费领域顾客满意度对顾客忠诚形成的积极影响[24]。马奔等通过结构方程分析，发现森林景区游客满意度对行为意愿有显著积极影响[25]。刘法建等采用了多元分析的方法对理论文献进行梳理和量化分析，构建游客重游意愿影响因素模型，发现在众多因素中，游客满意度对重游意愿的影响程度最大[26]。

根据对相关学者的研究分析，提出如下假设。

H5：游客满意度对游客重游意愿有显著正向影响。

4. 满意度的中介效应

丁风芹等通过对周庄古镇游客的调查分析，发现地方依赖和旅游偏好通过影响游客满意度间接影响重游意愿[16]。朱峰等以威海为例，证明了地方依恋对重游

意愿的影响部分是通过游客满意度这一中介变量实现的[17]。赵磊等认为满意度在游客感知价值对游客忠诚度的影响中起到中介作用[12]。李罕梁等采用了多种统计方法对"洋家乐"游客调查数据进行实证分析,验证了满意度在动机和不同维度感知价值对游客的未来行为意愿的影响中起到部分或完全中介作用[27]。李宇佳和刘笑冰通过对都市现代创意农业园游憩者的调查问卷分析,证明了游客满意度在游客感知价值和游客忠诚度之间产生中介效应[28]。综上所述,虽然根据不同案例地得出的研究结论有所差异,但大多数研究者都赞同满意度是其他变量影响重游意愿的重要中介变量这一观点。

根据对相关学者的研究分析,提出如下假设。

H6:游客满意度在游客感知价值和重游意愿之间具有中介作用。

H7:游客满意度在地方依恋和重游意愿之间具有中介作用。

6.4.2　假设模型

基于理论文献梳理,结合乡村文化旅游产业特征与前述的价值共创理论模型,提出上述研究假设,以满意度为中间变量,构建出"感知价值—地方依恋—重游意愿"价值共创反馈机制理论模型,如图 6-2 所示。

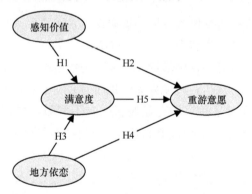

图 6-2　价值共创反馈机制理论模型

为了对模型进行有效性验证,本书选取天津市蓟州区作为研究区域开展实证分析。

6.5　实　证　分　析

6.5.1　研究区域的选取

1. 蓟州区乡村旅游概况

本次实证调查选择天津市蓟州区开展,其乡村旅游发展起步较早,从最初的农家乐，到全域旅游建设，经历了从起步到发展再到成熟的各个阶段，发展历程非常长，发展的形式也多样，当地的乡村文化旅游发展意识非常强、参与者众多且广泛。近年借助于科技手段将独有的自然风光和文化资源注入现代元素，发展中注重保护和弘扬传统文化，保留乡村的乡情乡风，又承接了城市历史文脉。在发展方面取得成绩的同时，蓟州区乡村文化旅游发展面临的问题也具有一定的典型性：面对京津冀甚至全国其他地区乡村旅游地的行业竞争，如何形成当地特色乡村文化旅游品牌价值、争取更大客源市场，如何有效提高游客满意度和重游率等。因此，以蓟州区为案例地进行乡村文化旅游产业价值共创的实证调查，将会使得研究成果更有现实价值，研究结论更具有代表性与说服力。

2. 蓟州区的区位条件

蓟州区地势北高南低，呈阶梯分布，自然资源丰富，初步探明境内有矿藏 30余种。蓟州区是天津市重要的水源地，地表水年平均径流量 10.5 亿立方米，地下水年可采量 2.4 亿立方米，有天津"大水缸"之称的于桥水库，区内植物资源达千余种，果品资源丰富。蓟州区气候属于暖温带半湿润大陆性季风型气候，四季分明，阳光充足，热量丰富，昼夜温差大，年平均气温 11.5 ℃，降水量 678.6 毫米，无霜期约 195 天。

天津市蓟州区地理位置独特，其西襟北京，南联天津，东临唐山，北靠承德，为四市的腹心地区。被联合国教科文组织评定为"中国千年古县"，拥有盘山风景名胜区、黄崖关长城、梨木台风景区等丰富的旅游资源。依托其历史文化与自然资源，蓟州区乡村旅游得以迅速发展，蓟州区 12 个村入选第一批全国乡村旅游重点村名录，10 个精品旅游村打造初见成效，创建首批国家全域旅游示范区，全年接待游客和旅游收入均增长 10%以上。2022 年乡村旅游迭代升级，精品民宿发展到 220家，"三镇一村"获评全国乡村旅游重点镇村，打造了郭家沟、西大佛塔等一批整村建设、公司运营的乡村旅游升级版。数字赋能文旅产业，"云尚蓟州"平台上线运行，集聚文旅要素 200 余种，四条旅游线路成为文旅部推介的全国精品线路。蓟州区近几年接待游客人次及旅游综合收入如表 6-1、图 6-3 所示。

表 6-1　蓟州区旅游情况

年份	游客人次/万人次	旅游综合收入/千万元
2014	1295	630
2015	1554	790
2016	2070	1100
2017	2400	1300
2018	2660	1420
2019	2800	1650
2020	3080	1815

图 6-3　蓟州区接待游客人次及旅游综合收入

资料来源：蓟州区政府工作报告汇总，作者整理

3. 蓟州区乡村文化旅游产业基础

蓟州区具有丰富的旅游资源，以盘山文化、长城文化等为核心将旅游景区与文化相融合发展，目前具有 1 个国家 5A 级景区、3 个 4A 级景区，10 个 3A 级景区，具体见表 6-2。2022 年，蓟州区被评为 A 级景区情况，以及乡村文化旅游资源在各乡镇分布情况如表 6-3 所示。

表 6-2　蓟州区 A 级景区旅游资源分布情况

序号	级别	景区名称	文化
1	5A 级景区	盘山风景名胜区	盘山文化
2	4A 级景区	独乐寺	佛家文化
3		黄崖关长城	红色文化
4		梨木台风景区	红色文化
5	3A 级景区	蓟州溶洞风景区	
6		下营镇郭家沟村	
7		八仙山国家级自然保护区	
8		九龙山国家森林公园	
9		元古奇石林	
10		蓟州国际度假旅游村	
11		天津智利风情园	
12		紫云水岸风景区	
13		北方江南景区	
14		小穿芳峪乡野公园	
15	2A 级景区	九山顶自然风景区	
16		平津战役前线司令部旧址	红色文化

续表

序号	级别	景区名称	文化
17		天津山野房车营地	体育文化
18	其他	西井峪村	民俗及民宿文化
19		白蛇谷	民俗文化
20		中上元古界国家级自然保护区	

表 6-3 蓟州区旅游资源集中程度

镇名称	旅游景区名称	风景区评级	资源类型	备注
下营镇 (8个)	梨木台风景区	4A 级景区	风景观光	自然风景区
	黄崖关长城	4A 级景区	观光教育	爱国主义教育基地、世界文化遗产
	八仙山国家级自然保护区	3A 级景区	观光教育	科普教育基地
	下营镇郭家沟村	3A 级景区	休闲康养	绿色发展
	九山顶自然风景区	2A 级景区	风景观光	自然风景区
	中上元古界国家级自然保护区		观光教育	国家级地质自然保护区
	天津山野房车营地		综合性景区	体育运动休闲类综合园区
	白蛇谷		风景观光	自然风景区
官庄镇 (2个)	盘山风景名胜区	5A 级景区	风景观光	自然风景区
	天津智利风情园	3A 级景区	综合性景区	康养休闲观光类综合园区
渔阳镇 (2个)	独乐寺	4A 级景区	风景观光	自然风景区
	西井峪村		休闲康养	以民宿为主
穿芳峪镇 (4个)	九龙山国家森林公园	3A 级景区	观光教育	国家级森林公园
	紫云水岸风景区	3A 级景区	风景观光	自然风景区
	小穿芳峪乡野公园	3A 级景区	综合性景区	休闲康养
	元古奇石林	3A 级景区	风景观光	自然风景区
罗庄子镇 (2个)	蓟州国际度假旅游村	3A 级景区	综合性景区	休闲观光
	蓟州溶洞风景区	3A 级景区	综合性景区	综合游乐设施
上仓镇	北方江南景区	3A 级景区	风景观光	旅游观光区
礼明庄镇	平津战役前线司令部旧址	2A 级景区	观光学习	红色文化

4. 蓟州区乡村文化旅游产业发展情况

凭借丰富的旅游资源，蓟州区乡村旅游起步早，发展快。2010 年，蓟州区被评为全国首批休闲农业与乡村旅游示范县，陆续打造了 6 个乡村旅游示范点。2013年，白庄子湿地景观和团山子梨园被农业部评为"中国美丽田园"。2014 年，郭家沟、小穿芳峪、西井峪 3 个村先后被评为"中国最美休闲乡村"。2020 年，全区 12 个村被列为"全国乡村旅游重点村"，主要集中在北部地区的下营镇和穿芳峪镇。"十三五"期间，蓟州区以全域旅游示范区创建为突破口，对乡村旅游空间布局做出了战略调整，结合相应的乡村旅游资源优势，重点建设四大旅游规划区，在乡村振兴战略的推动下，蓟州区委、区政府更加重视乡村旅游发展，该区逐渐成为天津市和国家推进乡村旅游品牌建设的重要地区之一。

5. 蓟州区乡村文化旅游产业发展中存在的问题

虽然蓟州区乡村旅游的发展取得了显著的成绩，但也存在一些问题，这些问题成为蓟州区乡村文化旅游发展的瓶颈，对游客的满意度和重游意愿具有消极的影响。本章在"美团"和"携程"两个大众使用率较高的网站上搜集了与蓟州区景点相关的游客评价（评价时间截至 2020 年 7 月），分析归纳蓟州区乡村旅游发展存在的问题。如表 6-4 所示，选择了蓟州区游客评价数较多的七个景点进行分析，其中盘山风景名胜区游客评价数最多，八仙山国家级自然保护区游客评价数最少，黄崖关长城游客差评率最低，盘山滑雪场游客差评率最高。

表 6-4　蓟州区景点游客评价情况

序号	景点	总评价数	总差评数	差评率
1	黄崖关长城	5 372	165	3.07%
2	盘山风景名胜区	20 033	1 297	6.47%
3	蓟州溶洞风景区	5 763	424	7.36%
4	梨木台风景区	8 557	761	8.89%
5	八仙山国家级自然保护区	1 577	148	9.38%
6	蓟州国际滑雪场	6 496	617	9.50%
7	盘山滑雪场	6 706	644	9.60%

对游客差评内容进行分析，发现蓟州区乡村旅游存在如下问题。

第一，旅游吸引物单调，缺乏特色。在周边省市乡村旅游不断发展壮大的情况下，蓟州区也面临旅游产品同质化严重，高端产品供给不足，低端产品供给过剩的问题。

第二，工作人员服务不周到。这是多个景点普遍存在的问题，个别工作人员工作能力不强，服务态度不好。

第三，景区管理缺乏规范，环境及配套设施差。从游客的差评反馈看，景区的管理缺乏规范标准，环境设施条件差，如存在购票、退票流程不清晰，景点标志不清楚，节假日服务效率低等问题。

基于以上分析，发现蓟州区乡村文化旅游整体口碑还是比较好的，各个重点景区的差评率相对比较低。从差评中文本挖掘分析，发现旅游者存在抱怨与不满情绪，有些问题是热点景区节假日旅游时的普遍问题，有些是当地旅游管理者与运营者考虑不周、缺乏游客思维导致的，因此蓟州区在乡村文化旅游管理水平、服务的便利性等方面还需改进与改善。

6.5.2　问卷设计与调查思路

为了提升顾客满意与重游意愿，探讨基于服务主导逻辑下的乡村文化旅游产业价值共创的路径，本章采取问卷调查的方式收集数据并开展分析。

1. 问卷内容

问卷介绍：对问卷目的、调查对象以及用途进行简单的介绍，使受访者对调查目的有一个基本的认识。

甄别问项：此次的研究对象主要是对蓟州区乡村文化旅游有一定了解的游客，如果对其不了解，则停止填写问卷。

个人基本信息：主要对被调查者的年龄、客源地、职业、受教育程度、月收入水平等进行调查。

问卷的主要部分：针对价值共创行为路径分别设计问题进行测量。题项采用五级量表测量得分。受访者在问卷填写过程中，根据自身的认知对各影响因素进行打分。其中非常不同意（1 分）、不同意（2 分）、一般（3 分）、同意（4 分）、非常同意（5 分）。

2. 调查思路

此次调查旨在探究乡村文化旅游产业价值共创路径，分析乡村文化旅游产业发展过程中存在的问题和不足，为促进乡村文化旅游产业发展提供针对性建议。

首先，在借鉴文献研究的基础上，通过梳理总结相关材料，初步制定问卷的测量问题与选项。其次，采用专家访谈的方法，对乡村旅游有一定研究基础的学者和蓟州区与乡村旅游相关的工作人员进行访问，采纳专家提出的意见，对问卷涉及的变量维度、问题内容、语言表达等方面进行修改，最终确定问卷。最后，发放正式问卷，筛选有效问卷并进行数据整理和分析。

6.5.3　数据收集

问卷的发放形式主要采用现场发放和网上发布两种形式。最终，线上、线下共发放问卷数量共 273 份，经过筛选整理，排查无效问卷，包括：①所有题项打分完全相同的问卷；②作答时间小于 50 秒的问卷；③未完成所有问题项的问卷；④明显填写随意的问卷。最终获得有效问卷 258 份，问卷有效回收率达 94.51%，适合进行下一步数据分析。

6.5.4　数据分析

对游客的个人基本信息情况进行描述性统计分析，包括游客性别、年龄、客源地、学历、职业、月收入等，具体描述性统计分析见表6-5。

表6-5　样本人口特征描述性统计分析

项目类别	个人基本信息	频数	比例
性别	男	151	58.53%
	女	107	41.47%
年龄	18 岁及以下	2	0.78%
	19～39 岁	150	58.14%
	40～59 岁	80	31.01%
	60 岁及以上	26	10.08%
客源地	天津本市	179	69.38%
	北京、河北	19	7.36%
	其他地区	60	23.26%
学历	高中及以下	14	5.43%
	专科	22	8.53%
	本科	118	45.74%
	硕士研究生及以上	104	40.31%
职业	学生	41	15.89%
	农民	5	1.94%
	自由职业者	13	5.04%
	个体经营者	6	2.33%
	企业职员	74	28.68%
	公务员及事业单位人员	79	30.62%
	离退休人员	28	10.85%
	其他职业者	12	4.65%
月收入	3000 元及以下	43	16.67%
	3001～5000 元	44	17.05%
	5001～7000 元	57	22.09%
	7001 元及以上	114	44.19%

注：因四舍五入，存在相加不为100%情况

从性别构成看，游客中男性相比女性偏多，男女数量分别占调查游客总数的58.53%和41.47%。

从年龄构成看，19～39 岁和40～59 岁的游客分别占调查游客总数的58.14%和31.01%，其次为60 岁及以上和 18 岁及以下的游客，占比分别为10.08%和0.78%。

从客源地构成来看，以天津本市游客为主，占调查游客总数的69.38%；其次是京津冀之外的其他地区，占调查游客总数的23.26%；最后是北京、河北地区，占调查游客总数的7.36%。

从学历构成来看，具有本科学历游客的人数最多，占调查游客总数的45.74%；

其次为硕士研究生及以上学历游客，占调查游客总数的 40.31%。

从职业构成来看，游客的职业分布较广，排在样本数量前三位的是公务员及事业单位人员、企业职员、学生，三类人群占到样本数量的一半以上，分别占调查游客总数的 30.62%、28.68%、15.89%；其次为离退休人员、自由职业者、其他职业者、个体经营者和农民，分别占调查游客总数的 10.85%、5.04%、4.65%、2.33%和1.94%。

从月收入来看，7001 元及以上游客人数最多，占调查游客总数的 44.19%；其次是月收入 5001～7000 元、3001～5000 元和 3000 元及以下的群体，分别占调查游客总数 22.09%、17.05%和 16.67%。

6.5.5　信度分析

信度检验通常是指对调查问卷的可靠性、稳定性和一致性进行的检验。本章采用 Cronbach's α 系数来检验。一般来说，信度的系数在 0 到 1 之间，可信度良好的信度系数一般在 0.9 之上，但用于研究的信度最低标准为 0.6。

利用 SPSS 22.0 软件对问卷的 4 个变量量表以及总量表进行信度检验，结果如表 6-6 所示。各个变量量表的 Cronbach's α 系数均在 0.9 以上，总量表的 Cronbach's α 系数达到 0.980，表明量表具有良好的信度，可靠性较高。

表 6-6　问卷信度检验

变量类别	变量	量表题项数量	Cronbach's α 系数
自变量	感知价值	12	0.967
	地方依恋	4	0.935
中介变量	满意度	5	0.933
因变量	重游意愿	5	0.924
总量表		26	0.980

6.5.6　效度分析

效度检验即检验测量量表的有效性，检验测量题项是否能准确衡量变量。本章采用探索性因子分析和验证性因子分析对量表的效度进行检验。

1. 探索性因子分析

首先，利用 SPSS 22.0 软件对自变量间的相关性进行 KMO（Kaiser-Meyer-Olkin）值与 Bartlett 球形度检验，判断变量是否适合做探索性因子分析。通常 KMO 值在0.9 以上表示非常适合；0.7～0.8 表示适合；0.6～0.7 表示一般，小于 0.5 则不能接受。同时，Bartlett 球形度检验的显著性概率 p 值满足小于 0.05，问卷才具有结构效度。结果见表 6-7。

表 6-7　KMO 值与 Bartlett 球形度检验

项目	感知价值和地方依恋	满意度	重游意愿
KMO 值	0.947	0.900	0.861
Bartlett 的球形度检验的近似卡方值	4675.260	1049.713	1003.717
DF	120	10	10
显著性 p	0.000	0.000	0.000

注：DF 表示 degree of freedom，自由度

　　在本节中，感知价值和地方依恋属于自变量，量表的 KMO 值为 0.947，Bartlett 球形度检验的近似卡方值为 4675.260，DF 为 120，$p=0.000<0.05$，达到显著性水平；满意度属于中介变量，对中介变量量表进行 KMO 值与 Bartlett 球形度检验，量表的 KMO 值为 0.900，Bartlett 球形度检验的近似卡方值为 1049.713，DF 为 10，$p=0.000<0.05$，达到显著性水平；重游意愿属于因变量，对因变量量表进行 KMO 值与 Bartlett 球形度检验，量表的 KMO 值为 0.861，Bartlett 球形度检验的近似卡方值为 1003.717，DF 为 10，$p=0.000<0.05$，达到显著性水平。以上表明量表数据之间存在关联关系，适合做因子分析。

2. 验证性因子分析

　　验证性因子分析是在探索性因子分析的基础上发展起来的对已有理论模型与数据拟合程度的一种验证方法，是考察问卷结构效度的一种途径。自变量感知价值和地方依恋的验证性因子分析模型如图 6-4 所示，感知价值测量模型包括 12 个测量变量，地方依恋测量模型包括 4 个测量变量。通过模型修正，感知价值测量模型中剔除了"PV2""PV8""PV9""PV11"；地方依恋测量模型中剔除了"PA3"1 个测量变量，最终结果见表 6-8。修正后各测量变量标准化因子载荷均

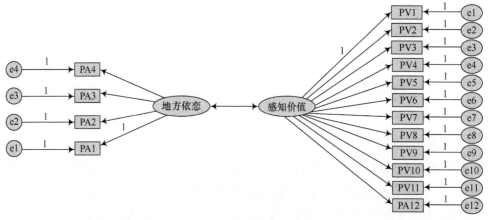

图 6-4　感知价值和地方依恋验证性因子分析模型图

在模型中需要固定某项参数作为度量标准，可以固定载荷，即固定某个测量指标路径系数为 1

位于 0.5~0.95，各潜变量的 CR 均在 0.6 以上，潜变量的 AVE（average variance extracted，平均提取方差值）均在 0.5 以上，即感知价值和地方依恋测量量表具有良好的效度。由最终的模型适配度检验结果可知（表 6-9），模型整体拟合度好。

表 6-8　感知价值和地方依恋验证性因子分析结果

潜变量	测量变量	非标准化参数估计值	显著性（p）	标准化因子载荷	CR	AVE
感知价值	PV1	1		0.827	0.949	0.7
	PV3	1.008	***	0.734		
	PV4	0.951	***	0.857		
	PV5	1.085	***	0.880		
	PV6	1.096	***	0.886		
	PV7	1.069	***	0.882		
	PV10	1.016	***	0.842		
	PV12	1.007	***	0.783		
地方依恋	PA1	1		0.912	0.923	0.8
	PA2	0.997	***	0.935		
	PA4	0.968	***	0.832		

***表示 p 值＜0.001

表 6-9　感知价值和地方依恋验证性因子分析模型适配度检验结果

统计检验量	CMIN/DF	p 值	RMSE	GFI	NFI	RFI	CFI
适配的标准或临界值	＜3	＜0.05	＜0.08	＞0.9	＞0.9	＞0.9	＞0.9
检验结果数据	2.427	0.000	0.028	0.939	0.961	0.950	0.977

注：CMIN 表示最小卡方值；RMSE 表示 root mean square error，均方根误差；GFI 表示 goodness of fit index，拟合优度指数；NFI 表示 normed fit index，规范拟合指数；RFI 表示 relative fit index，相对拟合指数；CFI 表示 comparative fit index，比较拟合指数

中介变量满意度的验证性因子分析模型如图 6-5 所示，满意度测量模型包括

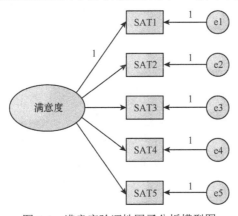

图 6-5　满意度验证性因子分析模型图

五个测量变量。由表 6-10 可知模型拟合情况良好，不需要进行修正，最终结果如表 6-11 所示，各测量变量标准化因子载荷均位于 0.5～0.95，各测量变量效度良好；满意度的 CR 为 0.934，表示其测量变量间具有高度的内在关联；满意度的 AVE 为 0.738，表示可以被测量变量有效反映，具有良好的收敛效度。

表 6-10　满意度验证性因子分析模型适配度检验结果

统计检验量	CMIN/DF	p 值	RMSE	GFI	NFI	RFI	CFI
适配的标准或临界值	<3	<0.05	<0.08	>0.9	>0.9	>0.9	>0.9
检验结果数据	2.364	0.037	0.011	0.981	0.989	0.978	0.994

表 6-11　满意度验证性因子分析结果

潜变量	测量变量	非标准化参数估计值	显著性（p）	标准化因子载荷	CR	AVE
满意度	SAT1	1		0.857	0.934	0.738
	SAT2	1.12	***	0.851		
	SAT3	1.128	***	0.895		
	SAT4	1.106	***	0.884		
	SAT5	1.059	***	0.805		

***表示 p 值<0.001

因变量重游意愿的验证性因子分析模型如图 6-6 所示。

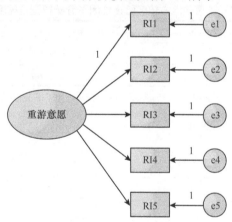

图 6-6　重游意愿验证性因子分析模型图

重游意愿测量模型包括五个测量变量。通过模型修正，重游意愿测量模型中剔除了"RI4"，最终结果如表 6-12 所示，修正后各测量变量标准化因子载荷均位于 0.5～0.95，表示各测量变量具有良好的效度；重游意愿的 CR 为 0.908，表示其测量变量间具有高度的内在关联；重游意愿的 AVE 为 0.711，表示可以被测量变量有效反映，具有良好的收敛效度。由模型适配度检验结果可知（表 6-13），模型整体拟合度良好。

表 6-12　重游意愿验证性因子分析结果

潜变量	测量变量	非标准化参数估计值	显著性（p）	标准化因子载荷	CR	AVE
重游意愿	RI1	1		0.857	0.908	0.711
	RI2	1.065	***	0.915		
	RI3	0.948	***	0.779		
	RI5	0.871	***	0.813		

***表示 p 值＜0.001

表 6-13　重游意愿验证性因子分析模型适配度检验结果

统计检验量	CMIN/DF	p 值	RMSE	GFI	NFI	RFI	CFI
适配的标准或临界值	＜3	＜0.05	＜0.08	＞0.9	＞0.9	＞0.9	＞0.9
检验结果数据	1.313	0.000	0.008	0.995	0.996	0.988	0.999

6.5.7　模型验证

1. 结构方程模型构建

结构方程模型包含测量模型和结构模型两部分，测量模型描述各潜变量和测量变量之间的关系，结构模型是各潜变量之间因果关系的说明。本节经过上文信度检验和效度检验对测量模型的修正，设定了乡村旅游游客感知价值、地方依恋与重游意愿的结构方程模型，如图 6-7 所示，包括 4 个潜变量和 20 个测量变量。其中 e1～e20 表示各个测量变量的误差项，e21 和 e22 表示内因潜变量满意度和重游意愿的残差项。

2. 结构方程模型适配度检验

适配度指标是评价假设的路径分析模型图与搜集的数据是否相互适配。在进行整体模型适配估计之前，需先检验模型是否违反估计，参数估计值是否合理。

运用 AMOS 23.0 软件中的极大似然估计法，运行模型结果如图 6-8 所示，模型参数没有违反估计的现象，估计参数未发现负的误差方差，误差变异达到显著水平，所有的误差标准值也比较合适，标准化参数系数均小于 1。在此基础上，对整体模型拟合情况进行检验，结果如表 6-14 所示，其中常用的适配度统计量如 RMSEA（root mean square error of approximation，均方根近似误差）=0.047＜0.08、GFI=0.953、AGFI（adjusted goodness of fit index，调整的拟合优度指数）=0.935、CFI=0.983、CMIN/DF=1.552＜3 都符合建议值的标准，其余各统计检验量也均在适配标准或临界值之内，模型适配度良好。

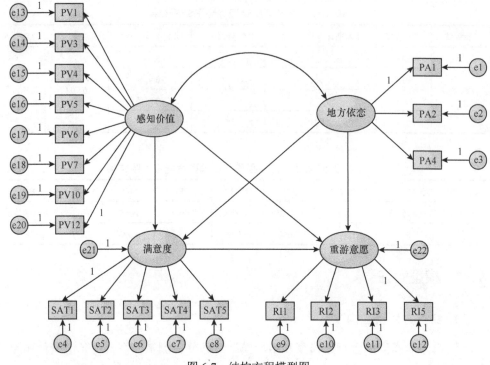

图 6-7 结构方程模型图

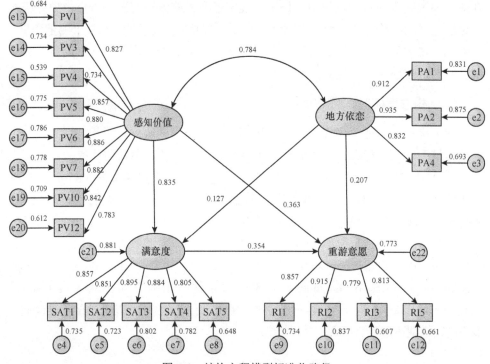

图 6-8 结构方程模型标准化路径

表 6-14　结构模型适配度检验结果

变量	统计检验量	适配的标准或临界值	检验结果数据	模型适配判断
绝对适配度统计量	RMSEA	<0.08	0.047	是
	GFI	>0.9	0.953	是
	AGFI	>0.9	0.935	是
增值适配度统计量	NFI	>0.9	0.953	是
	RFI	>0.9	0.945	是
	IFI	>0.9	0.983	是
	TLI	>0.9	0.980	是
	CFI	>0.9	0.983	是
简约适配度统计量	PGFI	>0.5	0.669	是
	PNFI	>0.5	0.797	是
	PCFI	>0.5	0.822	是
	CMIN/DF	<3	1.552	是

注：IFI 表示 incremental fit index，增量拟合指数；TLI 表示 Tucker-Lewis index，塔克-刘易斯（修正拟合）指数；PGFI 表示 parsimonious GFI，简约拟合优度指数；PNFI 表示 parsimonious NFI，简约规范拟合指数；PCFI 表示 parsimonious CFI，简约比较拟合指数

3. 模型路径分析与假设检验

模型的适配度得到检验后，需要进一步对模型的路径系数进行显著性检验。由于前文已经对数据进行了正态检验，采用极大似然估计法，利用路径系数的显著性进行检验，路径系数检验结果如表 6-15 所示。由表 6-15 可知，结构方程模型中所有路径 CR 值均大于 1.96，达到 0.05 显著水平。其中有三条路径系数达到0.001 显著水平，按照标准化路径系数由大到小依次是："满意度←感知价值"（0.835），"重游意愿←感知价值"（0.363），"重游意愿←满意度"（0.354）。有一条路径系数达到了 0.01 显著水平，即"重游意愿←地方依恋"（0.207）。最后还有一条路径系数达到了 0.05 显著水平，即"满意度←地方依恋"（0.127）。

表 6-15　结构方程模型路径系数检验结果

路径	估计值	标准误	CR	p	标准化路径系数
满意度←感知价值	0.814	0.071	11.47	***	0.835
重游意愿←感知价值	0.628	0.137	4.570	***	0.363
满意度←地方依恋	0.104	0.044	2.374	0.018	0.127
重游意愿←地方依恋	0.162	0.053	3.080	0.002	0.207
重游意愿←满意度	0.339	0.036	9.388	***	0.354

***表示 p 值<0.001

结构方程模型标准化路径输出结果如图 6-8 所示。本节的检验标准是当显著性水平 p 值<0.05 时，变量间存在显著的影响关系，即假设成立。由表 6-15 可知

"满意度←感知价值"的标准化路径系数为 0.835（$p<0.001$），即感知价值对满意度有显著正向影响，H1 成立。"重游意愿←感知价值"的标准化路径系数为 0.363（$p<0.001$），即感知价值对重游意愿有显著正向影响，H2 成立。"满意度←地方依恋"的标准化路径系数为 0.127（$p<0.05$），即地方依恋对满意度有显著正向影响，H3 成立。"重游意愿←地方依恋"的标准化路径系数为 0.207（$p<0.01$），即地方依恋对重游意愿有显著正向影响，H4 成立。"重游意愿←满意度"的标准化路径系数为 0.354（$p<0.001$），即满意度对重游意愿有显著正向影响，H5 成立。

4. 满意度中介效应检验

由路径分析以及假设检验结果可知，满意度是感知价值和重游意愿、地方依恋和重游意愿关系中的中介变量。本节使用 Bootstrap 法来检验满意度在感知价值和地方依恋对重游意愿的影响中的中介作用是否显著，结果如表 6-16 所示。感知价值、地方依恋到重游意愿的总效应、直接效应、间接效应置信区间均不包含 0，统计检验显著，即满意度在感知价值和地方依恋影响重游意愿中起到部分中介作用，H6、H7 成立。

表 6-16　中介效应显著性检验的 Bootstrap 分析

路径关系	效应	估计值	标准误	T 值	95%置信区间下限	95%置信区间上限
感知价值→重游意愿	总效应	0.811	0.062	13.081	0.694	0.943
	直接效应	0.423	0.029	14.586	0.366	0.480
	间接效应	0.388	0.038	10.211	0.316	0.469
地方依恋→重游意愿	总效应	0.596	0.061	9.770	0.481	0.718
	直接效应	0.235	0.075	3.133	0.089	0.382
	间接效应	0.361	0.073	4.945	0.240	0.537

中介效应模型涉及三类效应，分别是直接效应、间接效应和总效应。其中总效应=直接效应+间接效应。在分析满意度中介效应的基础上，计算各潜变量对满意度和重游意愿的影响效应，结果如表 6-17 所示。感知价值和地方依恋对满意度产生直接影响，并无间接影响，且感知价值对满意度影响程度更大（0.835），地方依恋影响程度较小（0.127）。感知价值、地方依恋和满意度都对重游意愿产生直接影响，直接效应分别为：0.363、0.207 和 0.354。其中，感知价值和地方依恋还通过满意度对重游意愿产生间接影响，且感知价值对重游意愿的间接影响（0.296）比地方依恋（0.045）要大。由总效应系数可知，在影响重游意愿的 3 个因素中，感知价值对重游意愿影响最大（0.659），其次是满意度（0.354），最后是地方依恋（0.252）。

表 6-17　各潜变量对满意度和重游意愿影响效应

因变量	效应	自变量		
		感知价值	地方依恋	满意度
满意度	总效应	0.835	0.127	——
	直接效应	0.835	0.127	——
	间接效应	——	——	——
重游意愿	总效应	0.659	0.252	0.354
	直接效应	0.363	0.207	0.354
	间接效应	0.296	0.045	——

6.6　研究结论与对策

6.6.1　研究结论

基于结构方程模型的路径分析和假设检验结果，以及满意度中介效应检验结果，得出如下结论。

（1）感知价值、地方依恋和满意度对重游意愿有显著正向影响，且研究发现三个因素的影响程度从感知价值、满意度到地方依恋依次递减。究其原因，可能是乡村旅游地类型不同导致研究结论存在差异。除了传统的满意度影响重游意愿外，对于蓟州区游客来说，感知价值，尤其是感知特色价值，对提升他们的重游意愿来说最为重要。此外，也证明了蓟州区政府和相关旅游企业对该地特色文化旅游资源挖掘不够充分，影响了游客的感知价值，进而影响了游客重游意愿。除此之外，也体现了游客对乡村地区的特殊地方依恋。

（2）满意度在感知价值和地方依恋对重游意愿的影响关系中起部分中介作用。在引入满意度作为中介变量后，发现感知价值和地方依恋对重游意愿的影响作用变强，说明感知价值和地方依恋可以通过影响满意度间接影响重游意愿，因此，提升游客的感知价值和地方依恋能够有效提升满意度，进而提升游客重游意愿。这与大部分学者的研究结论相一致，也进一步证实了满意度在提升游客重游意愿中的助推作用。鉴于此，蓟州区政府和相关旅游企业应做好调研，持续关注游客满意度的动态变化，通过游客的体验感受、参观反馈、网上评论等信息主动将游客纳入乡村文化旅游产品价值共创系统，对产品不断迭代升级，提升游客满意度与深度情感体验。

6.6.2　对策建议

（1）加强地方氛围营造，强化游客地方依恋。从调查情况来看，游客在蓟州区停留时间普遍较短，旅游地应注重丰富乡村旅游景点。蓟州区是国家全域旅游示范区，要充分利用好这一政策优势。一方面，针对盘山风景名胜区、黄崖关长城、独乐寺、九龙山国家森林公园等成熟旅游景区，开发更多新颖的旅游活动；另一方面，强化旅游地基础设施和交通网络建设，尤其是停车场、小凉亭、道路交通等，提升景区接待能力，给游客提供多样选择；营造乡村体验性、互动性强的活动氛围，以差异供给刺激游客需求，有效培育游客地方依恋，引导游客从"参观者"到"参与者"，鼓励游客积极参与，同时，使旅游活动富有一定的挑战性，加深游客记忆，丰富游客的体验价值。

（2）创新产品供给，提升游客感知价值。在旅游项目规划和基础设施建设中，应注重蓟州区自然生态环境、特色传统村落和传统农业的保护与发展，要做好顶层设计，统筹规划产业融合。乡村旅游独特的乡村性是其吸引力的重要来源，因此原汁原味的自然生态环境和富有特色的村容村貌能够提升游客的感知特色价值；企业和农户等乡村旅游经营者应结合蓟州本地资源特色和风土人情设计乡村主题鲜明的旅游产品，如融合蓟州区的农事节庆活动、文化民俗、地方美食、特色产业等乡土要素，创新娱乐性、观赏性旅游项目类型，让游客感受到本地厚重的文化特质，给游客以个性化的精神体验和文化补给；蓟州区拥有不同的旅游景区类型，应开发具有当地特色且适宜的旅游活动，广泛开展文化旅游深度融合，促进区域协同发展。

（3）优化营销策略，树立旅游品牌形象。蓟州区潜在客源有限，对重游市场有较大的依赖性，乡村旅游客源市场集中于天津市内，外地游客对蓟州区的了解较少，重游率较低。因此，蓟州区应明确自身的乡村旅游品牌形象，以四大乡村旅游规划区为着力点，有所侧重地开发旅游产品及服务，合理延伸品牌经营链条；加强线下与线上宣传营销，扩大乡村旅游品牌的知名度。例如，线下举办特色乡村旅游和乡村文化的推介宣传活动，结合季节性景观举办特色游览参观活动，与外省市的旅行社、旅游企业合作在线下推出针对当地的优惠路线；线上广泛利用微博、微信、微视频和客户端等新媒体平台推介特色旅游活动、季节景观等智能游览方案，助力文化的传播。

（4）细分客源市场，满足游客多样需求。游客的不同人口统计变量在游览次数和旅游偏好上呈现出差异，在地方依恋和重游意愿上也具有显著性差异。因此旅游地应开发差异化旅游主题路线，针对不同年龄阶段的游客，开发适合不同年龄层次的旅游活动，并按时间和季节划分旅游路线。例如，针对未成年人和青少年游客群体，推出寒暑期研学观光旅游路线；针对退休及老年游客群体，在旅游淡季推出生态旅游和文化旅游的优惠路线等。提供差异化旅游消费产品，针对不同消费需求的游客，设计低高端兼具的旅游活动与项目，如针对不同学历的游客，当地政府和相关旅游企业可联合改善旅游资源结构，提供更多人文和生态兼具的优质旅游产品。设计差异化旅游营销策略，针对不同出游目的的游客采取差异化营销策略，如针对学习型游客推出高科技农业技术类乡村旅游产品，针对怀旧的中老年客源市场推荐乡村自然生态观光游等。

参 考 文 献

[1] Prahalad C K, Ramaswamy V. 2000. Co-opting customer competence[J]. Harvard Business Review, 2000, 78(1): 79-90.

[2] 施琳霞. 价值共创视阈下的乡村旅游产业振兴路径研究[J]. 中国经贸导刊(中), 2020, (9):99-101.

[3] 陆宣伊, 张月莉. 农业区域品牌价值共创模式探析: 以"丽水山耕"品牌为例[J]. 福建农业科技, 2021, 52(8): 65-71.

[4] 李凌汉, 池易真. 价值共创视角下乡村精英主导农村科技创新的逻辑机理[J]. 行政与法, 2021, (9): 22-33.

[5] Prahalad C K, Ramaswamy V. Co-creation experiences: the next practice in value creation[J]. Journal of Interactive Marketing, 2004, 18(3): 5-14.

[6] Vargo S L, Lusch R F. Evolving to a new dominant logic for marketing[J]. Journal of Marketing, 2004, 68(1): 1-17.

[7] 钟振东, 唐守廉, Vialle P. 基于服务主导逻辑的价值共创研究[J]. 软科学, 2014, 28(1): 31-35.

[8] 李耀, 王新新. 价值的共同创造与单独创造及顾客主导逻辑下的价值创造研究评介[J]. 外国经济与管理, 2011, 33(9): 43-50.

[9] 李耀, 周密, 王新新. 顾客独创价值研究: 回顾、探析与展望[J]. 外国经济与管理, 2016, 38(3): 73-85.

[10] 李雷, 简兆权, 张鲁艳. 服务主导逻辑产生原因、核心观点探析与未来研究展望[J]. 外国经济与管理, 2013, 35(4): 2-12.

[11] 蔡伟民. 乡村旅游地游客感知价值及重游意愿研究: 以成都三圣乡为例[J]. 西南民族大学学报(人文社科版), 2015, 36(5): 134-138.

[12] 赵磊, 吴文智, 李健, 等. 基于游客感知价值的生态旅游景区游客忠诚形成机制研究: 以西溪国家湿地公园为例[J]. 生态学报, 2018, 38(19): 7135-7147.

[13] 王竑, 陈坚, 李金玉. 基于 SEM 的长白山景区旅游公共服务满意度研究[J]. 税务与经济, 2019, (2): 107-112.

[14] 田彩云, 裴正兵. 文化遗产地游客感知价值、满意与忠诚的关系研究: 基于北京圆明园的实证分析[J]. 干旱区资源与环境, 2021, (2): 203-208.

[15] 唐丽丽, 朱定秀, 齐先文. 文化认同与旅游者忠诚关系研究: 以徽州文化旅游区为例[J]. 华东经济管理, 2015, 29(11): 54-58.

[16] 丁风芹, 姜洪涛, 侯松岩, 等. 中国传统古村镇游客重游意愿的影响因素及作用机理研究: 以周庄为例[J]. 人文地理, 2015, 30(6): 146-152.

[17] 朱峰, 王江哲, 王刚. 游客地方依恋、满意度与重游意愿关系研究: 求新求异动机的调节作用[J]. 商业研究, 2015, (10): 180-187.

[18] 贾衍菊, 林德荣. 目的地品质对游客满意和游客忠诚的影响: 地方依恋的中介作用与性别的调节作用[J]. 旅游科学, 2017, 31(6): 65-78.

[19] 周学军, 于开红. "网红城市"地方依恋对游客忠诚度的影响: 一个被中介的调节作用模

型[J]. 企业经济, 2019, 38(10): 61-67.

[20] 龙江智, 段浩然, 张方馨. 地方依恋对游客忠诚度的影响研究: 基于凤凰古城的实证研究
[J]. 北京师范大学学报(自然科学版), 2020, 56(1): 68-77.

[21] 许春晓, 朱茜. 求新动机、满意度对重游间隔意愿的影响: 以凤凰古城旅游者为例[J]. 旅游
科学, 2011, 25(5): 57-66.

[22] 肖潇, 任黎秀, 张捷, 等. 城郊旅游地游客重游意愿影响因素及作用机制分析: 以南京珍珠
泉旅游风景区为例[J]. 地域研究与开发, 2013, 32(2): 148-153.

[23] 周杨, 何军红, 荣浩. 我国乡村旅游中的游客满意度评估及影响因素分析[J]. 经济管理,
2016, 38(7): 156-166.

[24] 寿东奇, 姜洪涛, 章锦河, 等. 求新动机对游客重游意愿的调节作用研究: 以西塘古镇为例
[J]. 地理科学, 2017, 37(1): 130-137.

[25] 马奔, 周甜甜, 马致远, 等. 森林景区游客重游及推荐行为意愿的影响因素分析[J]. 林业
经济, 2017, 39(1):51-56, 77.

[26] 刘法建, 徐金燕, 吴楠. 基于元分析的旅游者重游意愿影响因素研究[J]. 旅游科学, 2019,
33(1): 33-53.

[27] 李罕梁, 周玲强, 郑一波. "洋家乐"游客的动机、感知价值对其满意度和行为意愿的影响
[J]. 浙江大学学报(理学版), 2018, 45(1): 92-102.

[28] 李宇佳, 刘笑冰. 基于结构方程模型的都市现代创意农业园游憩者忠诚度研究[J]. 北方园
艺, 2019, (14): 160-167.

第7章 乡村文化旅游产业成熟度研究

产业化建设是乡村文化旅游可持续发展建设的必由之路，通过产业价值共创丰富了乡村文化旅游产品，拓宽了产业市场，增添了活力。随着乡村振兴战略的推进，乡村文化旅游产业受到高度关注，其不仅成为带动农村经济发展的重要引擎，也是乡村振兴的关键途径，但随着产业集群的不断深化，乡村文化旅游产业仍存在融合程度低、产业链构建不完善等问题。为更好地促进乡村文化旅游产业的可持续发展，引入产业成熟度的概念，对乡村文化旅游产业市场及产业链完善程度进行综合体检和衡量，从而平衡和协调相关产业，从实践角度指导乡村文化旅游产业的转型升级与深化改革。

7.1 产业成熟度与乡村文化旅游产业研究

7.1.1 产业成熟度理论与乡村文化旅游产业的逻辑联系

成熟度模型最早起源于 20 世纪 80 年代美国的软件行业，研发者为了更好地对出现的问题进行预判及规避，提出成熟度模型并开始运用到软件行业的评价研究中。成熟度模型是以研究对象特征构建评价指标，运用科学的评价方法对其进行定性与定量分析，以达到对研究对象发展情况、存在问题以及未来发展趋势等的掌握与了解。此后，众多学者将成熟度模型进行延伸应用至项目管理、企业管理、能力评估、旅游发展等多领域，并延伸出不同类型的成熟度模型，具体见图 7-1。

但无论如何分类，成熟度模型的根本仍是对研究对象综合情况的研究与分析，以发现问题，解决问题并提前规避问题，同时探索可持续发展的路径。模型的基本内容包含评价指标的构建、评价方法的选取、评价过程的计算、评价结果的分析与对策建议的提出。本章的目的是对乡村文化旅游产业综合发展情况开展研究，从而分析其所处的发展阶段，并发现存在的问题以此提出针对性建议，推动乡村文化旅游产业实现可持续发展。基于此，成熟度模型为本章的研究提供了直接的理论基础。

7.1.2 产业成熟度相关应用

产业成熟度是由王礼恒院士于 2015 年首次明确提出，认为产业成熟度主要体

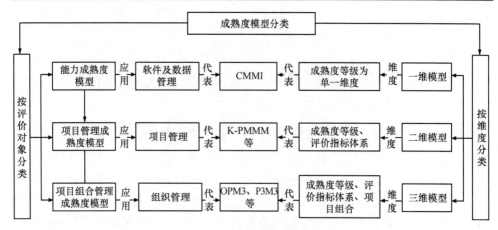

图 7-1　成熟度模型类型

CMMI 表示 capability maturity model integration，能力成熟度模型集成；K-PMMM 表示 Kerzner project management maturity model，科兹纳项目管理成熟度模型；OPM3 表示 organizational project management maturity model，组织项目管理成熟度模型；P3M3 表示 portfolio, programme and project management maturity model，项目组合、项目群和项目管理成熟度模型

现在产品与市场两方面，产业成熟度可以看作产品成熟到市场成熟的过程，是评价和度量产业从诞生到成熟发展过程的量化标准，反映了产业发展的完善程度；孙旭东等将王礼恒院士提出的产业成熟度评价方法运用到能源领域，并基于全产业链原则构建了产业成熟度评价指标体系，丰富了我国产业成熟度评价指标体系[1]；学者认为产业成熟度主要是对所研究产品、市场、产业链、保障等各方面的综合发展水平的衡量。

　　国内外学者对成熟度模型的研究主要分为三个阶段：第一阶段主要以 CMMI 为主，学者将模型大量运用在软件开发及数据管理能力等方面；第二阶段以 K-PMMM 为主，学者依据该模型研究工程项目和企业项目所存在的问题以及优化的路径；第三阶段主要在项目管理基础上加入项目集与项目组合形成组织管理，以 OPM3、P3M3 等为主。依据文献研究可以看出，成熟度模型在软件及数据开发、项目管理以及组织管理中的应用最为广泛，成熟度等级主要分为五个等级，其具有持续改进的思想，成熟度所处阶段不同，其特征也不同，各阶段特征如表 7-1 所示。

表 7-1　成熟度各等级特征

级别	等级	等级说明
1	初始级	（1）状态混乱，无统一管理制度与标准； （2）组织未能意识到过程管理重要性； （3）具有不稳定性
2	受管理级	（1）制定了统一管理标准； （2）成功案例具有复制性； （3）初步加设相关管理人员

续表

级别	等级	等级说明
3	稳健级	(1) 具有标准化管理流程； (2) 具有统一细化的标准； (3) 注重集成管理
4	量化管理级	(1) 管理流程进一步优化； (2) 强调量化分析； (3) 具有可预测性
5	优化级	(1) 持续优化改进与创新； (2) 信息透明化、知识共享化； (3) 实践分享，可复制性极高

在产业成熟度研究方面，产业成熟度评价体系的概念和方法提出后，相关学者继续对产业成熟度在建筑、能源、电网及旅游产业上的应用进行细化研究。在建筑产业方面，刘家壮在对现代建筑产业链成熟度等级进行划分的基础上，进一步构建了产业链成熟度评价模型并对产业链成熟度进行了全面分析[2]；在能源产业方面，赵斌等从技术视角对新能源汽车产业成熟度进行探究，并从多维度预测产业进化途径[3]；葛毅等对智能电网产业成熟度评价标准以及模型方法进行了研究[4]；胡思思等从政策、技术、市场、辅助方面对产业成熟度评价指标体系进行了研究，提出"3+X"的指标体系[5]。尽管产业成熟度的研究已延伸扩展至多个领域，但目前在乡村文化旅游产业成熟度研究方面还较少。

7.1.3　乡村文化旅游产业成熟度相关应用

当前我国对乡村文化旅游产业成熟度的定义并未得到统一，但乡村文化旅游作为乡村旅游的组成部分，乡村文化旅游产业成熟度本质仍属于产业成熟度，其概念的界定也可借鉴产业成熟度及乡村旅游产业成熟度的概念。在上述理论研究基础上，旅游领域研究的相关学者将成熟度引用至旅游领域，拓展了旅游成熟度，冷少妃提出旅游产业集群品牌成熟度是发展过程中旅游产业集群在品牌建设方面的现状以及建设水平的综合体现与衡量[6]；杨立国等对旅游小镇成熟度进行研究，提出旅游小镇的成熟度是对旅游产业发展程度和城镇化建设水平的综合判断[7]。基于上述分析可以看出乡村旅游产业成熟度的评价主体是乡村旅游产业，其成熟度主要体现在乡村旅游产业发展的配套条件以及发展成效方面，是对乡村旅游产业市场及产业链完善程度的衡量与体现。

产业化建设是乡村文化旅游产业可持续发展建设的必由之路。国内外学者从不同视角对乡村旅游产业发展进行研究。国外学者多基于游客视角对乡村旅游产业市场进行研究与划分，Ghaderi 等研究了发展中国家的农村社区居民对过度旅游的态度[8]；Lewis 等针对年轻游客市场对其行为进行分析，从而探究乡村旅游对其的吸引力[9]；Panzer-Krause 从游客态度视角对乡村旅游及相关产业的可持续发展进行了研究[10]；Christou 和 Sharpley 对乡村旅游方面的游客对旅游地的好客程度进行了评价研究，研究表明其取决于地区经营者接待游客的准备程度与能力，从而提出可持续发展建议[11]。

目前，我国学者对乡村旅游产业发展研究主要集中在产业发展影响因素、产业融合发展与模式、整体可持续发展等方面。在产业发展影响因素方面，余菡和李慧巍基于专业合作社参与视角，探索其差异化功能对乡村旅游产业的影响，结果表明规范管理、保障服务等因素对乡村旅游产业发展具有显著性影响[12]。在产业融合发展与模式方面，张祝平以乡村文化旅游产业与生态农业为切入点，从产业融合发展过程、动力因素等方面对二者融合程度进行定性分析，提出乡村文化旅游产业的发展模式与发展路径[13]；李丹在乡村旅游产业发展现状分析基础上，探究新发展格局背景下我国乡村旅游产业进一步融合发展的路径[14]。在整体可持续发展方面，不同学者基于数字经济、产业功能等不同视角对乡村旅游产业发展现状、存在的问题以及发展路径进行分析研究。陈叶玲等从数字普惠金融视角对乡村旅游产业可持续发展进行了相关研究[15]；李晶以产业功能为切入点，从内外部对乡村文化旅游产业的发展机理分别进行研究，并从思想与实践等层面提出乡村文化旅游产业可持续发展措施[16]；贺斐站从消费者需求变化视角对乡村旅游产业要素整合模式、产业集聚模式等进行探究，提出乡村旅游产业发展路径[17]；夏小荣[18]、周辉[19]分别从多元文化体系、乡村振兴视角对乡村旅游产业发展状况进行了定性分析；陈立群则从全产业链视角对我国乡村旅游产业发展存在的障碍等进行定性分析，以此提出促进发展的对策建议[20]。

综上，我国学者主要从数字经济、产业功能、影响因素、城乡融合、消费者需求等视角进行研究，成果较为丰富。但也表明目前还缺乏从成熟度的视角开展乡村文化旅游产业的研判分析，还需依据我国实践的真实需要不断探索研究新的理论视角，创新产业发展的路径，以推动其可持续建设。

7.2　产业成熟视角下乡村文化旅游产业发展机理

文化旅游产业不仅仅满足游客对休闲时光的打磨，更满足于游客精神和心灵的需求，也是新时代倡导文化兴国战略的一个重要体现。在时代背景下一些地区的乡村文化旅游迅速发展，提高了地区经济收入。但"热"的背后也凸显出大问题，有些文化旅游产品将文化游停留于表面与眼前，或只是简单效仿，未能真正深入挖掘当地的文化要素，细剖人们的文化诉求，从而导致乡村文化旅游产业链不稳定、链式结构薄弱、产业化程度低等问题。由此以产业成熟度为视角对乡村文化旅游产业发展机理进行深入研究，对促进乡村文化旅游产业稳固发展，推动乡村文化旅游产业成熟建设以及高质量发展具有重要意义。

7.2.1 影响乡村文化旅游产业成熟度的因素选取

1. 影响因素的相关文献研究与实践分析

前文研究提出乡村文化旅游产业的影响因素众多。比如，Barkauskas 等从经济、社会文化、自然生态等五个方面对乡村旅游业影响因素进行了分析研究[21]；史亚奇认为乡村旅游产业集聚可以从区域资源、交通条件、客源市场、环境条件、基础设施等七个方面进行分析[22]；彭蛟等提出旅游配套设施、区域资源、区位条件等十二个因素对乡村旅游产业化的影响路径[23]；钱惠新选取农业基础、市场需求、旅游发展以及交通条件等十个影响因素对乡村旅游产业空间相关影响因素进行分析研究[24]。

在发展实践方面，2019 年，国家发展和改革委员会联合文化和旅游部遴选了一批全国乡村旅游的典型案例，为其他地区乡村旅游的发展提供参考。比如，陕西省咸阳市袁家村，其乡村旅游是在乡村振兴政策背景下挖掘出一条富民道路，将当地生活方式以及乡村文化转化为一种旅游资源吸引游客，解决了如何吸引游客问题；区域条件完善，加强当地民宿、小吃街、酒吧、道路设施等旅游配套设施建设，解决了如何留住游客的问题；乡村旅游产业链的构建，解决了全面乡村旅游可持续发展问题。从众多典型案例分析可以看出区域条件、区域资源、政府政策、消费市场、乡村文化等方面因素都对乡村旅游产业发展具有重要影响。

2. 影响因素的选取与确定

基于产业成熟度特征、文献整理和实践研究结论，初步筛选、提取乡村文化旅游产业发展影响因子集，分为区域条件、区域资源、业态发展、市场环境、乡村文化以及旅游规划 6 个维度，并从 6 个维度提取出 25 个影响因子。在保证全面性的基础上，经专家访谈与小样本测试，整合、删除和修正，最终确定 22 个影响因子，具体见表 7-2。

表 7-2 乡村文化旅游产业发展指标体系

维度	指标名称	符号	指标含义
区域条件	旅游配套设施	S_1	指卫生所、公共厕所、公共停车场、相关标识系统等
	交通条件	S_2	主要由交通线路、交通工具以及打车便捷状况来反映
	经济条件	S_3	由农民人均收入、乡村旅游总收入占 GDP 比重反映
	环境条件	S_4	指地区空气质量、森林覆盖率等自然环境与人文环境

续表

维度	指标名称	符号	指标含义
区域资源	自然及其他吸引物	S_5	指自然景观、民宿、美食、文娱活动等内容的丰富程度
	人力资源	S_6	主要由当地农民参与以及外界人才引进两方面反映
	旅游建设投入	S_7	从乡村旅游产业发展的资金及土地投入程度方面进行衡量
业态发展	品牌建设	S_8	具有一定规模及生产能力的旅游产业长期积累的声誉
	业态竞合	S_9	乡村旅游产业链各业态间竞争及合作关系
	空间集聚	S_{10}	乡村旅游发展中同类或相似业态在空间上的不断集中
	核心业态带动能力	S_{11}	产业链中链核业态对乡村经济等方面的带动
	业态融合	S_{12}	产业链不同层次的业态渗透、融合产生的新产业形态
	产业链的构建与优化	S_{13}	指产业链横向拓宽、纵向延长以及旅游产品丰富程度
市场环境	消费者多元化需求	S_{14}	主要指康养、休闲、观光等不同的旅游需求
	居民可支配收入	S_{15}	主要指我国年度人均可用于自由支配的收入
	政策支持	S_{16}	主要指在乡村旅游及关联产业方面颁布的支持性及保障性政策
	行业组织	S_{17}	为乡村旅游产业发展而成立的相关行业的组织协会
乡村文化	乡村物质文化保护	S_{18}	主要从村内古建筑规模和完好程度两方面衡量
	乡村非物质文化保护	S_{19}	主要从村内传统工艺等非物质遗产保留和传承力度两方面衡量
	乡村核心文化建设	S_{20}	乡村教育建设、乡村文化宣传力度、活动丰富程度
旅游规划	全域旅游发展理念	S_{21}	指打破景区围墙，打造区域整体旅游建设的理念
	全域旅游发展路径	S_{22}	主要指资源共享、整合及产业融合、联动等发展路径

3. 影响因素解释结构模型构建

乡村文化旅游产业是融合一二三产业的综合性产业，影响因素众多，关系结构复杂且不明确。解释结构模型是解决复杂系统的一种分析方法，通过划分层级构成一个多级递阶的结构模型，最终达到明确系统关键结构与关系的目的，非常适用于乡村文化旅游产业成熟度影响因素的研究。

1）解释结构模型小组的成立

本章成立乡村文化旅游产业影响因素解释结构模型研究小组，其由乡村旅游方面专家（1人）、学者（4人）以及相关工作人员（4人）三部分共9人组成。

2）建立邻接矩阵

请各位专家、学者以及相关工作人员对指标之间直接的因果关系进行整理，构建解释结构模型的邻接矩阵。邻接矩阵表示影响要素之间的直接影响关系，矩阵内各元素 a_{ij} 可以描述如下：

若 $a_{ij}=0$ ，则表示 S_i 与 S_j 无直接影响或影响非常弱。

若 $a_{ij}=1$ ，则表示 S_i 与 S_j 有直接影响或影响非常强。

依据邻接矩阵构建影响因素关系，如图7-2所示。由图7-2可以看出影响因素之间的结构及层级都不明确，需要进一步厘清层级，找出关键因素及影响路径，为乡村文化旅游产业发展提出针对性意见。

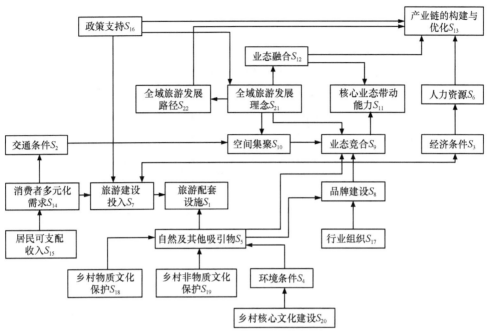

图 7-2　乡村文化旅游产业影响因素关系图

3）建立可达矩阵

可达矩阵表示要素之间间接的影响关系，其依据邻接矩阵计算所得。本章依据软件 Python 计算得到可达矩阵 M，具体如下所示：

$$M = \begin{pmatrix}
1 & 0 & 0 & 0 & 0 & 0 & 0 & 0 & 0 & 0 & 0 & 0 & 0 & 0 & 0 & 0 & 0 & 0 & 0 & 0 & 0 & 0 \\
0 & 1 & 0 & 0 & 0 & 0 & 0 & 1 & 1 & 1 & 1 & 0 & 0 & 0 & 0 & 0 & 1 & 0 & 0 & 0 & 0 & 0 \\
1 & 0 & 1 & 0 & 0 & 1 & 1 & 0 & 0 & 0 & 0 & 0 & 1 & 0 & 0 & 0 & 0 & 0 & 0 & 0 & 0 & 0 \\
1 & 0 & 0 & 1 & 1 & 0 & 0 & 1 & 1 & 1 & 0 & 0 & 0 & 0 & 0 & 1 & 0 & 0 & 0 & 0 & 0 & 0 \\
1 & 0 & 0 & 0 & 1 & 0 & 0 & 1 & 1 & 1 & 0 & 0 & 0 & 0 & 0 & 1 & 0 & 0 & 0 & 0 & 0 & 0 \\
0 & 0 & 0 & 0 & 1 & 0 & 0 & 0 & 0 & 0 & 0 & 1 & 0 & 0 & 0 & 0 & 0 & 0 & 0 & 0 & 0 & 0 \\
1 & 0 & 1 & 0 & 0 & 1 & 1 & 0 & 0 & 0 & 1 & 0 & 0 & 0 & 0 & 0 & 0 & 0 & 0 & 0 & 0 & 0 \\
0 & 0 & 0 & 0 & 0 & 0 & 0 & 1 & 1 & 1 & 0 & 0 & 1 & 0 & 0 & 0 & 0 & 0 & 0 & 0 & 0 & 0 \\
0 & 0 & 0 & 0 & 0 & 0 & 0 & 0 & 1 & 0 & 1 & 0 & 0 & 0 & 0 & 0 & 0 & 0 & 0 & 0 & 0 & 0 \\
0 & 0 & 0 & 0 & 0 & 0 & 0 & 1 & 1 & 1 & 0 & 0 & 1 & 0 & 0 & 0 & 0 & 0 & 0 & 0 & 0 & 0 \\
0 & 0 & 0 & 0 & 0 & 0 & 0 & 0 & 0 & 1 & 0 & 0 & 0 & 0 & 0 & 0 & 0 & 0 & 0 & 0 & 0 & 0 \\
0 & 0 & 0 & 0 & 0 & 0 & 0 & 0 & 1 & 1 & 1 & 0 & 0 & 0 & 0 & 0 & 0 & 0 & 0 & 0 & 0 & 0 \\
0 & 0 & 0 & 0 & 0 & 0 & 0 & 0 & 0 & 0 & 0 & 0 & 1 & 0 & 0 & 0 & 0 & 0 & 0 & 0 & 0 & 0 \\
1 & 1 & 1 & 0 & 0 & 1 & 1 & 1 & 1 & 1 & 1 & 0 & 1 & 1 & 0 & 0 & 1 & 0 & 0 & 0 & 0 & 0 \\
1 & 1 & 1 & 0 & 0 & 1 & 1 & 1 & 1 & 1 & 1 & 0 & 1 & 1 & 1 & 0 & 1 & 0 & 0 & 0 & 0 & 0 \\
1 & 0 & 1 & 0 & 0 & 1 & 1 & 1 & 1 & 1 & 1 & 0 & 1 & 1 & 0 & 0 & 1 & 1 & 0 & 0 & 1 & 1 \\
0 & 0 & 0 & 0 & 0 & 0 & 0 & 1 & 1 & 1 & 0 & 0 & 1 & 0 & 0 & 0 & 0 & 0 & 0 & 0 & 0 & 0 \\
1 & 0 & 0 & 0 & 1 & 0 & 0 & 1 & 1 & 1 & 0 & 0 & 1 & 0 & 0 & 1 & 0 & 0 & 0 & 0 & 0 & 0 \\
1 & 0 & 0 & 0 & 1 & 0 & 0 & 1 & 1 & 1 & 0 & 0 & 1 & 0 & 0 & 0 & 1 & 0 & 0 & 0 & 0 & 0 \\
0 & 0 & 0 & 1 & 1 & 0 & 0 & 1 & 1 & 1 & 0 & 0 & 1 & 1 & 0 & 0 & 0 & 0 & 0 & 1 & 0 & 0 \\
0 & 0 & 0 & 0 & 0 & 0 & 1 & 1 & 1 & 1 & 1 & 1 & 0 & 0 & 0 & 0 & 0 & 0 & 0 & 0 & 1 & 1 \\
0 & 0 & 0 & 0 & 0 & 0 & 0 & 0 & 0 & 0 & 0 & 1 & 0 & 0 & 0 & 0 & 0 & 0 & 0 & 0 & 0 & 1
\end{pmatrix}$$

4）层级划分

解释结构模型最终目的是对各因素进行层级划分，厘清因素之间的层级关系，清晰表现要素之间的影响路径。乡村文化旅游产业发展影响因素的解释结构模型层级依据可达集 $R(S_i)$、先行集 $A(S_i)$ 以及共同集 $T(S_i)$ 进行划分，当 $R(S_i)=T(S_i)$ 时，找出的要素为同一层级，在删除掉同一层级的要素后继续对可达矩阵 R 进行区域划分，划分过程不在此赘述，具体结果如表 7-3 所示。

表 7-3　层级划分结果

层级 L_i	包含要素 S_i	层级 L_i	包含要素 S_i
L_1	$\{S_1, S_{11}, S_{13}\}$	L_4	$\{S_2, S_5, S_{21}\}$
L_2	$\{S_6, S_9, S_{12}, S_{22}\}$	L_5	$\{S_4, S_{14}, S_{16}, S_{18}, S_{19}\}$
L_3	$\{S_3, S_7, S_8, S_{10}, S_{17}\}$	L_6	$\{S_{15}, S_{20}\}$

依据层级划分可以得出乡村文化旅游产业影响因素解释结构模型分为六级，第一层级（L_1）包含要素旅游配套设施（S_1）、核心业态带动能力（S_{11}）以及产业链的构建与优化（S_{13}）；第二层级（L_2）包含要素人力资源（S_6）、业态竞合（S_9）、业态融合（S_{12}）以及全域旅游发展路径（S_{22}）；第三层级（L_3）包含要素经济条件（S_3）、旅游建设投入（S_7）、品牌建设（S_8）、空间集聚（S_{10}）以及行业组织（S_{17}）；第四层级（L_4）包含要素交通条件（S_2）、自然及其他吸引物（S_5）以及全域旅游发展理念（S_{21}）；第五层级（L_5）包含要素环境条件（S_4）、消费者多元化需求（S_{14}）、政策支持（S_{16}）、乡村物质文化保护（S_{18}）以及乡村非物质文化保护（S_{19}）；第六层级（L_6）包含要素居民可支配收入（S_{15}）以及乡村核心文化建设（S_{20}）。

5）骨架矩阵提取

在乡村文化旅游产业要素可达集、先行集、共同集的计算整理以及层级划分过程中可以得到 S_8、S_{10}、S_{17} 三要素之间属于强连通，即任意二者之间相互影响，且 S_3、S_7 两个要素之间也存在强连通关系，因此进行骨架矩阵的提取，在 S_8、S_{10}、S_{17} 中选取 S_8，S_3、S_7 两个要素中选取 S_7，得到简化后的可达矩阵 M'。

6）结构模型绘制

依据骨架矩阵及要素层级划分绘制乡村文化旅游产业解释结构模型层级图，从横向分析可知乡村文化旅游产业发展最直接的影响因素为旅游配套设施、核心业态带动能力以及产业链的构建与优化，乡村核心文化建设与居民可支配收入为乡村文化旅游产业发展的最根本影响因素，其他要素都为中间影响因素，具体见图 7-3。

$$
M' = \begin{pmatrix}
S & S_1 & S_2 & S_4 & S_5 & S_6 & S_7 & S_8 & S_9 & S_{11} & S_{12} & S_{13} & S_{14} & S_{15} & S_{16} & S_{18} & S_{19} & S_{20} & S_{21} & S_{22} \\
S_1 & 1 & 0 & 0 & 0 & 0 & 0 & 0 & 0 & 0 & 0 & 0 & 0 & 0 & 0 & 0 & 0 & 0 & 0 & 0 \\
S_2 & 0 & 1 & 0 & 0 & 0 & 0 & 1 & 1 & 1 & 0 & 0 & 0 & 0 & 0 & 0 & 0 & 0 & 0 & 0 \\
S_4 & 1 & 0 & 1 & 1 & 0 & 0 & 1 & 1 & 1 & 0 & 0 & 0 & 0 & 0 & 0 & 0 & 0 & 0 & 0 \\
S_5 & 1 & 0 & 0 & 1 & 0 & 0 & 1 & 1 & 1 & 0 & 0 & 0 & 0 & 0 & 0 & 0 & 0 & 0 & 0 \\
S_6 & 0 & 0 & 0 & 0 & 1 & 0 & 0 & 0 & 0 & 0 & 1 & 0 & 0 & 0 & 0 & 0 & 0 & 0 & 0 \\
S_7 & 1 & 0 & 0 & 0 & 1 & 1 & 0 & 0 & 0 & 0 & 1 & 0 & 0 & 0 & 0 & 0 & 0 & 0 & 0 \\
S_8 & 0 & 0 & 0 & 0 & 0 & 0 & 1 & 1 & 1 & 0 & 0 & 0 & 0 & 0 & 0 & 0 & 0 & 0 & 0 \\
S_9 & 0 & 0 & 0 & 0 & 0 & 0 & 0 & 1 & 0 & 0 & 0 & 0 & 0 & 0 & 0 & 0 & 0 & 0 & 0 \\
S_{11} & 0 & 0 & 0 & 0 & 0 & 0 & 0 & 0 & 1 & 0 & 0 & 0 & 0 & 0 & 0 & 0 & 0 & 0 & 0 \\
S_{12} & 0 & 0 & 0 & 0 & 0 & 0 & 0 & 0 & 1 & 1 & 1 & 0 & 0 & 0 & 0 & 0 & 0 & 0 & 0 \\
S_{13} & 0 & 0 & 0 & 0 & 0 & 0 & 0 & 0 & 0 & 0 & 1 & 0 & 0 & 0 & 0 & 0 & 0 & 0 & 0 \\
S_{14} & 1 & 1 & 0 & 0 & 1 & 1 & 1 & 1 & 1 & 0 & 1 & 1 & 0 & 0 & 0 & 0 & 0 & 0 & 0 \\
S_{15} & 1 & 1 & 0 & 0 & 1 & 1 & 1 & 1 & 1 & 0 & 1 & 1 & 1 & 0 & 0 & 0 & 0 & 0 & 0 \\
S_{16} & 1 & 0 & 0 & 0 & 1 & 1 & 1 & 1 & 1 & 1 & 0 & 0 & 1 & 0 & 1 & 0 & 0 & 1 & 1 \\
S_{18} & 1 & 0 & 1 & 1 & 0 & 0 & 1 & 1 & 1 & 0 & 0 & 0 & 0 & 0 & 1 & 0 & 0 & 0 & 0 \\
S_{19} & 1 & 0 & 1 & 1 & 0 & 0 & 1 & 1 & 1 & 0 & 0 & 0 & 0 & 0 & 0 & 1 & 0 & 0 & 0 \\
S_{20} & 1 & 0 & 1 & 1 & 0 & 0 & 1 & 1 & 1 & 0 & 0 & 0 & 0 & 0 & 0 & 0 & 1 & 0 & 0 \\
S_{21} & 0 & 0 & 0 & 0 & 0 & 0 & 1 & 1 & 1 & 1 & 1 & 1 & 0 & 0 & 0 & 0 & 0 & 1 & 1 \\
S_{22} & 0 & 0 & 0 & 0 & 0 & 0 & 0 & 0 & 0 & 1 & 1 & 0 & 0 & 0 & 0 & 0 & 0 & 0 & 1 \\
\end{pmatrix}
$$

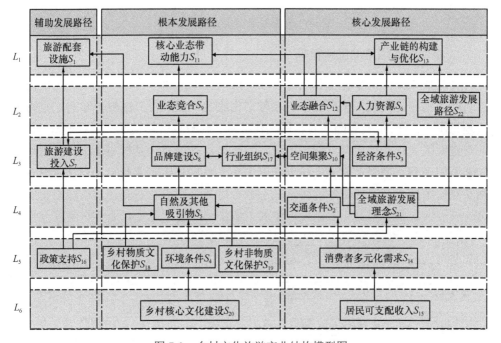

图 7-3　乡村文化旅游产业结构模型图

7.2.2 乡村文化旅游产业成熟度影响机理分析

在图 7-3 中，从纵向分析可以将乡村文化旅游产业影响机理分为辅助发展因素、根本发展因素和核心发展因素的影响机理，具体细化为三部分机理图，详细分析其影响路径。

1. 辅助发展因素的影响机理

旅游配套资源对乡村文化旅游产业的发展具有辅助作用，是乡村文化旅游产业的辅助发展因素，必不可少，具体影响机理见图 7-4。乡村文化旅游产业发展从空间上可以一个乡村为单位，若乡村没有完善的旅游配套设施将会直接影响该乡村旅游业态之间的健康持续发展，增加了全部区域内乡村文化旅游产业的产业链上各元素之间连接的脆弱性。

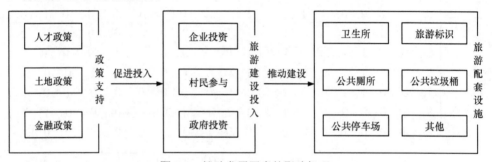

图 7-4 辅助发展因素的影响机理

2. 根本发展因素的影响机理

乡村核心文化是乡村文化旅游产业发展的根本，"十四五"规划提出要建设农村产业体系、发展文化产业，对乡村文化旅游产业发展形成根本影响，其影响机理见图 7-5。根本发展因素对村民文化认知、旅游吸引物发展产生直接影响，从而促进地区乡村文化旅游产业核心业态的发展，推动地区乡村文化旅游产业品牌知名度的提高，增强产业竞争与合作的优势。乡村文化旅游业态竞合直接影响乡村文化旅游核心产业的带动能力，业态竞合可分为核心业态竞合与非核心业态竞合。核心业态是乡村文化旅游发展中的主要旅游产品，是乡村地区文化旅游的支

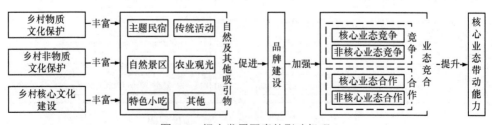

图 7-5 根本发展因素的影响机理

柱性业态，非核心业态是为乡村文化旅游与核心业态的发展而延伸出的旅游产品。核心业态的竞合能推动地区产业不断进行"择优"，非核心业态的竞合能促进产业发展不断成熟，为乡村文化旅游地区核心产业发展提供服务与支撑。

3. 核心发展因素的影响机理

文化旅游产业链的构建与优化是乡村文化旅游产业发展的核心要素，因此乡村文化旅游产业核心发展从居民可支配收入、经济条件与全域旅游发展理念出发形成影响机理（具体见图 7-6）。居民可支配收入在消费者旅游动机中占主导因素，会直接影响乡村文化旅游产业发展的目标市场，从而影响产业发展战略的制定，推动地区交通条件的完善；交通便捷程度是企业选择发展地区的重要因素，从而对业态的空间集聚产生影响；业态融合包含技术、市场、资源等多方面的融合，企业或业态空间集聚后将会在市场、资源等多方面进行交叉融合，促使产业之间技术渗透、资源共享等；业态融合不断创新产业新业态，随之对产业链的构建与优化产生影响。

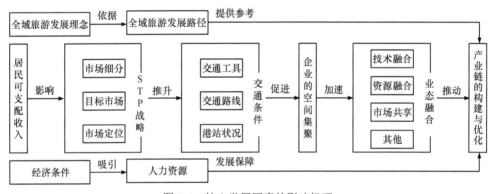

图 7-6　核心发展因素的影响机理

STP 表示 segmenting、targeting、positioning，即市场细分、目标市场和市场定位

7.3　乡村文化旅游产业成熟度评价体系的构建

乡村文化旅游产业成熟度评价是基于乡村旅游产业整体做出的综合性评价，其目的是通过收集的数据对乡村文化旅游产业各方面进行成熟度发展状况的衡量，并通过方法及模型的计算分析，对研究地区的乡村文化旅游产业成熟度水平进行量化以及做出合理的判断，发现存在的问题，为后续发展提供科学的依据。成熟度评价的关键在于评价指标和方法的选取，指标必须能够综合、全面、真实地反映研究对象的特征，而方法也需要与研究目的相适配。

基于前文研究可以发现其影响因素众多，且因素之间的关系错综复杂，因此对成熟度指标进行全面筛选、层次划分、量化分析对后续成熟度综合水平的测量极其重要。本章以乡村旅游产业特征以及研究目的为根本，首先明确评价思路与原则，进而对乡村文化旅游产业成熟度评价指标进行选取构建指标体系，其次对成熟度评价方法进行合理的分析研究，选择与研究目的、研究对象以及指标体系相适配的研究方法，最终构建乡村文化旅游产业成熟度评价体系。

7.3.1　评价指标体系的构建

评价指标体系的构建是研究可靠性的基础，因此必须遵循一定的选取原则构建合理、真实、可靠且适配的指标体系，以准确反映乡村文化旅游产业成熟水平，为后期研究奠定基础。具体指标选取原则、指标构成思路以及确定过程如下。

1. 指标选取原则

1）科学性原则

科学性原则是指标选取时重要且必须遵循的原则，尤其是在研究对象指标众多且复杂的情况下，必须有科学严谨的参考与依据，以科学的方法结合实践发展对指标进行选取。首先，要对乡村文化旅游相关文献以及实践发展进行全面分析整理与总结；其次，选取的指标要能在乡村文化旅游产业成熟度方面具有重要作用与影响，切实反映其整体性与内在结构；同时在衡量产业成熟度时要充分针对文化影响及乡村旅游特征，各维度及因素应该具有准确性、针对性以及先进性，科学反映乡村文化旅游产业成熟度水平。

2）系统性原则

指标体系本身就需要形成一个系统，具有整体性，以一定的逻辑思维与关系对整体进行层级构建，全面反映乡村文化旅游产业成熟度的各方面，规避乡村文化旅游产业成熟度评价片面的问题。首先，对乡村文化旅游产业成熟度整体进行清晰认识，划分体系维度，各维度之间要相互独立，结构清晰，避免层级交叉；其次，不同指标之间要具有相同的逻辑性与目标性，共同以解释乡村文化旅游产业成熟度评价与衡量为目标，同时，指标的解释要具体且明确，避免出现指标含义重叠、歧义、模糊等现象。

3）可行性原则

对乡村文化旅游产业成熟度的评价目的是促进当地乡村文化旅游的健康长效发展，因此在指标选取方面要充分考虑数据的可获取性以及后期措施的可操作性。在乡村文化旅游产业成熟度众多因素中对作用占比较大且操作性强的因素进行分析，同时结合乡村文化旅游产业特征以及研究地区实地特征对因素进行筛选，指标要能够便于收集、量化以及统一处理，最大程度且真实地反映研究地区乡村文化旅游产业成熟度，以确保研究工作的顺利进行。

4）特色性原则

乡村文化旅游产业是一种综合性产业，且乡村文化旅游产业成熟度衡量与传统产业成熟度有所区别，因此要结合乡村文化特征及政策文件要求，构建与乡村文化旅游产业成熟度评价相适配的指标体系，为研究的真实可靠性提供保障与依据。

2. 指标选取思路

本章主要遵循理论实践相结合及发展规划相结合原则，基于产业成熟度、乡村旅游发展水平评价、乡村文化旅游产业成熟度评价等关键方面从文献研究、国家标准、实践情况、政策规划以及研究对象特征五个层次对指标体系的构建进行思考。文献研究以及国家标准是指标选取的科学理论依据，实践情况以及政策规划是以实际发展中的问题及策略为核心，规避指标体系过于理想与片面的情况，同时结合研究对象特色调整细化指标因素促使指标体系更加系统、合理、科学与全面。

1）文献研究方面

孙旭东等对产业成熟度及评价方法进行了广泛的研究与分析并且其观点基本一致，提出产业成熟度基本包括产品成熟度与市场成熟度，其中产品方面包括技术与制造，市场方面包括市场环境、结构、规模以及竞争力等指标[25]；后续王礼恒等又对产业成熟度评价体系进行完善与补充，在此基础上加入高质量发展成熟度维度，其高质量发展需要根据不同产业确定及细化其指标体系[26]。相关学者也继续对产业成熟度进行细化研究，余盈莹和郭承龙对花卉苗木产业成熟度进行了研究，依据研究对象特征进一步从产业特色、产业关联、产业规模、经济产出、政策支持等八个指标对产业成熟度进行评价[27]；侯晓斌和侯森寓[28]及王丽莎[29]对旅游产业智慧化成熟度进行了研究，提出基础设施建设、信息平台管理和成熟程度具有较大相关性[30]。

2）国家标准方面

在乡村文化旅游产业成熟度方面国家暂无标准颁布，但 2017 年，行业标准《有机产业成熟度评价　技术规范》（RB/T 158—2017）提出产业成熟度评价指标体系从制度保障、资源保障、环境价值、经济价值、社会价值以及文化价值方面进行考虑与构建；2018 年，国家标准化管理委员会发布《数据管理能力成熟度评估模型》（GB/T 36073—2018）标准，其从数据生存周期、数据标准、数据质量、数据治理等八个方面对数据管理能力的成熟度进行评价。

3）实践情况方面

在 2021 年世界乡村旅游大会上，镇江市和句容市天王镇分别入选乡村旅游产业示范城市和世界乡村旅游产业示范镇。镇江和句容乡村旅游产业的发展从零散单一的状态通过集聚协作发展、挖掘地方资源特色形成集观光、休闲、体验于一体的多业态综合产业，地区乡村旅游产业发展具有强有力的政策、设施、服务等多方面保障，同时产业运作不断创新改进，产业链不断完善，已成为助推乡村振兴的加速器。此外，2022 年 1 月，文化和旅游部为进一步推动旅游智慧建设，发布了《2021 年智慧旅游典型案例》，为其他地区旅游及乡村旅游建设提供参考及经验，改善游客消费体验，满足游客多元化需求，建设可持续发展之路。

4）政策规划方面

"十四五"规划提出要将旅游向智慧化方面深入发展，不断加大乡村文化旅游产品创新力度，提高游客满意度与体验感。2022 年《关于推动文化产业赋能乡村振兴的意见》指出以文化引领、产业带动等作为基本原则，到 2025 年，文化产业赋能乡村振兴的有效机制基本建立，优秀传统乡土文化得到有效激活，乡村文化业态丰富发展。乡村文化旅游产业是推动乡村振兴的重要途径，因此在发展过程中也必须遵循国家发展规划与政策，只有增强对卫生以及文化的重视程度才能构建可持续发展机制。在乡村文化旅游产业成熟度衡量方面也需要加入对健康服务体系以及文化因素的考量。

5）研究对象特征

本章以乡村文化旅游产业为研究对象，深入考虑文化元素在乡村文化旅游中的具体表现，通过研究发现乡村文化旅游中所涉及的"文化"以乡村文化为主，其具体包含农业文化、自然文化、红色文化、民俗文化等多方面，在乡村文化旅游产业中具体影响主要表现在文化赋能方面，即文化与产品、民宿、景区建设等方面的融合，由此可以看出文化的挖掘与保护对乡村文化旅游产业发展具有直接影响，基于此，本章将文化挖掘与保护及产业所表现出的文化价值作为衡量产业成熟的指标之一。

除此之外，乡村文化旅游产业特征具有服务性、综合性、区域性以及多元性，它区别于传统制造业等，除具体的产品外多以服务为主，服务性更具有代表性与特征性；其次乡村文化旅游产业综合一二三产业，多以镇或县为行政单位进行发展，且多元化需求催生多元化的业态与服务，因此具有综合性、区域性及多元性。乡村旅游方面的资源、服务、市场、营销、产业链以及价值对其综合评价同样具有重要作用。

综合上述分析与研究，乡村文化旅游产业的实质与根本仍隶属于产业范围，因此需遵循产业成熟度评价的体系与原则，同时也需要针对乡村文化旅游产业特征对指标体系进行明确。

3. 指标体系确定

在上述分析基础上，对文献研究、国家标准、实践发展、政策规划以及对象特征进行综合整合分类，邀请相关专家学者进行讨论确定，最终可以将乡村文化旅游产业成熟度指标体系划分为保障体系、产品服务、产业市场、产业链构建、产业运作以及价值效益 6 个维度。其中，文化要素在乡村文化旅游产业成熟度评价衡量方面主要体现在产品服务、价值效益方面，具体指标体系及明晰的指标含义说明见附录 A。

7.3.2　评价指标模型的构建

1. 评价方法的选取

乡村文化旅游产业是综合多种业态的产业，其成熟度的评价是在确定研究目标及对象的基础上运用科学、合理的模型与方法对乡村文化旅游产业发展过程中的问题进行研究与分析，从而更为清晰地了解乡村文化旅游产业发展状况、影响因素以及影响路径，为解决措施的提出提供科学的参考依据。根据文献对学者针对产业成熟度与乡村文化旅游产业及相关综合评价进行研究分析，发现研究成果中针对不同的评价主体研究方法有所不同。在指标权重方面主要采用德尔菲法、熵权法、层次分析法等，此外，主要运用模糊综合评价法、SWOT 法［优势（strengths）、劣势（weaknesses）、机会（opportunities）、威胁（threats）］、回归分析、结构方程、空间相互作用潜力模型以及竞争力模型等进行相关评价。本章主要从文献基础、对象特征以及方法特征对方法及模型进行初步选取，再根据乡村文化旅游产业特征进一步对评价方法进行确定。

首先，乡村文化旅游产业本身受到众多因素的影响，具有系统性、整体性特征，且乡村文化旅游产业成熟度难以直接用定量的数据进行衡量，对成熟度评价指标体系进行层级划分后各层级之间相互独立，因此适宜用层次分析法对指标权重加以确定。

其次，乡村文化旅游产业本身具有一定的复杂性，各因素对成熟度的影响程度不同，要综合考虑众多影响因素，因此使得评价问题更为复杂，难以直接用数学语言进行精准计算与表达，且产业发展是连续动态的，成熟度评价的隶属关系并不是非此即彼，而是模糊的，适宜用程度性模糊语言对其进行综合分析与描述。模糊综合评价法是利用模糊数学方法进行计算，获得量化的综合评价结果，为正确决策提供科学依据，因此本章适宜用模糊综合评价法对成熟度进行综合评价。

2. 评价模型的结构

根据前文确定的评价方法，将层次分析法、粗糙集法与模糊综合评价法相结合对乡村文化旅游产业成熟度进行综合评价，通过专家打分运用层次分析法确定乡村文化旅游产业成熟度评价指标体系权重，运用多级模糊综合评价法对乡村文化旅游产业各个评价指标进行量化处理，构建出产业成熟度视角下乡村文化旅游产业成熟度评价模型，两种方法结合使得评价结果更加合理，达到全面、科学的目的，以此更为精准客观地反映乡村文化旅游产业发展内在影响机理与结构，具体评价模型见图7-7。

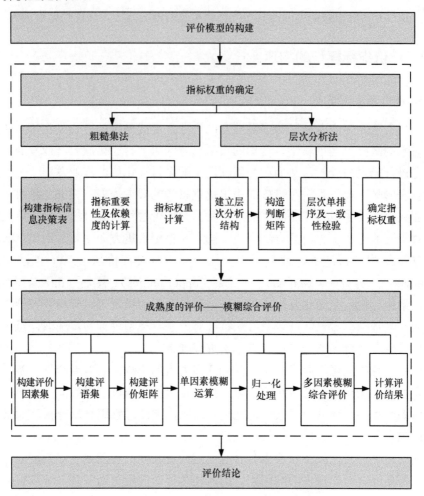

图 7-7　乡村文化旅游产业成熟度评价模型

3. 确定权重的方法

通过对文献进行分析研究，整理常见的权重赋值方法及其优缺点与适用范围，如表7-4所示。

表 7-4　常见指标权重确定方法

分类	方法	原理	优点	缺点
客观赋权	变异系数法	运用标准差等对实测数据的差异程度进行计算，确定指标权重	（1）客观性强； （2）适用范围广	（1）精确度低； （2）可能违背实际情况

分类	方法	原理	优点	缺点
客观赋权	多元统计法	运用实测数据对其进行主成分分析、因子分析等，确定指标权重	（1）客观性强； （2）适用范围广； （3）考虑相关问题多	（1）精确度低； （2）对样本依赖性强； （3）可能违背实际情况
	灰色关联法	将各指标与理想方案进行对比，确定关联度，确定各指标的权重	（1）客观性强； （2）样本无限制； （3）具有容错性	（1）精确度低； （2）可能违背实际情况
	熵值法	运用指标提供的熵值信息来确定权重大小	（1）客观性强； （2）样本无限制	（1）精确度低； （2）可能违背实际情况
	粗糙集法	利用粗糙理论、知识以及属性等对指标重要性进行计算，从而确定指标的权重大小	（1）客观性强； （2）样本无限制； （3）具有容错性； （4）处理多种类型数据	（1）对样本依赖性强； （2）可能违背实际情况
	神经网络法	利用算法对数据依据一定规则进行处理计算，得到指标权重	（1）客观性强； （2）科学性强； （3）处理能力强	（1）对样本要求高； （2）对样本依赖性强； （3）可能违背实际情况
主观赋权	德尔菲法	依据专家经验对指标重要性进行确定	（1）贴合实际情况； （2）适用范围广	（1）客观性较低； （2）依托专家经验
	层次分析法	通过专家小组对指标进行两两评分以确定相对重要性，通过计算确定指标权重大小	（1）贴合实际情况； （2）适用范围广； （3）系统性较强； （4）定性定量结合	（1）客观性不高； （2）依托专家经验
	环比评分法	依托专家经验对相邻指标进行环比评分，从而确定指标的相对权重	（1）贴合实际情况； （2）适用范围广； （3）定性定量结合	（1）客观性不高； （2）专家经验依赖强
组合赋权	依据研究对象以及评价指标特征将主观赋权法与客观赋权法相结合，从而对各指标权重进行综合计算			

通过对表 7-4 的分析可以看出客观赋权是依据样本数据本身运用一定数学方法及模型对评价指标权重进行确定，具有较强的客观性，但缺乏对研究对象以及指标体系的理解和考虑，极有可能与实际情况相违背；而主观分析方法是依赖专家经验知识对研究对象以及指标体系进行分析，对实际情况进行了解后做出相应的评价，其与实际情况充分结合，但其具有主观性强的缺点。为加强指标权重确定的科学性与系统性，组合赋权将二者相结合，发挥二者优势，相互弥补二者之间的缺点，从而使指标权重更加准确。

本章依据乡村文化旅游产业的特征以及成熟度指标体系，全面考虑指标体系的客观性、实际贴合性、系统性、样本量以及容错性，选择粗糙集法与层次分析法对指标权重分别进行计算，从而确定乡村文化旅游产业成熟度评价指标最终权重。

1）基于粗糙集法的成熟度指标的权重

粗糙集法是一种依据粗糙集理论确定指标重要程度以及权重的一种方法，主要思想是在划定指标层级以及决策层次的基础上，保持层次不变，逐项删除单个指标，观察分析删除该指标后整体目标结果的变化程度，从而分析指标对整体结果的影响程度，以确定指标的重要程度以及权重，它不需要指标数值之间精准的数学关系与模型，粗糙集法能适应实际生活中不精确、不确定的信息以及数据问题情况，而乡村文化旅游产业成熟度评价信息受到多方面因素的影响并不能够全面地获取，因此粗糙集法对乡村文化旅游产业成熟度指标权重的确定具有适用性。

（1）确定成熟度信息决策表。粗糙集法决策依靠信息决策表，因此首先需要确定成熟度决策表为后期决策提供基础，信息决策表 S 由 U、A、V、f 构成，即

$$S=(U, A, V, f) \tag{7-1}$$

其中，U 表示评价对象的集合；A 表示研究主体的属性，其包括条件属性 C 与决策属性 D，即 $A=C \cup D$；V 表示属性的值域；f 表示一种映射。

（2）指标重要性确定。依据整体决策表以及约简决策表进行正域的确定，即 $\text{POS}_C(D)$ 及 $\text{POS}_{C-C_i}(D)$ 的确定。通过正域计算决策属性 D 对于条件属性 C 的依赖度 $\gamma_C(D)$ 以及删除指标 C_i 后决策属性 D 对条件属性 C 的依赖 $\gamma_{C-C_i}(D)$，即

$$\gamma_C(D) = \frac{\left|\text{POS}_C(D)\right|}{|U|} \tag{7-2}$$

$$\gamma_{C-C_i}(D) = \frac{\left|\text{POS}_{C-C_i}(D)\right|}{|U|} \tag{7-3}$$

其中，$i=1, 2, \cdots, n$，n 表示指标个数。

利用依赖度计算指标 C_i 的重要程度 $\text{Sig}(C_i)$，即

$$\text{Sig}(C_i) = \gamma_C(D) - \gamma_{C-C_i}(D) \tag{7-4}$$

其中，$i=1, 2, \cdots, n$，n 表示指标个数

（3）指标权重的计算。指标的重要程度可以表示指标对整体的影响程度，也可以是指标权重的体现，因此计算出所有指标的 w_i 的重要程度后，对其重要程度进行加总，再进行归一化处理即可得到各指标的权重，即

$$\omega_i = \frac{\text{Sig}(C_i)}{\sum_{i=1}^{n} \text{Sig}(C_i)} \tag{7-5}$$

其中，$i=1, 2, \cdots, n$，n 表示指标个数。

2）基于层次分析法的成熟度指标的权重

（1）建立层次结构。依据前文构建的乡村文化旅游产业成熟度评价指标体系，建立本章的层次结构，其分为目标层、准则层以及指标层三个层次。

目标层：乡村文化旅游产业成熟度（C）

准则层：保障体系（C_1）、产品服务（C_2）、产业市场（C_3）、产业链构建（C_4）、

产业运作（C_5）、价值效益（C_6）。

指标层：政策健全程度（C_{11}）、政策支持程度（C_{12}）、基础设施完善程度（C_{13}）、公共服务完善程度（C_{14}）、健康卫生服务（C_{15}）；服务质量（C_{21}）、资源开发（C_{22}）、特色打造（C_{23}）、文化挖掘与保护（C_{24}）；市场环境（C_{31}）、市场结构（C_{32}）、市场规模（C_{33}）、市场竞争力（C_{34}）；核心业态定位（C_{41}）、资源加工程度（C_{42}）、物流链构建程度（C_{43}）、上下游合作程度（C_{44}）、区域协作程度（C_{45}）；主体参与程度（C_{51}）、产品创新程度（C_{52}）、营销创新程度（C_{53}）；社会价值（C_{61}）、经济价值（C_{62}）、环境价值（C_{63}）、文化价值（C_{64}）。

具体层次结构见图 7-8。

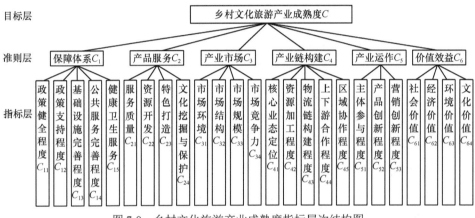

图 7-8　乡村文化旅游产业成熟度指标层次结构图

（2）构建判断矩阵。本章依据层次分析法原理，邀请乡村旅游相关专家、乡村旅游相关学者以及乡村旅游相关工作人员对同一层级的两两因素分别逐项进行重要性比较，从而构建判断矩阵，用 A 表示。

$$A = \begin{pmatrix} a_{11} & \cdots & a_{1n} \\ \vdots & & \vdots \\ a_{n1} & \cdots & a_{nn} \end{pmatrix} \qquad (7\text{-}6)$$

其中，矩阵 A 各元素用 $a_{ij}(i=1,2,\cdots,n；j=1,2,\cdots,n)$ 表示，其含义为乡村文化旅游产业成熟度评价指标体系中同一层级因素 i 与因素 j 相比的重要程度，a_{ij} 的值通过专家依据 1 到 9 标度法对因素进行比较打分得到，且符合以下公式。具体的标度见表 7-5。

$$a_{ij} = \frac{1}{a_{ji}} \qquad (7\text{-}7)$$

表 7-5　标度表

因素 i 与因素 j 相比	同等重要	稍微重要	较强重要	强烈重要	极端重要	中间值
a_{ij} 标度值	1	3	5	7	9	2、4、6、8

（3）层次单排序及一致性检验。通过专家咨询打分得出的结果存在一定的主观性，因此需要对判断矩阵做一致性检验，一致性指标用 CI 表示，只有通过一致性检验，专家打分所得结果对乡村文化旅游产业成熟度指标权重结果的确定才越精确，其公式为

$$CI = \frac{\lambda_{\max} - n}{n - 1}$$ （7-8）

其中，n 表示阶数；CI 越小，一致性越好，为衡量 CI 的大小，进一步引入随机一致性指标 RI，并计算 CR。RI 数值具体见表 7-6，检验公示为

$$CR = \frac{CI}{RI}$$ （7-9）

表 7-6　RI 数值表

阶数	1	2	3	4	5	6	7	8
RI	0	0	0.52	0.89	1.12	1.26	1.36	1.41

当 CR<0.1 时，认为该矩阵通过一致性检验。

（4）确定指标权重。在对乡村文化旅游产业成熟度评价不同层次结构进行单排序以及一致性检验的基础上，可以直接利用其结果对指标权重进行确定。

3）成熟度评价指标最终权重的确定

利用粗糙集法与层次分析法计算出乡村文化旅游产业成熟度评价指标准则层、指标层各指标权重，其分别体现出在客观性和主观性方法下指标所占的比例，为将客观数据与实际情况相结合进行衡量，本章运用加权平均将两者进行结合，从而确定成熟度评价指标最终权重 ω_i'。

4. 成熟度的评价——模糊综合评价法

1）模糊综合评价法介绍

模糊综合评价法是一种根据评价目的与原则，以模糊数学为基础，依托其隶属度理论对评价指标进行隶属等级关系分析，从而对评价对象进行综合性评价的方法。本章以乡村文化旅游产业成熟度状况评价为目的，由于本章的指标体系包含多个层级，且各层级由多个指标组成，因此选用多指标综合评价，通过模糊数学以及隶属度理论对反映乡村文化旅游产业整体特征的指标进行等级关系的评估，将乡村文化旅游产业指标的定性评价转化为定量评价，最终通过计算整合为一个体现乡村文化旅游产业整体发展状况的评价值，以确定地区乡村文化旅游产业发展成熟程度。模糊综合评价方法评价步骤具体如下。

（1）确定评价主体的因素集 F，即评价指标体系。公式为

$$F = \{F_1, F_2, \cdots, F_n\}$$ （7-10）

其中，F_n 表示评价因素；n 表示同一层次上因素的个数。

（2）确定评价主体的评价集 V 以及评价等级向量 M，即对评价等级进行赋值，构建评价等级向量。

$$V = \{v_1, v_2, \cdots, v_m\} \tag{7-11}$$

$$M = \{m_1, m_2, \cdots, m_m\}^{\mathrm{T}} \tag{7-12}$$

其中，v_m 表示评价等级，用不同程度的等级词或者数字表示；m 表示等级个数，即分为 m 个等级。

（3）确定因素集的权重向量 W，即各指标的重要性占比。公式为

$$W = \{\omega_1, \omega_2, \cdots, \omega_n\} \tag{7-13}$$

其中，ω_1 表示 F_i 的权重，表示因素 i 的重要程度，必须满足 $\sum_{i=1}^{n} \omega_i = 1,\ 0 \leqslant \omega_i \leqslant 1$。

确定权重的方法有多种，根据研究对象、评价原则以及数据可获取程度进行方法的选取。

（4）确定隶属度矩阵，进行单因素模糊评价，确定模糊关系矩阵 R。首先对因素集 U 中的单因素 $u_i (i=1, 2, \cdots, n)$ 作单因素评价，从因素 u_i 确定该事物的评价等级 $v_j (j=1, 2, \cdots, m)$ 的隶属度 r_{ij}，从而得出第 i 个因素的单因素评价集 $r_i = (r_{i1}, r_{i2}, \cdots, r_{im})$。其次把 n 个单因素评价集作为行，即得到总的评价矩阵 R。

$$R = \begin{pmatrix} r_1 \\ \vdots \\ r_m \end{pmatrix} = \begin{pmatrix} r_{11} & \cdots & r_{1m} \\ \vdots & & \vdots \\ r_{n1} & \cdots & r_{nm} \end{pmatrix} \tag{7-14}$$

（5）选择合适的模糊合成算子进行多指标综合计算，确定模糊综合评价结果矢量 B。公式为

$$B = W \times R = (\omega_1, \omega_2, \cdots, \omega_n) \times \begin{pmatrix} r_{11} & \cdots & r_{1m} \\ \vdots & & \vdots \\ r_{n1} & \cdots & r_{nm} \end{pmatrix} = (b_1, b_2, \cdots, b_m) \tag{7-15}$$

在模糊综合评价中常见的模糊合成算子有四种，其四种的特征对比见表 7-7。

表 7-7　模糊合成算子的比较

特征	算子			
	$M(\wedge, \vee)$	$M(\cdot, \vee)$	$M(\wedge, \oplus)$	$M(\cdot, \oplus)$
符号含义	$\wedge$ 表示取小，$\vee$ 表示取大，$\cdot$ 表示相乘，$\oplus$ 表示相加			
式子原理（a_i 表示权重，r_{ij} 表示隶属度）	先对 (a_i, r_{ij}) 取小，再取大	先对 (a_i, r_{ij}) 相乘，再取大	先对 (a_i, r_{ij}) 取小，再相加	先对 (a_i, r_{ij}) 相乘，再相加
权重的体现程度	不明显	明显	不明显	明显
隶属度的体现程度	低	低	一般	高
综合评价的体现程度	弱	弱	一般	强
模糊合成算子的类型	主因素突出型	主因素突出型	加权平均型	加权平均型

（6）对 B 进行归一化处理。由前文可以知道 $B=(b_1, b_2, \cdots, b_m)$，对其进行归一化处理。令归一化后的评价值为 b_k'。

$$b_k' = \frac{b_k}{\sum_{j=1}^{m} b_j} \quad (\text{其中} k = 1, 2, \cdots, m) \quad (7\text{-}16)$$

记归一化后的评价结果向量为 B'

$$B' = (b_1', b_2', \cdots, b_m') \quad (7\text{-}17)$$

（7）进行综合评价。利用评价结果 B' 与评价等级向量 M，计算乡村文化旅游产业成熟度综合得分 T，与成熟度等级得分相比较以确定其所属发展等级，从而确定最终结果。

$$T = B' \cdot M \quad (7\text{-}18)$$

依据隶属度原则也可进行综合评价等级的确定，从而确定评价结果，其隶属度原则有两种，一种是最大隶属度原则，即

$$\text{评价等级} = \max\{b_k'\} \quad (\text{其中} k = 1, 2, \cdots, m) \quad (7\text{-}19)$$

第二种为加权平均原则，是将等级看作一种相对位置，对其进行计算，在实践问题以及学者研究中最常用的是最大隶属度原则。

2）成熟度等级划分及特征介绍

本章以产业成熟度为视角，以乡村文化旅游产业为研究对象，对乡村行政区域内文化旅游产业整体发展状况进行量化分析，根据概念界定可知乡村文化旅游产业是一个综合性产业，由全域各旅游相关业态融合而成，其对成熟度等级的划分首先因乡村文化旅游产业的本质必须遵循产业生命周期理论，其次因乡村文化旅游的性质是以游客为核心且以旅游地全域发展为态势，需遵循旅游地生命周期理论。根据产业生命周期理论以及旅游地生命周期理论可以看出乡村文化旅游产业的发展是一个从起步探索、发展成长、稳步巩固、滞长复苏的动态演变过程，结合杨立国等[7]、冷少妃[6]学者对旅游小镇、乡村旅游以及旅游产业集群等的成熟度研究，根据乡村文化旅游产业成熟度综合评价得分值可以将乡村文化旅游产业成熟度划分为探索期、发展期、近成熟期和成熟期四个发展阶段，具体划分标准见表7-8。

表 7-8　乡村文化旅游产业成熟度等级划分标准

评价得分	<30分	30~60分（不含）	60~90分（不含）	90分及以上
评价标准	探索期	发展期	近成熟期	成熟期

基于前文可知本章的"成熟度"是对乡村文化旅游产业发展完善程度的综合考量，其既包含产业发展特征也包含文化旅游地发展特征，因此成熟度势必是对自身产业发展程度以及对乡村发展带动贡献程度两方面的综合衡量，结合本章具

体可包含保障体系、产品服务、产业市场、产业链构建、产业运作以及价值效益六个方面。乡村文化旅游产业成熟度等级特征见图 7-9。

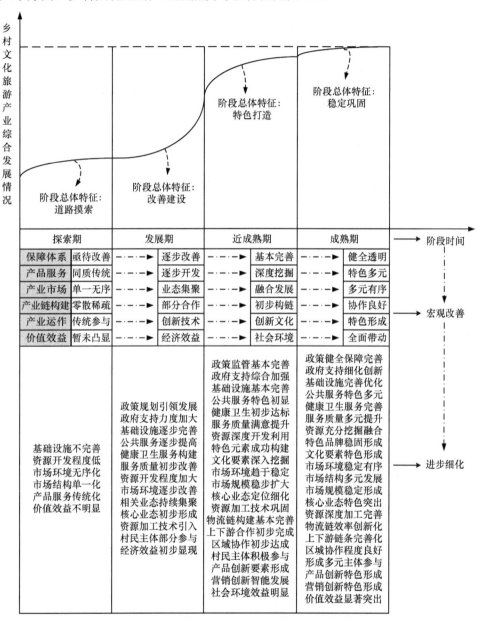

图 7-9　乡村文化旅游产业成熟度等级特征图

7.4　乡村文化旅游产业成熟度的实证分析

本章基于第六章乡村文化旅游产业价值共创机理研究基础，继续选择对天津市蓟州区乡村文化旅游产业进行成熟度研究，促进其乡村旅游的持续化发展，助力乡村振兴。

7.4.1 蓟州区产业发展情况

蓟州区乡村旅游资源从山区到平原分布逐渐减少，著名的乡村旅游景区以及资源主要集中在下营镇、官庄镇、渔阳镇、穿芳峪镇等地区，在全域旅游规划引领下，以乡村旅游发展为核心，以下营镇、罗庄子镇等为主的山区充分挖掘旅游资源，利用梨木台等资源发展乡村旅游业，形成集休闲、康养、娱乐、观光等于一体的综合旅游区；以穿芳峪镇为主的库区积极挖掘旅游资源，以环湖生态为核心，形成环湖生态旅游区；以官庄镇等为主的半山区，在山腰或者山脚，以盘山为核心大力发展民宿，形成风景观光旅游区；其余相对平原地区发展以农业为主，形成农业观光旅游区。

受地理位置以及旅游资源分布的影响，不同乡镇乡村文化旅游产业发展情况有所不同，依据 2011 年至 2022 年蓟州区地区生产总值第一二三产业占比情况（图7-10）可以看出，蓟州区整体而言以第三产业发展为主，第一二产业发展为辅，2011 年到 2022 年，第三产业占比都在 55% 以上，占比超过地区生产总值的一半，第三产业总体占比呈现平稳趋势，第一产业呈上升趋势，第二产业占比有所下降。

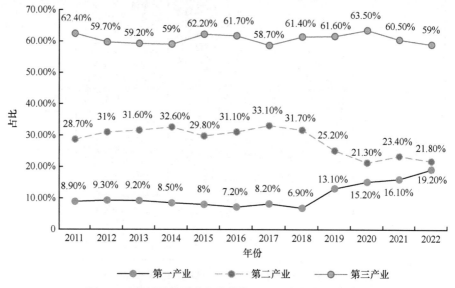

图 7-10 蓟州区地区生产总值第一二三产业占比情况图
资料来源：蓟州区国民经济和社会发展统计公报

随着发展方向不断调整，蓟州区产业特色逐渐明晰，在农业资源、工业资源、企业资源、文化资源以及自然资源方面的产业都已有不错的发展成效，如表 7-9 所示。

表 7-9 蓟州区产业发展成效

资源类型	发展情况
农业资源	创建 5 个市级特色农产品优势区,培育津农精品品牌 25 个
	上仓镇、下营镇成功创建国家一二三产业融合发展先导区
	出头岭镇成功创建国家农业产业强镇
	马伸桥镇建立蓝莓产业园区
	蓟州农品进入北京社区
工业资源	创建上仓镇渔阳酒业工业品牌
	工业企业数量不断扩大
	规模效益不断提高
企业资源	认定国家高新技术企业 82 家,"雏鹰""瞪羚"企业 52 家
	195 家企业完成创新转型,企业创新平台 15 个
	战略性新兴产业企业发展到 35 家
文化资源	一批文艺精品力作荣获全国和市级大奖
	长城文化、盘山文化
	独乐寺、下埝头古遗址等物质文化
	"品香源"腐乳手工制作技艺等非物质文化
自然资源	盘山风景名胜区、黄崖关长城、梨木台自然风景区、八仙山国家级自然保护区、蓟州溶洞等自然景区
	西井峪村等石头村庄风貌

蓟州区乡村旅游发展取得快速进步与提高,通过实地调查走访以及文献研究初步发现其乡村文化旅游产业发展中存在自然景区旅游功能创新程度低,文旅融合、农旅融合程度不高以及区域乡村旅游产业化建设不完善等问题,因此进一步对蓟州区乡村文化旅游产业发展成熟度进行分析具有重要意义,通过分析各部分之间的发展情况,深入明确存在的问题,从而提出针对性可持续发展建议。

7.4.2 调查问卷的设计与数据收集

1. 问卷结构和基本内容

依据前文研究理论基础等分析得出乡村文化旅游产业服务的最终对象为游客,因此在产业成熟度方面游客具有明显的感知力,因此本章从游客视角对乡村文化旅游产业成熟度进行调查研究,确定本章的调查对象为蓟州区游客,同时基于前文构建的乡村旅游文化产业成熟度评价指标体系进行问卷设计,并基于对实地情况的了解与专家及相关人员不断交流沟通,对问卷结构、基本内容及问题语义等进行了调整与修改,形成问卷初稿。本调研问卷总共包含两部分。

第一部分为基本情况,目的是统计被调查游客的基本信息,其包含性别、居住地区、年龄、职业、受教育程度、月均收入、前往蓟州游玩次数、前往蓟州游玩的交通方式 8 个问题，其中前往蓟州游玩次数是对调查对象是否符合本次调查目的的甄别选项。

第二部分为乡村文化旅游产业成熟度评价，这也是调查问卷的核心主体部分，从保障体系、产品服务、产业市场、产业链构建、产业运作以及价值效益 6 个维度进行问题设计，总计 32 个问题，为达到后续数据分析目的，问题均采用利克特 5 级量表，被调查游客对问题进行 1~5 分值打分。

2. 问卷的修正

问卷设计完成后，为验证问卷设计的合理性，确保数据有效性以及可靠性，对问卷进行预调研，通过问卷星对问卷进行网络发放与回收，共计预调研问卷 66 份，对回收的问卷数据进行一一筛查，最终有效问卷为 60 份，将 60 份问卷利用 SPSS 软件进行信度及效度分析，分析结果显示均通过检验，依据被调查游客的回答与反馈再次对问题语句描述进行修改与调整，去除语句的歧义性，简化问题的描述，使得问题更加明晰清楚，形成乡村文化旅游产业成熟度最终调查问卷，具体见附录 B。

3. 数据收集

本章于 2021 年 10 月 1 日至 2021 年 11 月 28 日通过问卷星设计的问卷在相关网络平台进行网络问卷发放。为提高数据质量与可信度，将问卷设置为每个 IP 只能对问卷进行一次填写，从而对数据质量进行有效的控制，其次通过游客前往蓟州游玩次数、交通方式以及作答时间对问卷数据进行一一筛查与甄别，再次删除无效数据，最终保证数据收取的高质量。

7.4.3　实证分析

1. 描述性统计分析

本章共发放问卷 303 份，回收问卷 303 份，回收率为 100%。对回收的问卷数据进行整理，删除无效问卷，为后期分析与评价奠定基础，因此依据调查对象填写问卷时间以及是否所有题项回答都一致进行判断筛选。本问卷除基本信息外，共有 32 个题项，因此将作答时间在 60 秒及以下的问卷视为无效问卷，且因蓟州区暂未开通高铁，因此在第 8 题项中选择到达蓟州区的交通方式为高铁的样本都视为无效问卷，通过筛选剔除无效问卷 15 份，剩余有效问卷 288 份，问卷有效率为 95%。

对回收的 288 份有效问卷进行样本的描述性统计分析，以分析调查对象的分布情况以及结果的普遍性，具体见表 7-10。

表 7-10　样本描述性统计分析

特征变量	类型	频次	占比
性别	男	141	48.96%
	女	147	51.04%
居住地区	天津	96	33.33%
	北京	68	23.61%
	河北	57	19.79%
	其他地区	67	23.26%
年龄	18 岁及以下	3	1.04%
	19～39 岁	163	56.60%
	40～60 岁	100	34.72%
	60 岁以上	22	7.64%
受教育程度	高中及以下（包括中专）	19	6.60%
	本科或者大专	165	57.29%
	硕士研究生及以上	104	36.11%
职业	个体经营者	44	15.28%
	农民	15	5.21%
	企业从业人员	44	15.28%
	学生	90	31.25%
	政府机关、事业单位人员	39	13.54%
	自由职业	27	9.38%
	离退休人员	21	7.29%
	其他	8	2.78%
游玩次数	1 次	158	54.86%
	2～3 次	107	37.15%
	3 次以上	23	7.99%
交通方式	自驾	92	31.94%
	火车	153	53.13%
	高铁	0	0
	客车	18	6.25%
	其他	25	8.68%
月均收入	5 000 元以下	100	34.72%
	5 000～10 000 元	69	23.96%
	10 001～20 000 元	90	31.25%
	20 000 元以上	29	10.07%

注：因四舍五入，存在相加不为 100%情况

第一，由表 7-10 可知，样本的男女占比分别为 48.96%与 51.04%，接近于 1∶1，众多研究中以男女样本比例初步判断问卷的分布情况以及普遍性，比例越接近于

1 表示样本数据分布情况越好，结果普遍性可能越强，因此可以初步判断本次调研问卷样本数据分布情况较好，具有普遍性。

第二，可以看出蓟州区游客占比从高到低分别为天津市、北京市、其他地区、河北省，占比依次为 33.33%、23.61%、23.26%、19.79%，其中北京、天津、河北三地游客占样本总量 77% 左右，达到一半以上。此原因主要有两部分：首先，北京、河北、天津在地理位置上距离较近；其次，由于疫情影响以及假期时间原因，众多游客选择就近游玩，因此样本中天津、北京以及河北地区占比较大，符合实际情况。

第三，样本年龄分布最多的为 19～39 岁，月均收入分布最多的为 5000 元以下，抵达蓟州区游玩的交通方式最多的为火车，一部分人的交通方式为自驾。

综上所述，本次调研的蓟州区游客男女比例均衡，大多来源于天津、北京、河北地区的学生、个体经营者、企业从业人员以及政府机关、事业单位人员，年龄大多分布在 19~60 岁，受教育程度绝大部分分布在本科或大专、硕士研究生及以上，样本具有一定代表性。

2. 信度分析与效度分析

信度分析主要通过计算量表的 Cronbach's α 系数来衡量量表内部的一致性，系数用 α 来表示，α 系数在 0～1 变化，系数越高表示信度越高，表明问卷量表的内部一致性越高；相反系数越低，表明信度越低，问卷量表的内部一致性越低。大量研究证明 Cronbach's α 系数与量表的内部一致性对应关系见表 7-11。

表 7-11　Cronbach's α 系数及内部一致性

项目	数值	内部一致性
	$\alpha \geqslant 0.9$	非常高
α 系数	$0.7 \leqslant \alpha < 0.9$	较高
	$\alpha < 0.7$	不好

用 SPSS 26.0 软件对问卷整体情况以及保障体系、产品服务、产业市场、产业链构建、产业运作、价值效益各维度分别进行信度分析，具体分析结果见表 7-12。

表 7-12　信度检验

序号	维度	题项数量	α 系数	样本数量
1	整体情况	32	0.933	288
2	保障体系	7	0.739	288
3	产品服务	5	0.792	288
4	产业市场	5	0.704	288
5	产业链构建	5	0.761	288
6	产业运作	5	0.779	288
7	价值效益	5	0.706	288

由表 7-12 可知，问卷整体的 α 系数为 0.933，大于 0.9，各维度的 α 系数均大于 0.7，均通过了信度检验，因此表明问卷具有较好的内部一致性。

采用验证性因子对问卷进行效度分析。效度分析分为结构效度、聚敛效度以及区分效度。

第一，KMO 和 Bartlett 检验。对问卷进行 KMO 和 Bartlett 检验，验证其是否适合做因子分析，本章运用 SPSS 26.0 软件对问卷进行检验，具体见表 7-13。

表 7-13　KMO 和 Bartlett 检验

KMO 取样适切性量数		0.925
Bartlett 的球形度检验	近似卡方值	4327.385
	DF	496
	显著性	0.000

由表 7-13 可以看出，KMO 值为 0.925，大于 0.7，说明数据非常适合做因子分析，此外，Bartlett 的球形度检验卡方值的显著性为 0.000，小于 0.001，说明本调研数据具有共同因素存在。因此继续对问卷进行验证性因子分析。

第二，结构效度检验。运用 AMOS 26.0 软件对问卷进行结构效度分析。具体见表 7-14。

表 7-14　整体拟合系数表

χ^2/DF	RMSEA	GFI	AGFI	CFI	IFI	TLI
2.692	0.077	0.901	0.908	0.91	0.899	0.893

由表 7-14 可以看出 χ^2/DF 为 2.692，小于 3，且 RMSEA 为 0.077，小于 0.08，GFI、AGFI、CFI 指标值都大于 0.9，IFI、TLI 的指标值为 0.899 与 0.893，虽然未达到大于 0.9，但都大于 0.8，其与 0.9 非常接近。效度检验指标值与检验模型的复杂程度以及题项数量等各方面都有极大相关性，由于本章潜变量有 6 个，每个潜变量有 5~7 个题项对其测量，因此检测模型相对较复杂，IFI、TLI 的指标值大于 0.8 也处于可接受范围内，因此本调研的结构效度良好。

第三，聚敛效度。在结构效度的基础上对问卷进行聚敛效度检验与分析。具体见表 7-15。

表 7-15　因子荷载

路径			估计值	AVE	CR
A1	←	保障体系	0.757		
A2	←	保障体系	0.710		
A3	←	保障体系	0.665	0.534	0.888
A4	←	保障体系	0.629		

续表

路径			估计值	AVE	CR
A5	←	保障体系	0.627		
A6	←	保障体系	0.843	0.534	0.888
A7	←	保障体系	0.846		
B1	←	产品服务	0.793		
B2	←	产品服务	0.683		
B3	←	产品服务	0.824	0.593	0.879
B4	←	产品服务	0.811		
B5	←	产品服务	0.73		
C1	←	产业市场	0.774		
C2	←	产业市场	0.77		
C3	←	产业市场	0.65	0.547	0.857
C4	←	产业市场	0.652		
C5	←	产业市场	0.832		
D1	←	产业链构建	0.801		
D2	←	产业链构建	0.605		
D3	←	产业链构建	0.668	0.555	0.860
D4	←	产业链构建	0.778		
D5	←	产业链构建	0.845		
E1	←	产业运作	0.789		
E2	←	产业运作	0.675		
E3	←	产业运作	0.706	0.511	0.839
E4	←	产业运作	0.707		
E5	←	产业运作	0.691		
F1	←	价值效益	0.892		
F2	←	价值效益	0.732		
F3	←	价值效益	0.663	0.525	0.843
F4	←	价值效益	0.743		
F5	←	价值效益	0.547		

由表 7-15 可以看出，全部题项的因子荷载均大于 0.5，表明各题项的能效性较好，且 AVE 值均大于 0.5，CR 均在 0.8 以上，大于 0.7，因此可以说明量表具有良好的聚敛效度。

第四，区分效度。在聚敛效度达标的基础上分析问卷的区分效度，区分效度指的是在应用不同方法测量不同构念时，所观测到的数值之间应该能够加以区分。具体见表 7-16。

表 7-16　区分效度

项目	保障体系	产品服务	产业市场	产业链构建	产业运作	价值效益
保障体系	0.534					
产品服务	0.174***	0.593				
产业市场	0.121***	0.154***	0.547			
产业链构建	0.122***	0.141***	0.136***	0.555		
产业运作	0.170***	0.166***	0.147***	0.144***	0.511	
价值效益	0.151***	0.150***	0.136***	0.140***	0.195***	0.525
AVE 平方根	0.730	0.770	0.739	0.745	0.715	0.724

注：表中斜对角线上的数值为 AVE 的值

***表示 $p < 0.001$

由表 7-16 可知，保障体系与潜变量之间的相关性均小于保障体系自身 AVE 的平方根；产品服务与各潜变量之间的相关性均小于产品服务自身 AVE 平方根；产业市场、产业链构建、产业运作、价值效益同样是与各维度的相关性均小于自身 AVE 的平方根，且潜变量之间的相关性在 0.001 水平上显著相关，因此可以得出问卷的区分效度良好。

综上所述，本章问卷的整体以及各维度信度都较好，且效度检验均处于可接受范围内，可以继续对问卷数据进行进一步模型构建与实证分析。

3. 评价集合的确定

乡村文化旅游产业成熟度评价因素集由前文构建的指标体系构成，由 6 个准则层指标以及 25 个指标层指标组成，乡村文化旅游产业成熟度评价因素集 F 为

F=(保障体系, 产品服务, 产业市场, 产业链构建, 产业运作, 价值效益)

其中，在评价因素集中，保障体系用 F_1 表示；产品服务用 F_2 表示；产业市场用 F_3 表示；产业链构建用 F_4 表示；产业运作用 F_5 表示；价值效益用 F_6 表示。同理根据指标体系中准则层指标的构成因素构建各准则层指标的评价因素集：

F_1=(政策健全程度, 政策支持程度, 基础设施完善程度, 公共服务完善程度, 健康卫生服务)

F_2=(服务质量, 资源开发, 特色打造, 文化挖掘与保护)

F_3=(市场环境, 市场结构, 市场规模, 市场竞争力)

F_4=(核心业态定位, 资源加工程度, 物流链构建程度, 上下游合作程度, 区域协作程度)

F_5=(主体参与程度, 产品创新程度, 营销创新程度)

F_6=(社会价值, 经济价值, 环境价值, 文化价值)

依据前期对文献的阅读整理，针对问卷调查以及蓟州区乡村文化旅游产业分析，将蓟州区乡村文化旅游产业成熟度评语集分为非常不同意、不同意、一般、

同意、非常同意，并采用百分制对其进行分值赋予，因此可以得出乡村文化旅游产业成熟度评语集 V 以及评语等级向量 M，分别为

$$V=\{非常不同意, 不同意, 一般, 同意, 非常同意\}$$
$$M = (20,40,60,80,100)^{\mathrm{T}}$$

4. 指标权重的确定

1）基于粗糙集方法的权重确定

本章基于前文乡村文化旅游产业成熟度评价指标体系构建粗糙集的决策系统 $S=(U, A)$，U 表示乡村文化旅游产业成熟度评价对象集合，A 表示属性集合。本章邀请乡村旅游相关专家、学者以及工作人员对乡村文化旅游产业成熟度进行评价打分，并对样本进行标号，因此集合 U 与集合 A 如下所示：

$$U=\{1,2,3,\cdots,22\}$$
$$A = C \cup D \tag{7-20}$$

其中，C 表示条件属性集，由指标体系构成；D 表示决策属性集，由成熟度等级构成。

由于本章指标体系分为目标层、准则层以及指标层，要确定准则层与指标层的权重必须分别构建起决策系统，在决策系统中只有条件属性不同，准则层指标构成目标层的条件属性，指标层指标构成准则层指标的条件属性。

因此，目标层的条件属性集为 $C=\{C_1, C_2, C_3, C_4, C_5, C_6\}$，其中，$C_1$ 表示保障体系；C_2 表示产品服务；C_3 表示产业市场；C_4 表示产业链构建；C_5 表示产业运作；C_6 表示价值效益。

准则层指标的条件属性集 $C_1=\{C_{11}, C_{12}, C_{13}, C_{14}, C_{15}\}$，其中，$C_{11}$ 表示政策健全程度；C_{12} 表示政策支持程度；C_{13} 表示基础设施完善程度；C_{14} 表示公共服务完善程度；C_{15} 表示健康卫生服务。

准则层指标的条件属性集 $C_2=\{C_{21}, C_{22}, C_{23}, C_{24}\}$，其中，$C_{21}$ 表示服务质量；C_{22} 表示资源开发；C_{23} 表示特色打造；C_{24} 表示文化挖掘与保护。

准则层指标的条件属性集 $C_3=\{C_{31}, C_{32}, C_{33}, C_{34}\}$，其中，$C_{31}$ 表示市场环境；C_{32} 表示市场结构；C_{33} 表示市场规模；C_{34} 表示市场竞争力。

准则层指标的条件属性集 $C_4=\{C_{41}, C_{42}, C_{43}, C_{44}, C_{45}\}$，其中，$C_{41}$ 表示核心业态定位；C_{42} 表示资源加工程度；C_{43} 表示物流链构建程度；C_{44} 表示上下游合作程度；C_{45} 表示区域协作程度。

准则层指标的条件属性集 $C_5=\{C_{51}, C_{52}, C_{53}\}$，其中，$C_{51}$ 表示主体参与程度；C_{52} 表示产品创新程度；C_{53} 表示营销创新程度。

准则层指标的条件属性集 $C_6=\{C_{61}, C_{62}, C_{63}, C_{64}\}$，其中，$C_{61}$ 表示社会价值；C_{62} 表示经济价值；C_{63} 表示环境价值；C_{64} 表示文化价值。

决策属性集为 $D=\{d_1, d_2, d_3, d_4\}$，其中，$d_1=1$ 表示探索期；$d_2=2$ 表示发展期；$d_3=3$ 表示近成熟期；$d_4=4$ 表示成熟期。

（1）确定成熟度决策表。由于乡村文化旅游产业成熟度指标体系中多为定性指标，对统计数据的获取具有较大的困难性，因此采用专家打分对指标进行 1～5 分值的评价，从而构建出本章的决策表，分值越高表明该指标成熟度越高，且所有的评价值都为离散值，因此无须对数据进行离散化处理。具体决策见表 7-17。

表 7-17　乡村文化旅游产业成熟度决策表

U	条件属性 C						决策属性 D
	保障体系 C_1	产品服务 C_2	产业市场 C_3	产业链构建 C_4	产业运作 C_5	价值效益 C_6	成熟度等级
1	4	4	4	4	4	4	3
2	4	4	4	5	4	3	3
3	3	2	3	3	2	2	2
4	3	2	3	1	2	2	1
5	5	4	4	4	4	5	4
6	2	3	3	2	2	2	2
7	3	3	3	2	2	3	1
8	4	4	4	4	4	5	3
9	4	5	4	4	4	4	4
10	5	4	4	4	5	4	4
11	4	3	3	3	4	4	3
12	5	4	5	4	4	4	4
13	5	5	4	4	5	4	4
14	3	3	3	2	2	3	2
15	4	4	5	3	5	5	4
16	4	4	4	5	4	5	4
17	2	2	3	3	2	2	1
18	4	4	4	5	3	5	3
19	5	4	5	4	5	5	4
20	5	4	5	4	5	3	4
21	4	4	3	2	4	4	3
22	4	3	3	2	3	4	2

（2）指标权重的计算。将乡村文化旅游产业成熟度决策表数据导入软件，可以计算得到乡村文化旅游产业成熟度决策属性以及各指标的不可分辨关系 [IND(D)、IND(C)]、相对重要度（γ）以及权重（ω），计算结果如下。

第一，依据乡村文化旅游产业成熟度决策表对决策属性 D 与条件属性 C 进行论域划分：

$U/\text{IND}(D) = \{\{4,7,17\},\{3,6,14,22\},\{1,2,5,8,10,11,15,18,20,21\},\{9,12,13,16,19\}\}$

$U/\text{IND}(C) = \{\{1\},\{2\},\{3\},\{4\},\{5\},\{6\},\{7\},\{8\},\{9\},\{10\},\{11\},\{12\},\{13\},\{14\},$
$\{15\},\{16\},\{17\},\{18\},\{19\},\{20\},\{21\},\{22\}\}$

第二，对乡村文化旅游产业成熟度准则层指标组成的条件属性进行约简计算：

$U/\text{IND}(C-C_1) = \{\{1\},\{2\},\{3,17\},\{4\},\{5,8\},\{6\},\{7\},\{9\},\{10\},\{11\},\{12\},\{13\},$
$\{14\},\{15\},\{16\},\{18\},\{19\},\{20\},\{21\},\{22\}\}$

$U/\text{IND}(C-C_2) = \{\{1,9\},\{2\},\{3\},\{4\},\{5\},\{6\},\{7\},\{8\},\{10,13\},\{11\},\{12\},$
$\{14\},\{15\},\{16\},\{17\},\{18\},\{19\},\{20\},\{21,22\}\}$

$U/\text{IND}(C-C_3) = \{\{1\},\{2\},\{3\},\{4\},\{5,12\},\{6\},\{7,14\},\{8\},\{9\},\{10\},\{11\},\{13\},$
$\{15\},\{16\},\{17\},\{18\},\{19\},\{20\},\{21\},\{22\}\}$

$U/\text{IND}(C-C_4) = \{\{1\},\{2\},\{3,4\},\{5\},\{6\},\{7\},\{8,16\},\{9\},\{10\},\{11,22\},\{12\},\{13\},$
$\{14\},\{15,19\},\{17\},\{18\},\{20\},\{21\}\}$

$U/\text{IND}(C-C_5) = \{\{1\},\{2\},\{3\},\{4\},\{5\},\{6\},\{7\},\{8\},\{9\},\{10\},\{11\},\{12,19\},$
$\{13\},\{14\},\{15\},\{16,18\},\{17\},\{20\},\{21\},\{22\}\}$

$U/\text{IND}(C-C_6) = \{\{1,8\},\{2,16\},\{3\},\{4\},\{5\},\{6\},\{7\},\{9\},\{10\},\{11\},\{12\},\{13\},$
$\{14\},\{15\},\{17\},\{18\},\{19,20\},\{21\},\{22\}\}$

第三，依据决策表进行正域的确定：

$\text{POS}_C(D) = \{1,2,3,4,5,6,7,8,9,10,11,12,13,14,15,16,17,18,19,20,21,22\}$

$\text{POS}_{C-C_1}(D) = \{1,2,4,5,6,7,8,9,10,11,12,13,14,15,16,18,19,20,21,22\}$

$\text{POS}_{C-C_2}(D) = \{2,3,4,5,6,7,8,11,12,14,15,16,17,18,19,20\}$

$\text{POS}_{C-C_3}(D) = \{1,2,3,4,6,8,9,10,11,13,15,16,17,18,19,20,21,22\}$

$\text{POS}_{C-C_4}(D) = \{1,2,5,6,7,9,10,12,13,14,17,18,20,21\}$

$\text{POS}_{C-C_5}(D) = \{1,2,3,4,5,6,7,8,9,10,11,12,13,14,15,17,19,20,21,22\}$

$\text{POS}_{C-C_6}(D) = \{1,3,4,5,6,7,8,9,10,11,12,13,14,15,17,18,21,22\}$

第四，对乡村文化旅游产业成熟度各指标 C_i 的相对决策属性 D 的重要度 $\text{Sig}(C_i)$进行计算（其中 i=1, 2, 3, 4, 5, 6）：

$$\gamma_C(D) = \frac{\left|\text{POS}_C(D)\right|}{|U|} = \frac{22}{22} = 1$$

$$\gamma_{C-C_1}(D) = \frac{\left|\text{POS}_{C-C_1}(D)\right|}{|U|} = \frac{20}{22}$$

$$\gamma_{C-C_2}(D) = \frac{\left|\text{POS}_{C-C_2}(D)\right|}{|U|} = \frac{16}{22}$$

$$\gamma_{C-C_3}(D) = \frac{\left| \mathrm{POS}_{C-C_3}(D) \right|}{|U|} = \frac{18}{22}$$

$$\gamma_{C-C_4}(D) = \frac{\left| \mathrm{POS}_{C-C_4}(D) \right|}{|U|} = \frac{14}{22}$$

$$\gamma_{C-C_5}(D) = \frac{\left| \mathrm{POS}_{C-C_5}(D) \right|}{|U|} = \frac{20}{22}$$

$$\gamma_{C-C_6}(D) = \frac{\left| \mathrm{POS}_{C-C_6}(D) \right|}{|U|} = \frac{18}{22}$$

$$\mathrm{Sig}(C_1) = \gamma_C(D) - \gamma_{C-C_1}(D) = 1 - \frac{20}{22} = \frac{2}{22}$$

$$\mathrm{Sig}(C_2) = \gamma_C(D) - \gamma_{C-C_2}(D) = 1 - \frac{16}{22} = \frac{6}{22}$$

$$\mathrm{Sig}(C_3) = \gamma_C(D) - \gamma_{C-C_3}(D) = 1 - \frac{18}{22} = \frac{4}{22}$$

$$\mathrm{Sig}(C_4) = \gamma_C(D) - \gamma_{C-C_4}(D) = 1 - \frac{14}{22} = \frac{8}{22}$$

$$\mathrm{Sig}(C_5) = \gamma_C(D) - \gamma_{C-C_5}(D) = 1 - \frac{20}{22} = \frac{2}{22}$$

$$\mathrm{Sig}(C_6) = \gamma_C(D) - \gamma_{C-C_6}(D) = 1 - \frac{18}{22} = \frac{4}{22}$$

$$\sum_{i=1}^{6} \mathrm{Sig}(C_i) = \frac{26}{22}$$

第五，对乡村文化旅游产业成熟度各指标 C_i 的指标权重 ω_i 进行计算与归一化处理，确定为标准权重（其中 i=1, 2, 3, 4, 5, 6）：

$$\omega_1 = \frac{\mathrm{Sig}(C_1)}{\sum_{i=1}^{6} \mathrm{Sig}(C_i)} = \frac{2}{26} = 0.08$$

$$\omega_2 = \frac{\mathrm{Sig}(C_2)}{\sum_{i=1}^{6} \mathrm{Sig}(C_i)} = \frac{6}{26} = 0.23$$

$$\omega_3 = \frac{\mathrm{Sig}(C_3)}{\sum_{i=1}^{6} \mathrm{Sig}(C_i)} = \frac{4}{26} = 0.15$$

$$\omega_4 = \frac{\mathrm{Sig}(C_4)}{\sum_{i=1}^{6} \mathrm{Sig}(C_i)} = \frac{8}{26} = 0.31$$

$$\omega_5 = \frac{\text{Sig}(C_5)}{\sum\limits_{i=1}^{6}\text{Sig}(C_i)} = \frac{2}{26} = 0.08$$

$$\omega_6 = \frac{\text{Sig}(C_6)}{\sum\limits_{i=1}^{6}\text{Sig}(C_i)} = \frac{4}{26} = 0.15$$

同理，乡村文化旅游产业成熟度准则层指标保障体系 C_1 下的指标层各指标的信息决策见表 7-18。

表 7-18　保障体系 C_1 信息决策表

| U | 条件属性 C_1 | | | | | 决策属性 D |
	政策健全程度 C_{11}	政策支持程度 C_{12}	基础设施完善程度 C_{13}	公共服务完善程度 C_{14}	健康卫生服务 C_{15}	成熟度等级
1	4	4	4	4	4	3
2	4	5	3	4	3	3
3	2	3	3	4	3	2
4	2	3	3	2	3	1
5	5	3	3	4	3	3
6	3	3	3	2	3	2
7	3	3	2	2	3	1
8	4	4	3	3	4	3
9	4	4	4	5	4	4
10	3	3	4	3	3	2
11	4	4	4	5	3	3
12	5	5	3	4	3	4
13	4	4	4	5	5	4
14	3	3	2	3	3	2
15	4	4	3	3	3	3
16	5	4	4	4	4	4
17	3	2	2	2	2	1
18	4	4	3	5	2	3
19	4	5	4	4	4	4
20	2	3	5	4	3	3
21	4	5	4	3	4	3
22	4	4	3	3	2	2

由表 7-18 计算乡村文化旅游产业成熟度准则层指标保障体系下指标层各指标的相对权重：

论域划分：

$$U/\text{IND}(C_{11}) = \{\{3,4,20\},\{6,7,10,14,17\},\{1,2,8,9,11,13,15,18,19,21,22\},\{5,12,16\}\}$$

$$U/\text{IND}(C_{12}) = \{\{17\},\{3,4,5,6,7,10,14,20\},\{1,8,9,11,13,15,16,18,22\},\{2,12,19,21\}\}$$

$$U/\text{IND}(C_{13}) = \{\{7,14,17\},\{2,3,4,5,6,8,12,15,18,22\},\{1,9,10,11,13,16,19,21\},\{20\}\}$$

$$U/\text{IND}(C_{14}) = \{\{4,6,7,17\},\{8,10,14,15,21,22\},\{1,2,3,5,12,16,19,20\},\{9,11,13,18\}\}$$

$$U/\text{IND}(C_{15}) = \{\{17,18,22\},\{2,3,4,5,6,7,10,11,12,14,15,20\},\{1,8,9,16,19,21\},\{13\}\}$$

约简计算为

$$U/\text{IND}(C_1 - C_{11}) = \{\{1\},\{2\},\{3\},\{4\},\{5\},\{6\},\{7\},\{8\},\{9\},\{10\},\{11\},\{12\},\{13\},$$
$$\{14\},\{15\},\{16\},\{17\},\{18\},\{19\},\{20\},\{21\},\{22\}\}$$

$$U/\text{IND}(C_1 - C_{12}) = \{\{1,19\},\{2\},\{3\},\{4\},\{5,12\},\{6\},\{7\},\{8\},\{9\},\{10\},\{11\},\{13\},$$
$$\{14\},\{15\},\{16\},\{17\},\{18\},\{20\},\{21\},\{22\}\}$$

$$U/\text{IND}(C_1 - C_{13}) = \{\{1\},\{2\},\{3,20\},\{4\},\{5\},\{6,7\},\{8\},\{9\},\{10,14\},\{11\},$$
$$\{12\},\{13\},\{15\},\{16\},\{17\},\{18\},\{19\},\{21\},\{22\}\}$$

$$U/\text{IND}(C_1 - C_{14}) = \{\{1,9\},\{2\},\{3,4\},\{5\},\{6\},\{7,14\},\{8\},\{10\},\{11\},\{12\},$$
$$\{13\},\{15\},\{16\},\{17\},\{18,22\},\{19,21\},\{20\}\}$$

$$U/\text{IND}(C_1 - C_{15}) = \{\{1\},\{2\},\{3\},\{4\},\{5\},\{6\},\{7\},\{8,15,22\},\{9,11,13\},$$
$$\{10\},\{12\},\{14\},\{16\},\{17\},\{18\},\{19\},\{20\},\{21\}\}$$

正域计算为

$$\text{POS}_{C_1}(D) = \{1,2,3,4,5,6,7,8,9,10,11,12,13,14,15,16,17,18,19,20,21,22\}$$

$$\text{POS}_{C_1-C_{11}}(D) = \{7,8,9,10,11,13,14,15,17,18,19,20,21,22\}$$

$$\text{POS}_{C_1-C_{12}}(D) = \{2,3,4,6,7,8,9,10,11,13,14,15,16,17,18,20,21,22\}$$

$$\text{POS}_{C_1-C_{13}}(D) = \{1,2,4,5,8,9,11,12,13,15,16,17,18,19,21,22\}$$

$$\text{POS}_{C_1-C_{14}}(D) = \{2,5,6,8,10,11,12,13,15,16,17,20\}$$

$$\text{POS}_{C_1-C_{15}}(D) = \{1,2,3,4,5,6,7,10,12,14,16,17,18,19,20,21\}$$

重要性计算为

$$\gamma_{C_1}(D) = \frac{\left|\text{POS}_{C_1}(D)\right|}{|U|} = \frac{22}{22} = 1$$

$$\gamma_{C_1-C_{11}}(D) = \frac{\left|\text{POS}_{C_1-C_{11}}(D)\right|}{|U|} = \frac{14}{22}$$

$$\gamma_{C_1-C_{12}}(D) = \frac{\left|\text{POS}_{C_1-C_{12}}(D)\right|}{|U|} = \frac{18}{22}$$

$$\gamma_{C_1-C_{13}}(D) = \frac{\left|\text{POS}_{C_1-C_{13}}(D)\right|}{|U|} = \frac{16}{22}$$

$$\gamma_{C_1-C_{14}}(D) = \frac{\left|\text{POS}_{C_1-C_{14}}(D)\right|}{|U|} = \frac{12}{22}$$

$$\gamma_{C_1-C_{15}}(D) = \frac{\left|\text{POS}_{C_1-C_{15}}(D)\right|}{|U|} = \frac{16}{22}$$

$$\text{Sig}(C_{11}) = \gamma_{C_1}(D) - \gamma_{C_1-C_{11}}(D) = 1 - \frac{14}{22} = \frac{8}{22}$$

$$\text{Sig}(C_{12}) = \gamma_{C_1}(D) - \gamma_{C_1-C_{12}}(D) = 1 - \frac{18}{22} = \frac{4}{22}$$

$$\text{Sig}(C_{13}) = \gamma_{C_1}(D) - \gamma_{C_1-C_{13}}(D) = 1 - \frac{16}{22} = \frac{6}{22}$$

$$\text{Sig}(C_{14}) = \gamma_{C_1}(D) - \gamma_{C_1-C_{14}}(D) = 1 - \frac{12}{22} = \frac{10}{22}$$

$$\text{Sig}(C_{15}) = \gamma_{C_1}(D) - \gamma_{C_1-C_{15}}(D) = 1 - \frac{16}{22} = \frac{6}{22}$$

$$\sum_{j=1}^{5}\text{Sig}(C_{1j}) = \frac{34}{22}$$

权重计算为

$$\omega_{11} = \frac{\text{Sig}(C_{11})}{\sum\limits_{j=1}^{5}\text{Sig}(C_{1j})} = \frac{8}{34} = 0.24$$

$$\omega_{12} = \frac{\text{Sig}(C_{12})}{\sum\limits_{j=1}^{5}\text{Sig}(C_{1j})} = \frac{4}{34} = 0.12$$

$$\omega_{13} = \frac{\text{Sig}(C_{13})}{\sum\limits_{j=1}^{5}\text{Sig}(C_{1j})} = \frac{6}{34} = 0.18$$

$$\omega_{14} = \frac{\text{Sig}(C_{14})}{\sum\limits_{j=1}^{5}\text{Sig}(C_{1j})} = \frac{10}{34} = 0.29$$

$$\omega_{15} = \frac{\text{Sig}(C_{15})}{\sum\limits_{j=1}^{5}\text{Sig}(C_{1j})} = \frac{6}{34} = 0.18$$

乡村文化旅游产业成熟度准则层指标产品服务 C_2 下的指标层各指标的信息决策见表 7-19。

表 7-19　产品服务 C_2 信息决策表

U	条件属性 C_2				决策属性 D
	服务质量 C_{21}	资源开发 C_{22}	特色打造 C_{23}	文化挖掘与保护 C_{24}	成熟度等级
1	4	4	4	4	3
2	5	3	3	3	3

U	条件属性 C_2				决策属性 D
	服务质量 C_{21}	资源开发 C_{22}	特色打造 C_{23}	文化挖掘与保护 C_{24}	成熟度等级
3	4	3	3	3	2
4	3	2	2	2	1
5	4	4	3	3	3
6	3	3	2	3	2
7	3	3	2	1	1
8	4	3	4	3	3
9	5	4	5	4	4
10	4	3	3	4	3
11	4	4	5	4	3
12	4	5	4	4	4
13	5	4	4	5	4
14	3	2	2	3	2
15	4	4	3	5	3
16	4	4	5	5	4
17	3	1	2	3	1
18	5	4	4	4	3
19	5	5	4	4	4
20	3	5	4	4	3
21	5	4	4	3	3
22	3	2	3	2	2

同理计算产品服务指标下指标层各指标相对权重，其方法与上述保障体系指标下指标层指标权重方法相同，因此后面不再进行赘述：

$$\omega_{21} = \frac{\text{Sig}(C_{21})}{\sum\limits_{j=1}^{4} \text{Sig}(C_{2j})} = \frac{7}{35} = 0.20$$

$$\omega_{22} = \frac{\text{Sig}(C_{22})}{\sum\limits_{j=1}^{4} \text{Sig}(C_{2j})} = \frac{9}{35} = 0.26$$

$$\omega_{23} = \frac{\text{Sig}(C_{23})}{\sum\limits_{j=1}^{4} \text{Sig}(C_{2j})} = \frac{8}{35} = 0.23$$

$$\omega_{24} = \frac{\text{Sig}(C_{24})}{\sum\limits_{j=1}^{4} \text{Sig}(C_{2j})} = \frac{11}{35} = 0.31$$

乡村文化旅游产业成熟度准则层指标产业市场 C_3 下的指标层各指标的信息决策见表 7-20。

表 7-20 产业市场 C_3 信息决策表

U	条件属性 C_3				决策属性 D
	市场环境 C_{31}	市场结构 C_{32}	市场规模 C_{33}	市场竞争力 C_{34}	成熟度等级
1	4	4	4	4	3
2	3	3	3	4	3
3	2	3	4	3	2
4	2	2	3	2	1
5	4	3	4	3	3
6	3	3	2	2	2
7	3	3	2	2	1
8	4	3	5	3	3
9	5	4	5	4	4
10	4	4	4	3	3
11	4	5	3	4	3
12	5	4	4	3	4
13	4	5	5	4	4
14	3	2	3	4	2
15	4	3	4	4	3
16	4	5	4	4	4
17	3	2	3	1	1
18	3	4	5	4	3
19	4	3	5	5	4
20	3	4	3	4	3
21	4	3	5	4	3
22	3	2	3	2	2

计算产业市场指标下指标层各指标相对权重，如下所示：

$$\omega_{31} = \frac{\text{Sig}(C_{31})}{\sum\limits_{j=1}^{4} \text{Sig}(C_{3j})} = \frac{7}{28} = 0.25$$

$$\omega_{32} = \frac{\mathrm{Sig}(C_{32})}{\displaystyle\sum_{j=1}^{4} \mathrm{Sig}(C_{3j})} = \frac{10}{28} = 0.36$$

$$\omega_{33} = \frac{\mathrm{Sig}(C_{33})}{\displaystyle\sum_{j=1}^{4} \mathrm{Sig}(C_{3j})} = \frac{5}{28} = 0.18$$

$$\omega_{34} = \frac{\mathrm{Sig}(C_{34})}{\displaystyle\sum_{j=1}^{4} \mathrm{Sig}(C_{3j})} = \frac{6}{28} = 0.21$$

乡村文化旅游产业成熟度准则层指标产业链构建 C_4 下的指标层各指标的信息决策见表 7-21。

表 7-21　产业链构建 C_4 信息决策表

U	条件属性 C_4					决策属性 D
	核心业态定位 C_{41}	资源加工程度 C_{42}	物流链构建程度 C_{43}	上下游合作程度 C_{44}	区域协作程度 C_{45}	成熟度等级
1	4	4	4	4	4	3
2	3	3	4	4	4	3
3	2	2	3	3	3	2
4	2	2	3	2	3	1
5	4	4	4	4	3	3
6	3	3	3	4	3	2
7	2	2	3	3	1	1
8	3	3	3	5	3	3
9	4	4	5	5	4	4
10	3	3	3	4	4	3
11	3	4	4	4	4	3
12	4	4	4	4	5	4
13	5	4	4	4	4	4
14	3	3	4	4	2	2
15	4	3	5	5	4	3
16	4	4	4	5	5	4
17	2	2	2	3	3	1
18	4	4	4	3	5	3
19	3	5	4	4	4	4
20	4	3	3	4	3	3
21	3	4	5	5	4	3
22	3	2	2	3	3	2

计算产业链构建指标下指标层各指标相对权重，如下所示：

$$\omega_{41} = \frac{\mathrm{Sig}(C_{41})}{\sum\limits_{j=1}^{5}\mathrm{Sig}(C_{4j})} = \frac{9}{32} = 0.28$$

$$\omega_{42} = \frac{\mathrm{Sig}(C_{42})}{\sum\limits_{j=1}^{5}\mathrm{Sig}(C_{4j})} = \frac{5}{32} = 0.16$$

$$\omega_{43} = \frac{\mathrm{Sig}(C_{43})}{\sum\limits_{j=1}^{5}\mathrm{Sig}(C_{4j})} = \frac{2}{32} = 0.06$$

$$\omega_{44} = \frac{\mathrm{Sig}(C_{44})}{\sum\limits_{j=1}^{5}\mathrm{Sig}(C_{4j})} = \frac{7}{32} = 0.22$$

$$\omega_{45} = \frac{\mathrm{Sig}(C_{45})}{\sum\limits_{j=1}^{5}\mathrm{Sig}(C_{4j})} = \frac{9}{32} = 0.28$$

乡村文化旅游产业成熟度准则层指标产业运作 C_5 下的指标层各指标的信息决策见表 7-22。

表 7-22　产业运作 C_5 信息决策表

U	条件属性 C_5			决策属性 D
	主体参与程度 C_{51}	产品创新程度 C_{52}	营销创新程度 C_{53}	成熟度等级
1	4	4	4	3
2	4	3	4	3
3	2	3	4	2
4	1	3	3	1
5	5	4	3	3
6	2	3	3	2
7	2	2	3	1
8	3	3	4	3
9	5	4	5	4
10	5	3	3	3
11	3	2	5	3
12	4	4	5	4
13	4	5	4	4
14	3	3	3	2
15	3	4	4	3
16	5	3	5	4

续表

U	条件属性 C_5			决策属性 D
	主体参与程度 C_{51}	产品创新程度 C_{52}	营销创新程度 C_{53}	成熟度等级
17	1	2	1	1
18	5	3	4	3
19	5	4	4	4
20	3	4	5	3
21	4	3	5	3
22	3	2	4	2

计算产业运作指标下指标层各指标相对权重，如下所示：

$$\omega_{51} = \frac{\mathrm{Sig}(C_{51})}{\sum\limits_{j=1}^{3}\mathrm{Sig}(C_{5j})} = \frac{16}{40} = 0.40$$

$$\omega_{52} = \frac{\mathrm{Sig}(C_{52})}{\sum\limits_{j=1}^{3}\mathrm{Sig}(C_{5j})} = \frac{12}{40} = 0.30$$

$$\omega_{53} = \frac{\mathrm{Sig}(C_{53})}{\sum\limits_{j=1}^{3}\mathrm{Sig}(C_{5j})} = \frac{12}{40} = 0.30$$

乡村文化旅游产业成熟度准则层指标价值效益 C_6 下的指标层各指标的信息决策见表 7-23。

表 7-23　价值效益 C_6 信息决策表

U	条件属性 C_6				决策属性 D
	社会价值 C_{61}	经济价值 C_{62}	环境价值 C_{63}	文化价值 C_{64}	成熟度等级
1	4	4	4	4	3
2	4	5	5	3	3
3	2	4	3	2	2
4	2	2	3	2	1
5	4	5	3	4	3
6	3	3	3	4	2
7	2	3	3	1	1
8	3	5	5	4	3
9	4	4	4	5	4
10	3	4	4	4	3
11	5	4	3	4	3
12	4	5	5	4	4
13	5	4	4	4	4
14	2	3	3	2	2

续表

U	条件属性 C_6				决策属性 D
	社会价值 C_{61}	经济价值 C_{62}	环境价值 C_{63}	文化价值 C_{64}	成熟度等级
15	4	4	5	4	3
16	4	5	5	5	4
17	2	3	1	2	1
18	4	2	5	5	3
19	5	5	5	4	4
20	5	3	3	4	3
21	3	3	5	4	3
22	3	4	4	2	2

计算价值效益指标下指标层各指标相对权重，如下所示：

$$\omega_{61} = \frac{\text{Sig}(C_{61})}{\sum_{j=1}^{4} \text{Sig}(C_{6j})} = \frac{8}{32} = 0.25$$

$$\omega_{62} = \frac{\text{Sig}(C_{62})}{\sum_{j=1}^{4} \text{Sig}(C_{6j})} = \frac{7}{32} = 0.22$$

$$\omega_{63} = \frac{\text{Sig}(C_{63})}{\sum_{j=1}^{4} \text{Sig}(C_{6j})} = \frac{8}{32} = 0.25$$

$$\omega_{64} = \frac{\text{Sig}(C_{64})}{\sum_{j=1}^{4} \text{Sig}(C_{6j})} = \frac{9}{32} = 0.28$$

（3）指标权重的整理。综合上述粗糙集的计算分析，对乡村文化旅游产业成熟度各指标权重进行整理，其准则层指标中权重占比最大的为产业链构建，其次为产品服务，产业市场与价值效益占比相同，保障体系与产业运作占比相同，从实际情况分析也可以看出在乡村文化旅游产业发展中尤其关键的是产业链构建，只有构建完整稳固的产业链，产业才能得以可持续发展，因此其是衡量成熟度的重要指标。具体指标权重如表 7-24 所示。

表 7-24　基于粗糙集的乡村文化旅游产业成熟度指标权重

序号	准则层		指标层		
	准则层指标	权重	指标层指标	相对权重	整体权重
1	保障体系 C_1	0.08	政策健全程度 C_{11}	0.24	0.019
2			政策支持程度 C_{12}	0.12	0.010
3			基础设施完善程度 C_{13}	0.18	0.014

续表

序号	准则层		指标层		
	准则层指标	权重	指标层指标	相对权重	整体权重
4	保障体系 C_1	0.08	公共服务完善程度 C_{14}	0.29	0.024
5			健康卫生服务 C_{15}	0.18	0.014
6	产品服务 C_2	0.23	服务质量 C_{21}	0.20	0.046
7			资源开发 C_{22}	0.26	0.060
8			特色打造 C_{23}	0.23	0.053
9			文化挖掘与保护 C_{24}	0.31	0.071
10	产业市场 C_3	0.15	市场环境 C_{31}	0.25	0.038
11			市场结构 C_{32}	0.36	0.054
12			市场规模 C_{33}	0.18	0.027
13			市场竞争力 C_{34}	0.21	0.032
14	产业链构建 C_4	0.31	核心业态定位 C_{41}	0.28	0.087
15			资源加工程度 C_{42}	0.16	0.050
16			物流链构建程度 C_{43}	0.06	0.019
17			上下游合作程度 C_{44}	0.22	0.068
18			区域协作程度 C_{45}	0.28	0.087
19	产业运作 C_5	0.08	主体参与程度 C_{51}	0.40	0.032
20			产品创新程度 C_{52}	0.30	0.024
21			营销创新程度 C_{53}	0.30	0.024
22	价值效益 C_6	0.15	社会价值 C_{61}	0.25	0.038
23			经济价值 C_{62}	0.22	0.033
24			环境价值 C_{63}	0.25	0.038
25			文化价值 C_{64}	0.28	0.042
准则层权重之和		1	指标层权重之和		1

2）基于层次分析法的权重的确定

（1）准则层指标权重的计算。第一，构建乡村文化旅游产业成熟度评价的判断矩阵。邀请乡村旅游相关专家、学者以及工作人员组成专业小组，通过问卷发放方式对乡村文化旅游产业成熟度各指标进行两两比较，并对相对重要程度进行打分，以此得到初始判断矩阵 $A=(a_{ij})_{n \times n}$，具体判断矩阵如表 7-25 所示。

表 7-25　乡村文化旅游产业成熟度主体判断矩阵

U	保障体系 C_1	产品服务 C_2	产业市场 C_3	产业链构建 C_4	产业运作 C_5	价值效益 C_6
保障体系 C_1	1	1/4	1/2	1/5	1	1/2
产品服务 C_2	4	1	2	1	3	2
产业市场 C_3	2	1/2	1	1/2	2	1

U	保障体系 C_1	产品服务 C_2	产业市场 C_3	产业链构建 C_4	产业运作 C_5	价值效益 C_6
产业链构建 C_4	5	1	2	1	5	3
产业运作 C_5	1	1/4	1/2	1/5	1	1/3
价值效益 C_6	2	1/2	1	1/3	3	1

第二，对乡村文化旅游产业成熟度主体判断矩阵 $A=(a_{ij})_{6\times 6}$ 进行归一化处理，得到标准化判断矩阵 $A'=(a'_{ij})_{6\times 6}$，其中：

$$a'_{ij} = \frac{a_{ij}}{\sum_{j=1}^{6} a_{ij}} \tag{7-21}$$

具体乡村文化旅游产业成熟度主体标准化判断矩阵 $A'=(a'_{ij})_{6\times 6}$，如表 7-26 所示。

表 7-26　乡村文化旅游产业成熟度主体标准化判断矩阵

U	保障体系 C_1	产品服务 C_2	产业市场 C_3	产业链构建 C_4	产业运作 C_5	价值效益 C_6
保障体系 C_1	0.067	0.071	0.071	0.062	0.067	0.064
产品服务 C_2	0.267	0.286	0.286	0.309	0.200	0.255
产业市场 C_3	0.133	0.143	0.143	0.155	0.133	0.128
产业链构建 C_4	0.333	0.286	0.286	0.309	0.333	0.383
产业运作 C_5	0.067	0.071	0.071	0.062	0.067	0.043
价值效益 C_6	0.133	0.143	0.143	0.103	0.200	0.128

第三，指标权重的计算。依据权重计算公式以及判断矩阵即可得到乡村文化旅游产业成熟度的一级指标的权重。

$$W_i = \frac{1}{n}\sum_{i=1}^{n} a'_{ij} \tag{7-22}$$

根据乡村文化旅游产业成熟度标准化判断矩阵可以计算出一级指标的权重为

$$W = (0.07, 0.27, 0.14, 0.32, 0.06, 0.14)^{\mathrm{T}}$$

第四，对乡村文化旅游产业成熟度判断矩阵进行一致性检验。只有通过一致性检验，其才能表明乡村文化旅游产业成熟度评价矩阵具有较好的内部协调性，能充分对成熟度评价层级进行表示，其权重对结果具有较好的解释性。将专家对乡村文化旅游产业成熟度评价指标的判断矩阵输入 Matlab 软件，对其最大特征根进行计算，得

$$\lambda_{\max} = 6.002$$

$$\mathrm{CI} = \frac{6.002 - 6}{6 - 1} = 0.0004$$

$$CR = \frac{0.0004}{1.26} = 0.0003 < 0.1$$

因此得知乡村文化旅游产业成熟度指标判断矩阵一致性检验通过, 保障体系、产品服务、产业市场、产业链构建、产业运作以及价值效益 6 个准则层指标的权重分配具有合理性。通过整理可以得到表 7-27。

表 7-27　乡村文化旅游产业成熟度评价准则层指标权重

C	W	n	λ_{max}	CI	RI	CR
保障体系 C_1	0.07					
产品服务 C_2	0.27					
产业市场 C_3	0.14	6	6.002	0.0004	1.26	0.0003
产业链构建 C_4	0.32					
产业运作 C_5	0.06					
价值效益 C_6	0.14					

（2）指标层指标权重的计算。同理依据准则层指标计算原则, 对指标层指标的判断矩阵进行整理, 并对权重进行计算, 保障体系 C_1 判断矩阵如表 7-28 所示。

表 7-28　保障体系 C_1 判断矩阵

C_1	政策健全程度 C_{11}	政策支持程度 C_{12}	基础设施完善程度 C_{13}	公共服务完善程度 C_{14}	健康卫生服务 C_{15}
政策健全程度 C_{11}	1	2	1/2	1/3	1/2
政策支持程度 C_{12}	1/2	1	1/3	1/6	1/3
基础设施完善程度 C_{13}	2	3	1	1/2	1
公共服务完善程度 C_{14}	3	6	2	1	2
健康卫生服务 C_{15}	2	3	1	1/2	1

依据保障体系判断矩阵, 利用软件对保障体系下的指标层各指标进行权重计算以及一致性检验, 可以得到 CR=0.0029<0.10, 通过一致性检验。具体权重结果如表 7-29 所示。

表 7-29　保障体系 C_1 下的指标层各指标权重

C_1	W	n	λ_{max}	CI	RI	CR
政策健全程度 C_{11}	0.12					
政策支持程度 C_{12}	0.07					
基础设施完善程度 C_{13}	0.21	5	5.013	0.0033	1.12	0.0029
公共服务完善程度 C_{14}	0.40					
健康卫生服务 C_{15}	0.21					

依据表 7-30, 利用软件对产品服务下的指标层各指标进行权重计算以及一致

性检验，可以得到 CR=0.0056＜0.10，通过一致性检验。具体权重结果如表 7-31 所示。

表 7-30 产品服务 C_2 判断矩阵

C_2	服务质量 C_{21}	资源开发 C_{22}	特色打造 C_{23}	文化挖掘与保护 C_{24}
服务质量 C_{21}	1	1/3	1/2	1/5
资源开发 C_{22}	3	1	2	1/2
特色打造 C_{23}	2	1/2	1	1/3
文化挖掘与保护 C_{24}	5	2	3	1

表 7-31 产品服务 C_2 下的指标层各指标权重

C_2	W	n	λ_{max}	CI	RI	CR
服务质量 C_{21}	0.09					
资源开发 C_{22}	0.27	4	4.015	0.0050	0.89	0.0056
特色打造 C_{23}	0.16					
文化挖掘与保护 C_{24}	0.48					

依据表 7-32，利用软件对产业市场下的指标层各指标进行权重计算以及一致性检验，可以得到 CR=0.0003＜0.10，通过一致性检验。具体权重结果如表 7-33 所示。

表 7-32 产业市场 C_3 判断矩阵

C_3	市场环境 C_{31}	市场结构 C_{32}	市场规模 C_{33}	市场竞争力 C_{34}
市场环境 C_{31}	1	1/3	2	2
市场结构 C_{32}	3	1	6	5
市场规模 C_{33}	1/2	1/6	1	1
市场竞争力 C_{34}	1/2	1/5	1	1

表 7-33 产业市场 C_3 下的指标层各指标权重

C_3	W	n	λ_{max}	CI	RI	CR
市场环境 C_{31}	0.20					
市场结构 C_{32}	0.59	4	4.001	0.0003	0.89	0.0003
市场规模 C_{33}	0.10					
市场竞争力 C_{34}	0.11					

依据表 7-34，利用软件对产业链构建下的指标层各指标进行权重计算以及一致性检验，可以得到 CR=0.0074＜0.10，通过一致性检验。具体权重结果如表 7-35 所示。

表 7-34　产业链构建 C_4 判断矩阵

C_4	核心业态定位 C_{41}	资源加工程度 C_{42}	物流链构建程度 C_{43}	上下游合作程度 C_{44}	区域协作程度 C_{45}
核心业态定位 C_{41}	1	3	5	2	1
资源加工程度 C_{42}	1/3	1	2	1/2	1/3
物流链构建程度 C_{43}	1/5	1/2	1	1/2	1/5
上下游合作程度 C_{44}	1/2	2	2	1	1/2
区域协作程度 C_{45}	1	3	5	2	1

表 7-35　产业链构建 C_4 下的指标层各指标权重

C_4	W	n	λ_{max}	CI	RI	CR
核心业态定位 C_{41}	0.33					
资源加工程度 C_{42}	0.11					
物流链构建程度 C_{43}	0.07	5	5.033	0.0083	1.12	0.0074
上下游合作程度 C_{44}	0.17					
区域协作程度 C_{45}	0.33					

依据表 7-36，利用软件对产业运作下的指标层各指标进行权重计算以及一致性检验，可以得到 CR=0.00＜0.10，通过一致性检验。具体权重结果如表 7-37 所示。

表 7-36　产业运作 C_5 判断矩阵

C_5	主体参与程度 C_{51}	产品创新程度 C_{52}	营销创新程度 C_{53}
主体参与程度 C_{51}	1	2	2
产品创新程度 C_{52}	1/2	1	1
营销创新程度 C_{53}	1/2	1	1

表 7-37　产业运作 C_5 下的指标层各指标权重

C_5	W	n	λ_{max}	CI	RI	CR
主体参与程度 C_{51}	0.50					
产品创新程度 C_{52}	0.25	3	3.000	0	0.52	0.00
营销创新程度 C_{53}	0.25					

依据表 7-38，利用软件对价值效益下的指标层各指标进行权重计算以及一致性检验，可以得到 CR=0.0015＜0.10，通过一致性检验。具体权重结果如表 7-39 所示。

表 7-38　价值效益 C_6 判断矩阵

C_6	社会价值 C_{61}	经济价值 C_{62}	环境价值 C_{63}	文化价值 C_{64}
社会价值 C_{61}	1	2	1	1/3
经济价值 C_{62}	1/2	1	1/2	1/5
环境价值 C_{63}	1	2	1	1/3
文化价值 C_{64}	3	5	3	1

表 7-39　价值效益 C_6 下的指标层各指标权重

C_6	W	n	λ_{max}	CI	RI	CR
社会价值 C_{61}	0.19					
经济价值 C_{62}	0.10	4	4.004	0.0013	0.89	0.0015
环境价值 C_{63}	0.19					
文化价值 C_{64}	0.53					

（3）指标权重的计算。整理层次分析法计算得到的乡村文化旅游产业成熟度各指标权重，其准则层指标中权重占比最大的仍为产业链构建，其次为产品服务，此结果与粗糙集权重结果相同，且准则层权重占比与粗糙集中准则层指标占比相差较小；指标层指标权重占比与粗糙集具有一定的差距，是由层次分析法中各指标两两比较标度所造成的。具体权重如表 7-40 所示。

表 7-40　基于层次分析法的乡村文化旅游产业成熟度指标权重

序号	准则层		指标层		
	准则层指标	权重	指标层指标	相对权重	整体权重
1	保障体系 C_1	0.07	政策健全程度 C_{11}	0.12	0.008
2			政策支持程度 C_{12}	0.07	0.005
3			基础设施完善程度 C_{13}	0.21	0.015
4			公共服务完善程度 C_{14}	0.40	0.028
5			健康卫生服务 C_{15}	0.21	0.015
6	产品服务 C_2	0.27	服务质量 C_{21}	0.09	0.024
7			资源开发 C_{22}	0.27	0.073
8			特色打造 C_{23}	0.16	0.043
9			文化挖掘与保护 C_{24}	0.48	0.130
10	产业市场 C_3	0.14	市场环境 C_{31}	0.20	0.028
11			市场结构 C_{32}	0.59	0.083
12			市场规模 C_{33}	0.10	0.014
13			市场竞争力 C_{34}	0.11	0.015
14	产业链构建 C_4	0.32	核心业态定位 C_{41}	0.33	0.106
15			资源加工程度 C_{42}	0.11	0.035
16			物流链构建程度 C_{43}	0.07	0.022
17			上下游合作程度 C_{44}	0.17	0.054
18			区域协作程度 C_{45}	0.33	0.106
19	产业运作 C_5	0.06	主体参与程度 C_{51}	0.50	0.030
20			产品创新程度 C_{52}	0.25	0.015
21			营销创新程度 C_{53}	0.25	0.015
22	价值效益 C_6	0.14	社会价值 C_{61}	0.19	0.027
23			经济价值 C_{62}	0.10	0.014
24			环境价值 C_{63}	0.19	0.027
25			文化价值 C_{64}	0.53	0.074
准则层权重之和		1	指标层权重之和		1

3）成熟度评价指标综合权重确定

粗糙集所确定的乡村文化旅游产业成熟度指标权重具有较强的客观性，层次分析法所确定的乡村文化旅游产业成熟度指标权重具有一定的主观性，二者相互弥补，因此本章采用加权平均法确定乡村文化旅游产业成熟度评价指标最终权重，其中 α 取 0.5，最终各级指标权重如表 7-41 所示。

$$\omega_i' = \alpha\omega_{粗糙集} + (1-\alpha)\omega_{层次分析} \tag{7-23}$$

表 7-41　乡村文化旅游产业成熟度指标最终权重

序号	准则层		指标层		
	准则层指标	权重	指标层指标	相对权重	整体权重
1	保障体系 C_1	0.075	政策健全程度 C_{11}	0.177	0.013
2			政策支持程度 C_{12}	0.092	0.007
3			基础设施完善程度 C_{13}	0.193	0.014
4			公共服务完善程度 C_{14}	0.345	0.026
5			健康卫生服务 C_{15}	0.193	0.014
6	产品服务 C_2	0.250	服务质量 C_{21}	0.144	0.036
7			资源开发 C_{22}	0.265	0.066
8			特色打造 C_{23}	0.193	0.048
9			文化挖掘与保护 C_{24}	0.398	0.100
10	产业市场 C_3	0.145	市场环境 C_{31}	0.227	0.033
11			市场结构 C_{32}	0.472	0.068
12			市场规模 C_{33}	0.140	0.020
13			市场竞争力 C_{34}	0.161	0.023
14	产业链构建 C_4	0.315	核心业态定位 C_{41}	0.305	0.096
15			资源加工程度 C_{42}	0.132	0.042
16			物流链构建程度 C_{43}	0.065	0.020
17			上下游合作程度 C_{44}	0.193	0.061
18			区域协作程度 C_{45}	0.305	0.096
19	产业运作 C_5	0.070	主体参与程度 C_{51}	0.450	0.032
20			产品创新程度 C_{52}	0.275	0.019
21			营销创新程度 C_{53}	0.275	0.019
22	价值效益 C_6	0.145	社会价值 C_{61}	0.218	0.032
23			经济价值 C_{62}	0.158	0.023
24			环境价值 C_{63}	0.218	0.032
25			文化价值 C_{64}	0.406	0.059
	准则层权重之和	1	指标层权重之和	1	

4）评价矩阵的确定

根据乡村文化旅游产业成熟度问卷调查所获取的数据可以得出单因素模糊综

合评价矩阵，即

$$保障体系F_1 = \begin{pmatrix} 0.007 & 0.010 & 0.135 & 0.573 & 0.274 \\ 0.007 & 0.010 & 0.104 & 0.486 & 0.392 \\ 0.014 & 0.142 & 0.354 & 0.340 & 0.149 \\ 0.007 & 0.156 & 0.413 & 0.313 & 0.111 \\ 0.010 & 0.031 & 0.278 & 0.490 & 0.191 \end{pmatrix}$$

$$产品服务F_2 = \begin{pmatrix} 0.003 & 0.014 & 0.174 & 0.660 & 0.149 \\ 0.003 & 0.049 & 0.344 & 0.420 & 0.184 \\ 0.003 & 0.042 & 0.302 & 0.462 & 0.191 \\ 0.007 & 0.028 & 0.358 & 0.424 & 0.184 \end{pmatrix}$$

$$产业市场F_3 = \begin{pmatrix} 0.007 & 0.017 & 0.177 & 0.667 & 0.132 \\ 0.007 & 0.250 & 0.476 & 0.188 & 0.080 \\ 0.007 & 0.028 & 0.309 & 0.542 & 0.115 \\ 0.003 & 0.017 & 0.181 & 0.594 & 0.205 \end{pmatrix}$$

$$产业链构建F_4 = \begin{pmatrix} 0.003 & 0.007 & 0.146 & 0.726 & 0.118 \\ 0.003 & 0.215 & 0.483 & 0.240 & 0.059 \\ 0.003 & 0.087 & 0.510 & 0.333 & 0.066 \\ 0.003 & 0.014 & 0.243 & 0.635 & 0.104 \\ 0.007 & 0.017 & 0.281 & 0.476 & 0.219 \end{pmatrix}$$

$$产业运作F_5 = \begin{pmatrix} 0.003 & 0.010 & 0.108 & 0.635 & 0.243 \\ 0.003 & 0.003 & 0.142 & 0.465 & 0.385 \\ 0.003 & 0.031 & 0.399 & 0.403 & 0.163 \end{pmatrix}$$

$$价值效益F_6 = \begin{pmatrix} 0.003 & 0.003 & 0.184 & 0.563 & 0.247 \\ 0.003 & 0.003 & 0.087 & 0.580 & 0.326 \\ 0.003 & 0.000 & 0.132 & 0.431 & 0.434 \\ 0.003 & 0.059 & 0.458 & 0.351 & 0.128 \end{pmatrix}$$

前文已经对乡村文化旅游产业成熟度评价指标体系准则层以及指标层各指标权重进行计算，保障体系、产品服务、产业市场、产业链构建、产业运作以及价值效益各指标权重分别用 W_1、W_2、W_3、W_4、W_5、W_6 表示，即

$$W_1 = (0.177, 0.092, 0.193, 0.345, 0.193)$$
$$W_2 = (0.144, 0.265, 0.193, 0.398)$$
$$W_3 = (0.227, 0.472, 0.140, 0.161)$$
$$W_4 = (0.305, 0.132, 0.065, 0.193, 0.305)$$
$$W_5 = (0.450, 0.275, 0.275)$$
$$W_6 = (0.218, 0.158, 0.218, 0.406)$$

根据前文对模糊合成算子的比较选取能够较好地体现指标权重以及隶属程度的算子对准则层模糊评价隶属度矩阵以及乡村文化旅游产业成熟度综合评价值进行计算，即 $M(\bullet, \oplus)$，首先依据乡村文化旅游产业成熟度各指标层模糊评价隶属度矩阵以及权重向量可以计算得到成熟度评价准则层的模糊评价矩阵 Y，即

$$Y = \begin{pmatrix} Y_1 \\ Y_2 \\ Y_3 \\ Y_4 \\ Y_5 \\ Y_6 \end{pmatrix}$$

其中 $Y_i = W_i \cdot F_i$，即可得

$$Y_1 = (0.009, 0.090, 0.298, 0.414, 0.189)$$
$$Y_2 = (0.005, 0.034, 0.317, 0.464, 0.180)$$
$$Y_3 = (0.006, 0.129, 0.337, 0.411, 0.117)$$
$$Y_4 = (0.005, 0.044, 0.274, 0.542, 0.135)$$
$$Y_5 = (0.003, 0.014, 0.197, 0.525, 0.260)$$
$$Y_6 = (0.003, 0.025, 0.269, 0.450, 0.252)$$

即得到乡村文化旅游产业成熟度评价准则层的模糊综合评价矩阵 Y：

$$Y = \begin{pmatrix} 0.009 & 0.090 & 0.298 & 0.414 & 0.189 \\ 0.005 & 0.034 & 0.317 & 0.464 & 0.180 \\ 0.006 & 0.129 & 0.337 & 0.411 & 0.117 \\ 0.005 & 0.044 & 0.274 & 0.542 & 0.135 \\ 0.003 & 0.014 & 0.197 & 0.525 & 0.260 \\ 0.003 & 0.025 & 0.269 & 0.450 & 0.252 \end{pmatrix}$$

5）模糊综合评价

依据乡村文化旅游产业成熟度准则层权重向量 W 与准则层模糊评价矩阵 Y 对整体模糊评价模型 B 进行构建与计算，即

$$W = (0.075, 0.250, 0.145, 0.315, 0.070, 0.145)$$
$$B = W \cdot Y = (0.005 \quad 0.052 \quad 0.290 \quad 0.479 \quad 0.174)$$

最后依据评价等级向量 M 与整体模糊评价结果矩阵 B 对乡村文化旅游产业成熟度综合得分 T 进行计算：

$$T = (0.005 \quad 0.052 \quad 0.290 \quad 0.479 \quad 0.174) \cdot \begin{pmatrix} 20 \\ 40 \\ 60 \\ 80 \\ 100 \end{pmatrix} = 75.32$$

为进一步分析研究准则层各部分成熟度状况，分别对各部分得分进行计算：

$$T_1 = Y_1 \cdot M = 73.66$$
$$T_2 = Y_2 \cdot M = 75.62$$
$$T_3 = Y_3 \cdot M = 70.07$$
$$T_4 = Y_4 \cdot M = 75.18$$
$$T_5 = Y_5 \cdot M = 80.48$$
$$T_6 = Y_6 \cdot M = 78.44$$

7.5 产业成熟视角下乡村文化旅游产业发展的提升策略

7.5.1 加强政策规范引领，强化文化旅游产业发展保障支撑

当地政府应不断更新乡村旅游规划，完善乡村文化旅游产业相关企业建设、引进管理的标准，从总体规划、土地投入、资金投入以及人才建设方面提升乡村文化旅游产业发展的保障体系，提高政策引领乡村文化旅游产业发展作用。一方面，积极向上级争取乡村文化旅游产业建设用地指标，加强土地要素的投入，为道路、公共停车场等乡村旅游配套设施的完善提供土地资源，同时政府应引导村集体盘活乡村存量建设用地，有偿回收具有买卖资格的闲置宅基地，提高土地利用效率，从而有利于乡村文化旅游产业的发展规划、产业的规模扩大及提高地区核心竞争力。另一方面，充分利用 PPP 等先进融资模式，采用股份制和合伙制等多种灵活经营模式，优化激励机制和分配机制，吸引旅游企业、村民等多元资本参与，扩大公共服务设施的数量与质量以满足游客的需求，为乡村文化旅游产业发展提供强力支撑。同时，制定完善的人才引进机制与政策，适当提高福利待遇吸引人才进入与回流，建立人才培养基地与高校进行人才协同培养，当地政府与企业应加强与具有相关人才的高校的沟通与交流，加强全区乡村文化旅游相关产业发展的人才库建设，完善区域乡村文化旅游产业发展的人才保障机制，加强地区创新能力与创造能力。

7.5.2 深入挖掘文化资源，探索构建融合发展的新模式

乡村文化旅游要构建特色化发展元素与模式，需要从文化与市场两方面相结合进行发展建设，深入挖掘当地的文化要素，根植文化底蕴，从县域打造统一的文化品牌与元素，增强记忆性，同时依据乡镇、乡村地区特色打造不同乡镇、村等地区农业文化旅游、民俗文化旅游、红色文化旅游等新模式，增强不同地区的辨识性，推动乡村文化旅游产业新发展。一方面，深入挖掘村、镇、县民俗文化、农业文化、饮食文化以及建筑文化等特色与差异，确定不同村、镇、县等区域内

乡村文化主题及乡村故事,形成地区特色元素与标识,利用"旅游+"模式将文化元素渗透到各个业态发展中,开发乡村旅游各业态多功能性,推进旅游与农业、教育、文化、康养等业态深度融合;另一方面,发挥行业组织文化带动作用,以各地区行业组织协会为依托,搭建网络平台传播文化信息,与村集体共同定期组织村民举办文娱活动,设计小型民俗体验项目,为消费者提供文化信息服务,形成乡村文化品牌,增强业态竞争力,增加游客的参与性;同时,吸引行业龙头企业或经验丰富企业进入,与行业组织共同举办文化及旅游产品创意大赛,融合文化要素深化乡村旅游产品的设计,将乡村文化与企业发展理念相融合,构建不可复制的文化要素,创建可复制的发展路径,发挥带头作用促进业态集聚,从而形成核心业态,提高带动能力,增强乡村文化旅游产业发展的长期性。

7.5.3　构建市场监管机制,优化乡村文化旅游产业市场结构

加强构建与完善地区政府与社会共同作用的多元乡村文化旅游产业市场监管机制,政府监管与社会监管相辅相成,共同为乡村文化旅游产业发展构建"大市场与大管理",推动其健康运行与发展。在政府方面,政府对乡村地区旅游产业发展市场起到主要的宏观监管与引导作用,要加强对企业运行环境、价格标准、竞争机制、奖惩机制的调控与监督,构建投诉平台等约束企业的不正当经营行为,如对民宿及农家院在美团等网络信息平台的经营信息以及经营情况的监督与管理,减少企业之间的恶意竞争,维护企业发展的市场秩序,使乡村文化旅游产业相关企业能通过分工协作达到稳定的合作联盟关系,促进市场顺畅运转,从而优化市场结构;在社会监管组织方面,建设社会第三方组织与政府部门相互协同配合,对乡村文化旅游产业发展进行监督管理,构建政府—行业组织—企业之间的沟通交流平台,实现文化旅游相关信息的及时沟通交流与反馈,与政府部门定期对各类旅游信息资源进行收集、整理、分析与反馈,提高对市场整体的掌握水平与调控力度,使得企业在良好的竞争与合作中获得更大的价值效益。

7.5.4　强化链式构建程度,打造稳定的乡村文化旅游产业链

第一,确定地区乡村文化旅游产业发展链核,挖掘乡村文化旅游产业链中核心企业的带头作用,加快发展具有竞争优势和带动力强的核心企业,提高核心企业集聚程度以及整合发展程度,形成规模适应且能带动乡村文化旅游产业链发展与完善的企业集群或产业园区,以此扩大市场规模和品牌优势,并最终带来经济利益和社会效益。第二,在确定链核基础上提升乡村地区文化旅游服务及文化产品功能升级,注重乡村文化旅游服务及文化产品附加值的开发与提升,挖掘文化

产品学习性、观赏性、体验性、参与性、互动性以及创造性的功能，提高游客的参与程度。第三，加强链条纵向延伸，紧密围绕服务游客核心加强上下游之间的合作关系与合作程度，深度整合相关发展要素的资源与企业，构建稳定的合作关系，逐步将从高关联到中关联以及低关联的产业进行融合拓展，形成多元化的发展格局。第四，将链条进行横向拓展，跨区域延伸与拓展，带动周边乡村文化旅游资源的开发，加强农业、商业、农产品加工业等建设与发展，吸纳相关业态与文化、旅游相结合，壮大新业态，释放乡村文化旅游产业链条价值，构建稳定的乡村文化旅游产业链。

7.5.5　明确 STP 发展战略，促进全域文化旅游的高质量发展

第一，明确 STP 发展战略，优化乡村文化旅游产业的规模与布局。一方面，从消费者的旅游动机、消费愿望、消费能力等进行充分调研，并依据不同需求对市场进行细分；另一方面，系统地对消费者需求与乡村地区供给进行比较研究，确定目标市场，补缺供给空白，构建多层次的民宿体、餐饮体、农产品等业态体系，丰富业态品牌，创建品牌分店，扩大文化建设、影响与业态规模，优化乡村文化旅游产业的布局。第二，全域旅游指导下的文化旅游产业链优化。一方面，以全域旅游为指导整合区域文化与旅游资源，以县或镇为单位进行区域内乡村文化旅游统一规划，引进产品加工技术，丰富产品形式，深度融合文化要素，构建旅游产品电商平台，对农副产品、手工艺品赋予文化内涵，制造文化故事后进行销售，加强乡村地区物流建设，拓宽销售渠道；另一方面，在产品研发、种植、加工等过程中融入特色文化要素、科普教育、游览采摘、观光体验等活动，打造综合体验区与共享经济区，加强业态协同发展，推动产业链优化，提高乡村文化旅游产业发展的稳定性。

参 考 文 献

[1] 孙旭东, 张博, 葛宏志. 能源产业成熟度评价方法理论研究[J]. 中国矿业, 2017, 26(10): 65-69.

[2] 刘家壮. 现代建筑产业链成熟度阶段划分与评价维度研究[J]. 山西建筑, 2021, 47(14): 193-195.

[3] 赵斌, 张敏, 朱妍雯. 基于 TRIZ 的新能源汽车产业技术成熟度分析[J]. 信息记录材料, 2019, 20(2): 205-207.

[4] 葛毅, 何悦, 谈健, 等. 智能电网产业成熟度标准评估模型与方法探究[J]. 智能电网, 2017, 5(9): 867-875.

[5] 胡思思, 江洪, 叶茂. "3+X" 产业成熟度评价体系研究及应用: 以新型显示产业为例[J]. 科技和产业, 2021, 21(12): 225-232.

[6] 冷少妃. 旅游产业集群品牌成熟度及其测评研究[D]. 上海: 上海师范大学, 2016.

[7] 杨立国, 刘沛林, 李强, 等. 旅游小镇成熟度评价指标体系与实证研究: 以首批湖湘风情文化旅游小镇为例[J]. 经济地理, 2017, 37(7): 191-197.

[8] Ghaderi Z, Hall M C M, Ryan C. Overtourism, residents and Iranian rural villages: voices from a developing country[J]. Journal of Outdoor Recreation and Tourism, 2022, 37: 100487.

[9] Lewis C, Nelson K, Black R. Moving Millennials out of the too hard basket: exploring the challenges of attracting Millennial tourists to rural destinations[J]. Journal of Hospitality and Tourism Management, 2021, 46: 96-103.

[10] Panzer-Krause S. The lost rural idyll? Tourists' attitudes towards sustainability and their influence on the production of rural space at a rural tourism hotspot in Northern Ireland[J]. Journal of Rural Studies, 2020, 80: 235-243.

[11] Christou P, Sharpley R. Philoxenia offered to tourists? A rural tourism perspective[J]. Tourism Management, 2019, 72: 39-51.

[12] 余菌, 李慧巍. 旅游专业合作社对乡村旅游产业发展的影响研究[J]. 农村经济与科技, 2020, 31(21): 107-108, 116.

[13] 张祝平. 乡村振兴背景下文化旅游产业与生态农业融合发展创新建议[J]. 行政管理改革, 2021, (5): 64-70.

[14] 李丹. 新发展格局下乡村旅游产业融合发展研究[J]. 农业经济, 2022, (9): 136-138.

[15] 陈叶玲, 张希, 王新阳, 等. 数字普惠金融助力乡村旅游产业发展[J]. 现代商业, 2021, (22): 33-35.

[16] 李晶. 基于乡村振兴的文化旅游产业发展内生动能与外部赋能研究[J]. 湖北农业科学, 2021, 60(20): 214-217.

[17] 贺斐. 消费需求变化背景下乡村旅游产业的发展模式[J]. 农业经济, 2020, (11): 143-144.

[18] 夏小荣. 陕西省乡村旅游产业发展多元文化体系研究[J]. 乡村科技, 2019, (35): 20-22.

[19] 周辉. 乡村振兴战略下乡村全域旅游产业发展的保障政策研究[J]. 太原城市职业技术学院学报, 2019, (8): 27-28.

[20] 陈立群. 全产业链理论视角下我国乡村旅游产业发展路径[J]. 农业经济, 2016, (10): 52-53.

[21] Barkauskas V, Barkauskienė K, Jasinskas E. Analysis of macro environmental factors influencing the development of rural tourism: Lithuanian case[J]. Procedia-Social and Behavioral Sciences, 2015, 213: 167-172.

[22] 史亚奇. 乡村旅游产业集聚的基本机理与应用研究[J]. 农业经济, 2016, (11): 30-32.

[23] 彭蛟, 彭小兵, 张俊杰. 乡村旅游产业化发展的影响因素研究: 基于解释结构模型[J]. 技术经济与管理研究, 2019, (8): 124-128.

[24] 钱惠新. 江苏乡村旅游产业空间相关性及影响因素研究[J]. 中国农业资源与区划, 2020, 41(4): 209-215.

[25] 孙旭东, 李雪松, 张博, 等. 绿色低碳新兴产业成熟度评价方法研究[J]. 中国工程科学, 2020, 22(2): 98-107.

[26] 王礼恒, 周志成, 王崑声, 等. 产业体系成熟度评价方法研究[J]. 中国工程科学, 2020, 22(2): 91-97.

[27] 余盈莹, 郭承龙. 苏北花卉苗木产业共生成熟度评价模型构建研究[J]. 中国林业经济,

2020, (2): 75-78.

[28] 侯晓斌, 侯森寓. 大数据助力乡村旅游智慧化发展研究: 以山西为例[J]. 生产力研究, 2022, (11): 82-86.

[29] 王丽莎. 民族地区乡村旅游产业智慧化发展研究[J]. 度假旅游, 2019, (4): 40.

[30] 郭莹. 乡村旅游智慧化建设的影响因素及发展路径探索[J]. 西部旅游, 2022, (12): 22-24.

附录 A　乡村文化旅游产业成熟度评价指标体系

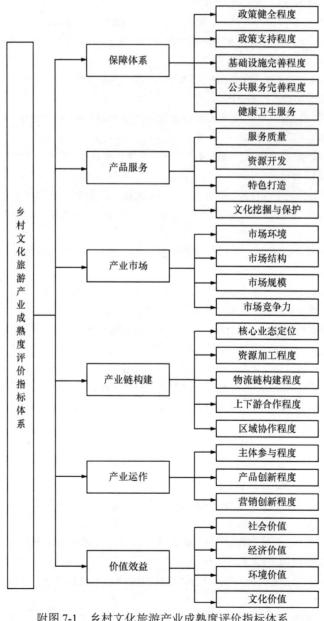

附图 7-1　乡村文化旅游产业成熟度评价指标体系

附表 7-1 乡村文化旅游产业成熟度评价指标体系含义

一级	二级	三级	三级含义
乡村文化旅游产业成熟度评价指标体系	保障体系（C_1）	政策健全程度 C_{11}	相关管理、责任明确制度以及监管政策健全程度
		政策支持程度 C_{12}	当地政府在人才、土地、资金等方面的支持力度
		基础设施完善程度 C_{13}	当地交通便捷程度以及乡村道路设施条件等
		公共服务完善程度 C_{14}	公共停车场、公共厕所、旅游标志以及智慧服务平台完善程度
		健康卫生服务 C_{15}	当地医疗卫生机构数量、便捷程度以及环境条件
	产品服务（C_2）	服务质量 C_{21}	当地乡村旅游产业相关机构、企业以及服务人员的服务态度、周全程度与需求匹配程度
		资源开发 C_{22}	当地旅游资源丰富程度以及开发程度
		特色打造 C_{23}	当地是否挖掘地方特色形成地方品牌
		文化挖掘与保护 C_{24}	当地物质文化及非物质文化的挖掘与保护
	产业市场（C_3）	市场环境 C_{31}	当地旅游相关业态发展环境稳定程度及规范程度
		市场结构 C_{32}	当地旅游业态以及一二三产业融合发展程度
		市场规模 C_{33}	当地业态集中程度以及相关企业规模与数量
		市场竞争力 C_{34}	当地乡村旅游产业与同类相比的优势与竞争力
	产业链构建（C_4）	核心业态定位 C_{41}	根据当地特色及地区功能发展的核心业态
		资源加工程度 C_{42}	对农产品等旅游资源的再次加工或深加工
		物流链构建程度 C_{43}	物流中心的构建程度以及物流便捷程度
		上下游合作程度 C_{44}	乡村旅游产业链上下游合作稳定性与密切性
		区域协作程度 C_{45}	当地乡村旅游活动与邻近地区的协同开发程度
	产业运作（C_5）	主体参与程度 C_{51}	当地村民等主体的参与方式以及参与态度
		产品创新程度 C_{52}	当地旅游产品是否具有创新力与新颖性
		营销创新程度 C_{53}	利用数字营销等手段对旅游活动的宣传程度
	价值效益（C_6）	社会价值 C_{61}	对当地村民就业以及生活等方面的影响程度
		经济价值 C_{62}	对当地经济效益及发展的影响效益
		环境价值 C_{63}	对当地自然生态及人居环境的改善及保护作用
		文化价值 C_{64}	对当地文化开发、建设以及弘扬的影响程度

附录 B 乡村文化旅游产业成熟度问卷调查

尊敬的游客朋友：

您好，我们的研究团队目前正在做蓟州区乡村文化旅游产业成熟度的相关研究，如果您去过蓟州游玩，恳请您花费宝贵的时间帮助我们填写这份问卷，问卷题项没有标准答案，请根据您的真实情况如实填写。所有收集的问卷数据仅为学术研究所用，不会泄露您的个人信息，请您放心填写。

再次感谢您对我们研究的大力支持，祝您生活愉快！

一、基本情况

1. 您的性别：

A. 男　　　　　　　　　　　　B. 女

2. 您来自哪里：

A. 天津市　　　　　　　　　　B. 北京

C. 河北　　　　　　　　　　　D. 其他

3. 您的年龄：

A. 18 岁及以下　　　　　　　　B. 19～39 岁

C. 40～60 岁　　　　　　　　　D. 60 岁以上

4. 您的职业是：

A. 个体经营者　　　　　　　　B. 农民

C. 企业从业人员　　　　　　　D. 学生

E. 政府机关、事业单位人员　　F. 自由职业

G. 离退休人员　　　　　　　　H. 其他

5. 您的受教育程度：

A. 高中及以下（包括中专）　　B. 本科或者大专

C. 硕士研究生及以上

6. 您的月均收入水平为：

A. 5 000 元以下　　　　　　　　B. 5 000～10 000 元

C. 10 001～20 000 元　　　　　　D. 20 000 元以上

7. 您在蓟州的游玩次数为：

A. 1 次　　　　　　　　　　　B. 2～3 次

C. 3 次以上

8. 您前往蓟州游玩的交通方式为：

A. 自驾　　　　　　　　　　　B. 火车

C. 高铁　　　　　　　　　　　D. 客车

E. 其他

二、保障体系方面

请您在下方每题后填写符合您感受的选项：

问题描述	完全不同意	不同意	一般	同意	非常同意
1. 我在游玩过程中感受到政府对当地民宿、餐饮等相关企业的监管政策很健全、透明					

问题描述	完全不同意	不同意	一般	同意	非常同意
2. 我在游玩过程中感受到政府对当地旅游发展的支持力度很大					
3. 我感受到当地的交通非常便利					
4. 我觉得当地公共厕所、公共停车场等旅游标识很全面，游玩过程中起到引导作用					
5. 我看到当地民宿、旅游景点、餐饮等在美团等APP上基本能全面地查到，且信息准确					
6. 我觉得当地卫生诊所数量较多，方便到达					
7. 我觉得当地公共场所的卫生环境非常好					

三、产品服务方面

请您在下方每题后填写符合您感受的选项：

问题描述	完全不同意	不同意	一般	同意	非常同意
1. 我在游玩过程中感受到当地村民、服务人员以及景区等人员服务态度好、服务周全					
2. 我在游玩过程中感受到当地的乡村旅游景点非常丰富，景点之间也基本具有套票的优惠					
3. 我觉得当地的乡村旅游具有明显不同于其他地方的特色					
4. 我认为游玩过程中能明显地感受到当地的习俗或者文化故事					
5. 游玩过程中我看到当地的古建筑保护得完好					

四、产业市场方面

请您在下方每题后填写符合您感受的选项：

问题描述	完全不同意	不同意	一般	同意	非常同意
1. 我对当地旅游景区、住宿、餐饮、农产品等服务、产品质量及价格都很接受与认可					
2. 我在当地感受到当地的伴手礼或者土特产很方便购买，方便留作纪念或带给家人朋友等					
3. 我看到当地提供相同服务的企业数量较多，且集中（如民宿、餐饮等）					
4. 我看到当地有专门的旅游产业园区（如采摘园区、小麦加工观光园区等）					
5. 当地的乡村景点、乡村特色、服务以及特产对我有很大的吸引力					

五、产业链构建方面

请您在下方每题后填写符合您感受的选项：

问题描述	完全不同意	不同意	一般	同意	非常同意
1. 我感受到当地的民宿、景点、娱乐资源等都很有自己的特色，吸引了很多游客前来					
2. 我感受到当地乡村文化旅游产业中农产品加工比较发达与先进（当地有自己的加工技术等）					
3. 我感受到当地有固定的物流中心等，乡村文化旅游产业物流完善便捷					
4. 我感受到当地景区、住宿、餐饮、特产商品店等之间有稳固的合作关系					
5. 我感受到当地的乡村旅游活动或者开发线路等与天津市其他地区有合作					

六、产业运作方面

请您在下方每题后填写符合您感受的选项：

问题描述	完全不同意	不同意	一般	同意	非常同意
1. 我感受到当地的村民大部分从事乡村旅游相关工作（如开民宿、景区工作等）					
2. 我感受到当地村民对于发展乡村旅游是非常支持与积极的					
3. 当地某一方面很出名（如古建筑、景区、民宿等），吸引我过来进行旅游					
4. 常常可以在微信、短视频、公众号等新兴媒体平台看到当地旅游景区以及产品的宣传					
5. 当地乡村旅游产品、营销都具有自己的特色（如形成网红打卡地等）					

七、价值效益方面

请您在下方每题后填写符合您感受的选项：

问题描述	完全不同意	不同意	一般	同意	非常同意
1. 我感受到从事乡村文化旅游产业给当地村民带来很大的经济效益					
2. 我感受到发展乡村文化旅游产业吸引了很多外地人员、企业到当地发展					
3. 我感受到发展乡村文化旅游产业使当地的居住环境变得更好了					
4. 我感受到乡村旅游企业为当地村民提供了很多就业机会					
5. 我感受到农业、种植等各类文化等因为乡村旅游得到了很大的发展					

第8章 乡村文化旅游产业可持续发展研究

伴随着乡村文化旅游产业的迅猛发展，产业成熟度不断提升，越来越多的资本开始向乡村聚集，乡村文化旅游的开发项目数持续攀升，短时间内刺激了乡村经济的发展，但也造成了乡村旅游资源的过度开发，长久下去则会导致乡村生态环境逐渐恶化。如何平衡乡村经济发展与生态环境保护二者之间的关系成为乡村文化旅游产业发展的关键问题。"绿水青山就是金山银山"，牺牲乡村生态环境资源促进经济发展就是涸泽而渔的短视行为，因此，可持续发展的理念逐渐被人们重视。可持续发展有助于促进生态效益、经济效益和社会效益的统一，同时也是乡村文化旅游产业成熟度提升的根本所在。

8.1 可持续发展理论基础

8.1.1 可持续发展理论

可持续发展理论最早可追溯至 20 世纪 80 年代，是顺应时代发展和社会需要而产生的新概念，布伦特兰主席在 1987 年的世界环境与发展委员会上首次提出"可持续发展"。该理念被广泛应用到经济、社会等领域，产生了深远的影响。我国十分重视资源环境的可持续发展，2003 年，我国就已经出台《国务院关于印发中国 21 世纪初可持续发展行动纲要的通知》，提出我国的可持续发展目标、重点领域、保障措施，为进一步推行我国经济社会可持续发展奠定基础。

习近平总书记在党的二十大报告中指出，尊重自然、顺应自然、保护自然，是全面建设社会主义现代化国家的内在要求。必须牢固树立和践行绿水青山就是金山银山的理念，站在人与自然和谐共生的高度谋划发展。推动经济社会发展绿色化、低碳化是实现高质量发展的关键环节[1]。在 2019 年 10 月 24 日首届可持续发展论坛举办时，习近平向论坛发出贺信，指出，中国秉持创新、协调、绿色、开放、共享的发展理念，推动中国经济高质量发展，全面深入落实 2030 年可持续发展议程[2]。可持续发展理论要求在项目开发和运营中做到人与自然的和谐相处，认识到对自然环境、社会发展和子孙后代所肩负的责任，做到既要顺应当前社会发展，又要对子孙后代负责。

8.1.2　乡村文化旅游可持续发展应用

乡村文化旅游产业的可持续发展是在保障乡村生态环境和满足游客消费需求的同时，不破坏乡村文化旅游地的资源，通过发展乡村的乡土文化、农业文化、民俗文化带动当地经济发展和乡村文化旅游产业建设，促进乡村文化旅游地的产业融合发展。

乡村文化旅游是一个复杂的巨系统，涉及环境、社会、资源、经济等多方面，近些年，环境和资源问题不断被关注，因此，关于乡村旅游可持续发展的研究逐渐被重视。学者 Šimková 指出了乡村文化旅游产业对乡村地区可持续发展有着重要作用[3]。Kothari 和 Perwej 研究了乡村旅游作为农村经济可持续发展驱动力的重要性，并从文化角度提出乡村旅游产业可持续发展的策略[4]。赵承华指出我国乡村旅游在可持续发展中存在经营、融合、保护、节约等问题[5]。武少腾等以四川省为研究对象，测度乡村旅游可持续发展水平，并全面分析影响资源、环境、社会发展水平的因素[6]。李学良等基于消费者的角度建立了一套乡村旅游可持续发展评价指标体系[7]。彭亚萍和白祥指出在干旱脆弱的生态环境下，生态环境与乡村旅游的可持续发展更依赖于对环境的保护力度[8]。Vitasurya 认为乡村旅游发展的可持续性在于保持环境的可持续性，同时还在于开发者的开发动机[9]。Ćurčić 等的研究结果表明，乡村文化旅游产业的发展，可以改善乡村旅游的可持续性，对乡村经济的可持续发展也具有重要意义[10]。

综上，国内外现存关于乡村文化旅游可持续发展的研究多从定性的角度分析发展的意义、存在的问题，个别学者提出评价指标体系。在实际发展过程中，乡村文化旅游产业发展的可持续性问题比较突出，有待理论研究与实践探索的重点关注。

山东省乡村文化旅游资源极其丰富，有着广袤的乡村土地，具有极大发展潜力的同时，也暴露出环境污染、资源浪费等一系列问题，在我国乡村文化旅游的发展中具有典型性，因此本章以山东省为例，对山东省乡村文化旅游产业的发展现状进行分析，并对影响可持续发展的主要因素进行评价研究，以期为其他地区乡村文化旅游产业的可持续发展提供参考。

8.2　山东省乡村文化旅游产业发展现状

8.2.1　山东省概况分析

1. 区位条件

山东省是中国东部主要的沿海省份，位于黄海与渤海之间，与河北、河南、安徽、江苏四省接壤，有着对接京津冀协同发展的战略地理位置，相邻各省份人口众多，为山东省乡村文化旅游的发展提供潜在市场。

2. 交通情况

山东省以"加快交通互联互通，大力支持高质量发展"为发展导向，在完善交通网络建设上取得较大成就。山东省全省公路通车里程达到 28.8 万公里，其中高速公路通车里程达到 7477 公里；具备条件的自然村全部通公路，具备条件的行政村全部通客车；农村客运公交化改造比例达到 75%以上，物流服务网点覆盖率达到 90%以上，山东省的交通道路网已完全覆盖，为乡村文化旅游的发展提供了坚实的保障。

3. 自然资源

山东省地形复杂多样，鲁中多山，西南、西北地势低平，东部平缓起伏，形成以山丘为骨架、平原盆地纵横交错的地理风貌；气候适宜，属暖温带大陆性季风气候，水资源丰富，孕育出多种多样的动植物。山东省复杂的地理风貌和舒适的气候，形成了极其丰富的自然资源，符合城镇居民所追求的乡村自然生态气息，成为乡村文化旅游发展的重要基础。

4. 经济水平

截至 2022 年，山东省地区生产总值为 87 435 亿元，在 31 个省市区中位居全国第三；人均生产总值为 72 619 元，人均可支配收入为 37 560 元，经济发展态势良好，人民生活水平稳步提高，为乡村文化旅游产业的发展提供了经济保障。

8.2.2　山东省乡村文化旅游发展概况

1. 乡村文化旅游资源概况

山东省作为中国历史文化的发祥地之一，文化资源、历史资源和生态资源十分丰富，有发展乡村文化旅游的重要基础。山东省是儒家文化的发源地，又是多文化汇聚而成的综合体，例如，拥有道、法、兵、墨等其他流派的文化，且兼有原始社会末期的龙山文化与大汶口文化，坊间更是流传着丰富的民间传说，体现出非物质文化遗产的丰厚，如孔子诞生传说、崂山民间故事、陶朱公传说、巨野麒麟传说、孟姜女传说等。此外，山东省拥有崂山、泰山、沂水、微山湖风景名胜区、日照五莲山等多处文物古迹和优美的自然风光，还有曲阜"三孔"、蓬莱阁、刘公岛甲午战争纪念地、汶上宝相寺等重点文物保护单位。

近年来，在乡村振兴的背景下，大力促进乡村建设，解决农村劳动力流失等问题，在充分利用资源的基础上，山东省的乡村文化旅游业得到良好的发展，数据统计如表 8-1 所示。

表 8-1　山东省乡村文化旅游资源统计表

乡村文化旅游资源	特色村	旅游强乡镇	省级示范县	省级示范点	最美休闲村	最美乡村	休闲农业精品园
数量/个	1230	530	19	28	57	41	45

2. 乡村文化旅游发展概况

全国乡村文化旅游整体发展态势欣欣向荣，以人口大省、农业大省著称的山东省在乡村文化旅游的发展中显露头角。

山东省农业文明源远流长，农村农业资源富饶，人口众多，造就了丰富多样、绚丽多彩的民俗风情文化，这些均为山东省乡村文化旅游的发展造就了机遇。2019年，山东省文化旅游消费收入达 2710 亿元。根据山东省乡村文化旅游接待人次统计数据或根据全省旅游总人次结合乡村文化旅游占比进行估算的数据（图 8-1），2019 年山东省乡村文化旅游接待达 5.4 亿人次。2023 年山东省国内旅游接待总计达 8.2 亿人次，红火背景下加上各地丰富的乡村文化资源，乡村文化旅游人次在疫情后快速回升。规模上，山东省有 3500 多个乡村规模开发了乡村文化旅游，在第二批评选的全国乡村旅游重点村名单中，山东省以 24 个重点村位居前列。山东省乡村文化旅游产业发展迅猛，引起了各部门高度关注重视，对前景发展寄予厚望，为乡村文化旅游产业的可持续发展提供了现实基础。

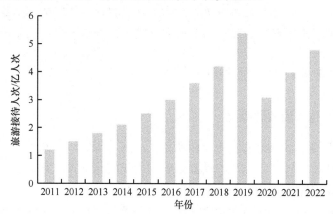

图 8-1　山东省乡村文化旅游接待人次

资料来源：作者根据山东省各政府部门发布的有关乡村旅游的报告等整理得到

从农村居民可支配收入来看，如图 8-2 所示，随着乡村文化旅游总收入的增长，农村居民的人均收入也随之增长，乡村文化旅游总收入从 2011 年的 706 亿元增长至 2019 年的 2710 亿元，总量增长 3 倍多，2019 年出现下降，是由于统计口径发生变化，不影响乡村文化旅游持续发展的趋势。农村居民的生活水平显著提升，2011 年的人均可支配收入仅 8395 元，截至 2022 年，居民的人均可支配收入已达 22 110 元，大量当地村民留下，对解决劳动力流失问题提供大量帮助。乡村文化旅游发展所带来的经济效益已远超当地农业所带来的收益，更加促进农村居民发展乡村文化旅游的积极性，山东乡村文化旅游的发展具有广阔前景。

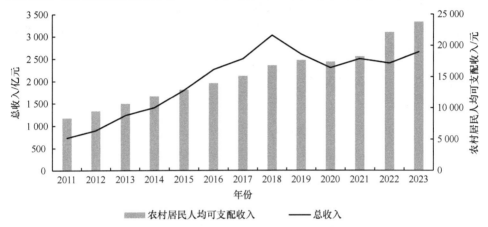

图 8-2　2011～2023 年山东省乡村文化旅游带来的经济效益情况

资料来源：《山东省统计年鉴》

从乡村旅游人均消费来看，根据山东省乡村文化旅游消费收入和接待人次计算得出人均乡村文化旅游消费水平，与全国乡村文化旅游消费水平对比，如图 8-3 所示。

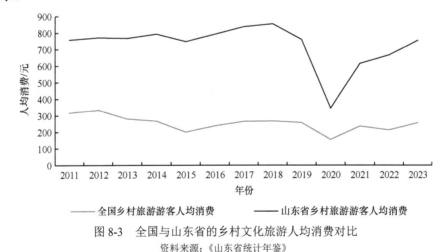

图 8-3　全国与山东省的乡村文化旅游人均消费对比

资料来源：《山东省统计年鉴》

从图 8-3 可以看出，2011～2023 年，山东省的乡村文化旅游人均消费水平均高于全国水平。除 2020 年受疫情影响外，其余年份即便是在全国乡村文化旅游人均消费水平处于下降态势时，山东省也一直处于稳步上升趋势。整体来看，山东省作为全国乡村文化旅游的重要组成部分，乡村文化旅游发展形势良好，具备可持续发展的基础。

8.2.3　山东省乡村文化旅游产业 SWOT 分析

　　山东省作为乡村文化旅游产业兴起较早的省份，走在乡村文化旅游产业发展的较前端，政策的叠加、转型升级、消费者观念转变等为其发展带来机遇，但同时也面临发展中的问题，经受严峻考验。接下来通过 SWOT 分析工具对山东省近年来乡村文化旅游产业进行分析，找寻优势点与发展机会。

1. 优势分析

　　（1）政府政策的完善。近年来，乡村文化旅游产业的发展所带来的正向效益显著，吸引国家对乡村文化旅游产业的发展越来越重视，不管是国家层面还是省级层面，均出台相应的政策，为乡村文化旅游产业的发展注入新的活力。2011 年 3 月，山东省印发了《山东省乡村旅游业振兴规划（2011—2015 年）》。为实现乡村文化旅游产业全面振兴，2016 年，山东省旅游发展委员会发布《关于开展首批"山东省全域旅游示范区"创建工作的通知》。2018 年，山东省旅游发展委员会印发《山东省红色文化研学旅游实施方案》。2020 年 4 月，为完善乡村文化旅游公共服务设施，山东省文化和旅游厅等五部门共同制定《关于开展村庄景区化建设工作的指导意见》，2021 年，山东省文化和旅游厅印发《山东省"十四五"文化和旅游发展规划》，2021 年 12 月，山东省人民政府印发《山东省"十四五"推进农业农村现代化规划》。2020 年 7 月，农业农村部印发《全国乡村产业发展规划（2020—2025 年）》，2022 年 7 月，国家发展和改革委员会、文化和旅游部印发《国民旅游休闲发展纲要（2022—2030 年）》，这些政策为乡村文化旅游产业的发展提供了强有力的政策支撑。以上国家与山东省出台的一系列政策文件，为山东省乡村文化旅游产业的发展提供了良好的环境。

　　（2）资源与客源丰富。乡村文化旅游产业发展最主要的两个方面，一是具有丰富的资源进行开发吸引游客，二是具有大量的潜在客源带来经济收入。在资源方面，山河湖泊、历史古迹、农村田园等景观是乡村文化旅游产业发展的必备条件，主要难点在于将文化融入进去，成为景点的灵魂所在。山东省利用齐鲁文化优势，建设济南—泰山—曲阜优秀传统文化旅游示范区、齐鲁文化旅游示范区、大运河（山东段）文化旅游示范区、黄河三角洲生态文化旅游示范区等 4 个文化旅游示范区，充分显示资源与文化的完美融合，将资源优势发挥到最大。在客源方面，乡村文化旅游的主要客源来源于当地的城镇居民，随着交通的便利，全国各省的游客逐渐增多。山东省是一个思想比较开放、文化比较包容的省份，与山东省隔海相望的韩国、日本等国家也成为山东省乡村文化旅游的主要客源市场，因此山东省的客源市场很丰富。

（3）品牌宣传到位。2017 年 6 月，山东省发布《山东省乡村旅游提档升级工作方案》，使山东省乡村文化旅游走上规模化、高质量发展轨道，为打造"山东乡村文化旅游精品"品牌提供坚实保障。在规模上，建成 100 个乡村文化旅游集聚区，在质量上，建成 60 个国家级精品园区，取得不错的成绩，在品牌建设方面也取得丰硕的成果。目前，提到山东省的乡村文化旅游很多人都会想到"好客山东"品牌宣传语，说明品牌建设与宣传很到位，另外，"十四五"时期，山东省办好"乡村好时节"活动，提升品牌驱动，并以此为平台，构建乡村旅游的内容创新机制和体系，这些都使山东省的乡村文化旅游在全国的影响力得到显著提升。

2. 劣势分析

（1）监管不力。一些地区政府急于做出成绩，对前期的可行性研究分析过于粗放，随意进行开发，有些虽取得近期利益，但经不起时间的敲打，后期出现的问题越来越多，且越来越棘手。2019 年，山东省组织清查 80 余次，发现共有违法违规 47 起，共处罚 23 万余元，目前，虽有所缓解，但仍存在违规现象。归根结底是政府对乡村文化旅游产业的发展监管力度不够，对相关政策文件落实不到位，缺乏详细统一的规划，这将对乡村文化旅游产业持续发展造成很恶劣的影响。

（2）乡村经济基础薄弱。乡村文化旅游产业是乡村振兴的主要推动力，但在开发乡村文化旅游产业前，需大量资金进行投入，单单靠政府的拨款资助远远达不到，这成为乡村文化旅游产业发展时期的主要问题。解决资金问题首先想到外来投资者的引入，但对于乡村而言，发展活力较弱，即便该地区具有丰富的乡村文化旅游产业发展条件，其招商引资的能力仍相对较弱。因此，缓解乡村经济基础问题是发展乡村文化旅游产业的关键。

（3）产品创新力度不够。山东省乡村文化旅游的兴起速度较快，很多相关人员对乡村文化旅游产业的了解还不够，导致设计能力较差，对乡村文化旅游内涵的挖掘浅显。乡村文化旅游多以采摘、农家乐、观光等形式为主，产品单调乏味，同质化严重，导致游客的重游意愿几乎为零。此外，乡村文化旅游产业的发展模式普遍单一，科技、文化、互联网等新时代的产物融入较少。这些均阻碍乡村文化旅游产业的发展。我国是创新大国，要实现乡村文化旅游产业良好的发展，创新必不可少。

3. 机遇分析

（1）需求机遇。在进入经济新常态化后，人们对于旅游的需求发生相应的改变，城市生活质量的提高，使城市居民越来越追求精神上的满足，更加注重休闲返璞归真。尤其在 2020 年疫情过后，人们对于旅行的安全和卫生更加注重，乡村文化旅游目的地相对较为空旷，人与人的密集度较小，空气流通大，是符合当下旅游者追求的不错选择。研究客源需求的改变可提前为乡村文化旅游产业的转型升级做足准备，有效促进乡村文化旅游产业发展。

（2）旅游+互联网。随着旅游和互联网的结合，山东省内逐渐发展起智慧乡村文化旅游，让充满乡土气息的乡村文化旅游也变得潮流起来。特别是以互联网为基础产生的"途牛旅游""飞猪旅行""去哪儿旅行"等各种旅游 APP 的发展，微信、微博等社交媒体兴起，抖音等短视频平台飞速发展，这些都为乡村文化旅游产业向外发展提供机遇。当下是互联网全球化的时代，旅游产业抓住机遇飞快转型升级，乡村文化旅游产业也将有广阔的发展空间。

4. 威胁分析

（1）环境遭到破坏。乡村文化旅游产业在快速发展的同时，一方面，提高当地居民经济条件，缩小城乡差距，促进城乡一体化；另一方面，破坏了乡村原有的自然风貌，而管制力度较小，导致环境恶化。乡村文化旅游产业的发展有利有弊，但需保证在弊端最小至无的情况下去盈利，环境遭到一分的破坏，需要十分来弥补，保护环境的思想宣传至每一个乡村文化旅游相关者至关重要。

（2）乡村文化旅游资源分布不均。首先，山东省内经济发展不平衡，省会济南市周边经济条件优越，较少以农业为主，乡村文化旅游发展较为薄弱，位于沿海地区的乡村文化旅游产业依托海洋优势大力发展乡村文化旅游业，鲁西南区域经济较为薄弱，以农业产业为主，乡村文化旅游资源分布较广，整体的分布不均造成了政策落实的困难。其次，相邻省份大力发展乡村文化旅游产业，吸引周边游客，对山东省同样造成威胁。可谓是内忧外患的局面，只有打破分布不均的僵局，提高乡村文化旅游产业的创新度，才能破解乡村文化旅游发展所面临的威胁。

SWOT 分析整理如表 8-2 所示，在此格局下应选择以 ST 战略为主，利用乡村旅游发展的优势来应对乡村旅游发展中存在的威胁，以其他战略的结合为辅，充分考虑提升乡村旅游发展的措施。因此，接下来本章将以威胁与问题为思维导向，针对山东省乡村旅游可持续发展效率进行实证研究，从不同层面展开分析，以助有针对性地提出优化建议。

表 8-2　山东省乡村旅游 SWOT 分析

战略	分析内容
优势	政府政策的完善
	资源与客源丰富
	品牌宣传到位

续表

战略	分析内容
劣势	监管不力
	乡村经济基础薄弱
	产品创新力度不够
机遇	需求机遇
	旅游+互联网
威胁	环境遭到破坏
	乡村文化旅游资源分布不均

8.3　山东省乡村文化旅游产业可持续发展水平测度

8.3.1　可持续发展评价指标建立原则

乡村文化旅游产业可持续发展涉及多个层面，是一个复杂系统，对指标的选取和指标体系的构建要求较高，不仅要考虑普遍性、适用性，还应考虑山东省的独立特殊性，从各个领域、各个视角进行全面筛选，使其具有代表性和创新性。在建立乡村文化旅游产业可持续发展指标体系的过程中，遵循以下基本原则。

1. 科学性原则

科学地构建指标体系应是选取指标的现实基础，应有相对应的理论内涵，不能凭空捏造，应在保证信息量充足的前提下最大限度地体现客观事实。本章所选取的指标以可持续发展为理论基础，结合山东省乡村文化旅游产业的客观现实情况，实现指标的标准化和规范化，最真实地反映山东省乡村文化旅游产业可持续发展的评估结果。

2. 综合性原则

综合性原则体现在既要简要明了，又要层级系统分明，选取指标要全面。乡村文化旅游产业可持续发展系统是个复杂巨系统，因此，在选取指标的过程中要进行系统性分析，体现指标的层级关系，尽量做到指标选取明确，不同层级设置合理。在综合性原则的基础上，能全面反映项目的总体情况，构建具有综合性、个性化的指标体系。

3. 动态性原则

乡村文化旅游产业可持续发展是一个动态变化的过程，要合理地反映可持续发展状态，选取指标时要综合时间因素和空间因素所带来数据变动的影响，尽量选取随时间变化而持续稳定的指标，能够更加科学合理地体现出可持续发展的内涵，并测度出可信度较高的发展水平。

4. 可操作性原则

指标选取的可操作性体现在所选取指标的数据可得性，同时要保证数据的真实性和连续性。本章所选取的指标要求定性与定量相结合，可避免指标的过于主观或过于客观，造成结果偏差现象。保证每个指标的收集可行，并且数据可处理评估，能够对山东省乡村文化旅游产业可持续发展系统进行有效评价。

结合文献梳理与专家访谈，初步拟定指标体系，如表 8-3 所示。

表 8-3　山东省乡村文化旅游产业可持续发展指标体系

目标层	系统层	指标层	指标释义
山东省乡村文化旅游产业可持续发展系统 A	经济发展子系统 B_1	乡村文化旅游接待人次 C_1	客源市场规模
		乡村文化旅游消费收入 C_2	经济增收水平
		第一产业增加值 C_3	带动第一产业发展情况
		农村居民人均可支配收入 C_4	给当地居民带来的经济效益
	社会发展子系统 B_2	城镇居民人均消费支出 C_5	潜在客源的消费水平
		直接吸纳从业人员 C_6	带动劳动力转移就业情况
		农村健身设施覆盖率 C_7	带动乡村全面发展情况
		交通便捷度 C_8	带动基础设施改善情况
	资源开发子系统 B_3	规模化发展乡村文化旅游村数 C_9	乡村文化旅游资源拥有情况
		乡村文化旅游经营户数 C_{10}	居民积极性
		省级乡村旅游示范点 C_{11}	政府对旅游开发的重视程度
		A 级以上景区个数 C_{12}	发展规模情况
	生态环境子系统 B_4	建成自然保护区个数 C_{13}	生态环境保护力度及规模
		污废水处理率 C_{14}	乡村文化旅游地污染处理程度
		环境空气质量综合指数 C_{15}	乡村文化旅游产业生态质量
		森林覆盖率 C_{16}	生态环境补偿效应

8.3.2　乡村文化旅游产业可持续发展评价指标体系

乡村文化旅游产业可持续发展评价指标体系的建立关系到的内容多而杂，因此本章严格按照乡村文化旅游产业可持续发展的内涵和山东省乡村文化旅游产业发展的实际情况，遵循科学合理、综合全面、动态变化、可操可得的基础上，构建"目标层—系统层—指标层"三层次的指标体系。

目标层是乡村文化旅游产业可持续发展系统，系统层的选择是在前人研究成果的基础上结合山东省的实际拟定的，包括经济发展子系统、社会发展子系统、资源开发子系统、生态环境子系统。指标层的选择更为复杂，考虑指标的全面性和代表性，选取近年来乡村文化旅游产业可持续发展研究中使用指标的高频词进行列举并筛选，如表 8-4 所示。

表 8-4　乡村文化旅游产业可持续发展研究中高频词

山东省乡村文化旅游产业可持续发展系统	主要高频指标	指标来源
经济发展子系统	收入水平、乡村文化旅游接待人次、农村居民人均可支配收入、乡村基础设施建设、旅游收入占 GDP 比重、第一产业值、乡村文化旅游投资机会、乡村文化旅游收入年增长率、乡村文化旅游投入资金、乡村文化旅游设施服务完善度	莫莉秋[11] 李涛等[12] 赵伟等[13]
社会发展子系统	游客重游意愿、居民对发展乡村文化旅游的态度、乡村就业率、乡村文化旅游教育性、乡村文化旅游服务设施水平、直接吸纳从业人员、城乡一体化水平、城镇居民人均可支配收入、乡村文化旅游扶贫效应、交通便捷度、乡村人口数	吴小霞[14] 贾慧[15] 武少腾等[6]
资源开发子系统	A 级以上景区个数、文物古迹保护、非物质文化遗产的传承与保护、景观知名度、民俗文化开发水平、规模化发展乡村文化旅游村数、乡村文化旅游经营户数、乡村文化旅游资源的文化价值、民俗文化丰富度、乡村旅游示范点	吴海燕[16] 白祥和彭亚萍[17] 刘迎辉[18] 李妍[19]
生态环境子系统	乡村环境质量指数、森林覆盖率、居民环保意识、乡村文化旅游环境安全程度、乡村景观原真性、空气质量、水体质量、生态保护区、生物多样性、污废水处理率、乡村生态环境保护投入	陈玉娟等[20] 张涛和薛华菊[21]

1. 经济发展子系统

经济发展与人们的日常生活需求密切相关，经济发展水平是乡村文化旅游发展概况的直接体现，因此，在评价指标体系中建立最能直接反映经济发展情况的指标，保证评价结果质量。选取指标有：乡村文化旅游接待人次，主要反映乡村文化旅游产业所产生的客源市场规模大小；乡村文化旅游消费收入，主要反映乡村文化旅游所带来的经济增收水平；第一产业增加值，主要反映乡村文化旅游产业带动第一产业发展情况；农村居民人均可支配收入，主要反映乡村文化旅游发展给当地居民所带来的经济效益。

2. 社会发展子系统

社会发展是所构成社会要素不断增加、上升、更新的一个过程。社会发展与人类发展相互依存，持续影响人类的生活舒适度，是乡村文化旅游可持续发展的根基。因此，要构建能够反映社会发展状态的指标来体现乡村文化旅游可持续发展情况。选取指标有：城镇居民人均消费支出，主要反映乡村文化旅游潜在客源的消费水平；直接吸纳从业人员，主要反映乡村文化旅游带动劳动力转移就业的情况；农村健身设施覆盖率，主要反映乡村文化旅游带动乡村全面发展的情况；交通便捷，主要反映乡村文化旅游带动基础设施的改善情况。

3. 资源开发子系统

资源开发是对原生态事物进行规划并实施进而提升其利用价值的过程。一个旅游地的资源开发情况决定该地的旅游发展方向，同时也影响客源规模和当地居民的经济状况，资源丰富度和资源开发情况是乡村文化旅游可持续发展的物质基础，是评价指标体系的重要内容之一。选取指标有：规模化发展乡村文化旅游村数，主要反映乡村文化旅游资源拥有情况；乡村文化旅游经营户数，主要反映资源开发规模带动居民积极性；省级乡村旅游示范点，主要反映政府对乡村文化旅游资源开发的重视情况；A 级以上景区个数，主要反映乡村文化旅游产业发展的规模情况。

4. 生态环境子系统

环境不仅与人们生活息息相关，还与游客追求乡村文化旅游体验的满意度不可分割，要保证游客的重游意愿强烈，就要保护当地生态环境，做到生态宜居。选取的指标有：建成自然保护区个数，主要反映当地对生态环境保护的力度及规模；污废水处理率，主要反映乡村文化旅游地的污染处理程度；环境空气质量综合指数，主要反映乡村文化旅游产业的生态质量；森林覆盖率，主要反映生态环境的补偿效应。

8.3.3 数据来源

乡村文化旅游产业可持续发展涉及多个层面，应考虑独立特殊性，从各个领域、各个视角进行全面筛选，使其具有代表性和创新性。数据采集主要来源如下。

（1）主观数据主要来源于设计问卷，向 20 名大学教授、科研工作人员等相关专家进行咨询并对各项指标的重要程度进行评分。

（2）客观数据主要来源于山东省统计局发布的《山东省统计年鉴》、山东省政府网站发布的《国民经济和社会发展统计公报》和《山东省政府工作报告》、山东省文化和旅游厅公布的休闲农业和乡村旅游示范县名单以及乡村旅游村数等官方数据。

8.3.4 层次分析法-熵权法的综合赋权法分析

假设组合权重为 W_i、层次分析法权重为 W_i'、熵值法权重为 W_i''，运用拉格朗日乘子法公式，得到综合赋权法的权重公式：

$$W_i = \frac{(W_i' \cdot W_i'')^{0.5}}{\sum\limits_{i=1}^{m}(W_i' \cdot W_i'')^{0.5}} \quad (i=1,2,\cdots,m) \tag{8-1}$$

将收集的数据进行处理，代入不同的方法计算出权重，计算结果如表 8-5 所示。

表 8-5　不同方法的指标权重结果

标准层	权重			指标层	分权重			排序	总权重
	层次分析法赋权	熵值法赋权	综合赋权		层次分析法赋权	熵值法赋权	综合赋权		
经济发展子系统 B_1	0.1094	0.2494	0.1704	乡村文化旅游接待人次 C_1	0.0860	0.2391	0.1498	15	0.0253
				乡村文化旅游消费收入 C_2	0.4500	0.2505	0.2365	10	0.0399
				第一产业增加值 C_3	0.2187	0.2650	0.2514	9	0.0424
				农村居民人均可支配收入 C_4	0.4906	0.2454	0.3624	1	0.0612
社会发展子系统 B_2	0.2029	0.2405	0.2279	城镇居民人均消费支出 C_5	0.1755	0.2521	0.2153	13	0.0496
				直接吸纳从业人员 C_6	0.3223	0.2500	0.2906	4	0.0670
				农村健身设施覆盖率 C_7	0.1249	0.2492	0.1806	14	0.0417
				交通便捷度 C_8	0.3772	0.2487	0.3135	3	0.0722
资源开发子系统 B_3	0.2154	0.2476	0.2383	规模化发展乡村文化旅游村数 C_9	0.3269	0.2430	0.2839	5	0.0695
				乡村文化旅游经营户数 C_{10}	0.2739	0.2430	0.2599	8	0.0636
				省级乡村旅游示范点 C_{11}	0.2076	0.2645	0.2360	11	0.0578
				A 级以上景区个数 C_{12}	0.1916	0.2495	0.2202	12	0.0539
生态环境子系统 B_4	0.4723	0.2626	0.3634	建成自然保护区个数 C_{13}	0.0617	0.2651	0.1352	16	0.0481
				污废水处理率 C_{14}	0.2745	0.2282	0.2646	7	0.0941
				环境空气质量综合指数 C_{15}	0.2324	0.2797	0.2695	6	0.0959
				森林覆盖率 C_{16}	0.4315	0.2270	0.3308	2	0.1177

注：因四舍五入，存在综合赋权相加不为 1 情况

系统层权重分布：四个子系统的权重排序为生态环境子系统 B_4（0.3634）>资源开发子系统 B_3（0.2383）>社会发展子系统 B_2（0.2279）>经济发展子系统 B_1（0.1704）。研究表明，山东省乡村文化旅游产业可持续发展的关键路径是保护生态环境，其次为资源开发要具有规划性和目的性。

8.3.5　模糊综合评价分析

1. 方法介绍

模糊综合评价法是应用模糊数学原理进行运算的一种定量方法，它最大的优点在于解决"模糊"问题，运用数学思路赋予模糊概念或不易定量的因素具体的量化数据，再对其进行计算判断隶属等级情况，主要步骤如下所示。

（1）确定评价对象的因素集：设评价对象有 n 个相关因素，则评价对象的因

素集可用 $U = \{u_1, u_2, \cdots, u_n\}$ 表示。

（2）确定评判集评价因素的评价等级：采用五级制，则评判集可用 $V = \{v_1, v_2, \cdots, v_m\}$ 表示，若用语言描述，评价地区的乡村文化旅游产业可持续发展水平可用 $V = \{$很强, 较强, 中等, 较弱, 很弱$\}$ 表示。

（3）建立模糊关系矩阵 R：对每个因素均进行模糊关系评价，以确定被评价对象隶属于关系集 V 的程度，从而可以得到模糊关系矩阵：

$$R = \begin{bmatrix} r_{11} & r_{12} & \cdots & r_{1m} \\ r_{21} & r_{22} & \cdots & r_{2m} \\ \vdots & \vdots & & \vdots \\ r_{n1} & r_{n2} & \cdots & r_{nm} \end{bmatrix} \tag{8-2}$$

其中，$r_{ij}(i=1, 2, \cdots, n; j=1, 2, \cdots, m)$ 表示从因素 u_i 来看，被评价对象隶属于 v_j 等级模糊子集的程度。本书邀请山东省高校内多名相关教师以及相关科研人员，分别按照评判等级对被评价对象进行打分，运用绝对值减数法整理计算打分结果求得值 r_{ij}，即

$$r_{ij} = \begin{cases} 1, & (i = j) \\ 1 - c \sum_{k=1}^{Q} |x_{ik} - x_{jk}|, & (i \neq j) \end{cases} \tag{8-3}$$

其中，c 可适当选取，使得 $0 \leqslant r_{ij} \leqslant 1$；$Q$ 为评价专家数。

（4）进行多因素模糊综合评价：将权重集 W 和模糊关系矩阵 R 进行相乘运算，得出综合评价矩阵，求解得到被评价对象的结果向量 $T = \{t_1, t_2, \cdots, t_n\}$，综合评价模型为

$$T = W \cdot R = (w_1, w_2, \cdots, w_n) \cdot \begin{bmatrix} r_{11} & r_{12} & \cdots & r_{1m} \\ r_{21} & r_{22} & \cdots & r_{2m} \\ \vdots & \vdots & & \vdots \\ r_{n1} & r_{n2} & \cdots & r_{nm} \end{bmatrix} \tag{8-4}$$

2. 数据分析

结合山东省乡村文化旅游产业发展的实际情况，邀请相关科研专家人员对指标层的每个指标做出相应的等级评价，采用五级制表示为 $V = \{$很强, 较强, 中等, 较弱, 很弱$\}$，整理对应专家的评价等级数据进行均一化处理，得到如下的模糊评价矩阵，如表 8-6 所示。

表 8-6　山东省乡村文化旅游产业可持续发展模糊评价矩阵

指标层	权重	评价等级				
		很强 V_1	较强 V_2	中等 V_3	较弱 V_4	很弱 V_5
乡村文化旅游接待人次 C_1	0.1498	0.10	0.25	0.40	0.20	0.05

续表

指标层	权重	评价等级				
		很强 V_1	较强 V_2	中等 V_3	较弱 V_4	很弱 V_5
乡村文化旅游消费收入 C_2	0.2365	0.05	0.40	0.30	0.20	0.05
第一产业增加值 C_3	0.2514	0.10	0.15	0.45	0.30	0.00
农村居民人均可支配收入 C_4	0.3624	0.00	0.25	0.50	0.20	0.05
城镇居民人均消费支出 C_5	0.2153	0.10	0.30	0.35	0.20	0.05
直接吸纳从业人员 C_6	0.2906	0.05	0.30	0.55	0.10	0.00
农村健身设施覆盖率 C_7	0.1806	0.00	0.10	0.50	0.35	0.05
交通便捷度 C_8	0.3135	0.15	0.40	0.30	0.15	0.00
规模化发展乡村文化旅游村数 C_9	0.2839	0.00	0.25	0.65	0.10	0.00
乡村文化旅游经营户数 C_{10}	0.2599	0.05	0.25	0.55	0.10	0.05
省级乡村旅游示范点 C_{11}	0.2360	0.05	0.25	0.40	0.30	0.00
A 级以上景区个数 C_{12}	0.2202	0.10	0.30	0.40	0.20	0.00
建成自然保护区个数 C_{13}	0.1352	0.00	0.25	0.50	0.15	0.10
污废水处理率 C_{14}	0.2646	0.05	0.35	0.30	0.30	0.00
环境空气质量综合指数 C_{15}	0.2695	0.10	0.35	0.25	0.30	0.00
森林覆盖率 C_{16}	0.3308	0.15	0.45	0.20	0.20	0.00

为保证客观科学性，通过 4 个系统层中的各个指标评分综合确定山东省乡村文化旅游产业可持续发展水平，根据表 8-6 的评价等级，将每个指标的权重与对应评分相乘，建立模糊评判矩阵，进而根据模糊综合评价方法的过程，进一步求出可持续发展水平的评价结果，如表 8-7 所示。

表 8-7　山东省乡村文化旅游产业可持续发展模糊评价结果

项目		评价结果				
		很强	较强	中等	较弱	很弱
目标层	山东省乡村文化旅游产业可持续发展系统 A	0.0716	0.3081	0.3915	0.2099	0.0189
系统层	经济发展子系统 B_1	0.0519	0.2603	0.4252	0.2251	0.0374
	社会发展子系统 B_2	0.0831	0.2952	0.4195	0.1824	0.0198
	资源开发子系统 B_3	0.0468	0.2610	0.5099	0.1692	0.0130
	生态环境子系统 B_4	0.0898	0.3696	0.2805	0.2466	0.0135

根据最大隶属度原则，可以清楚地看出，系统层除生态环境子系统的可持续发展能力较强外，其余均在可持续发展中等水平，说明乡村文化旅游产业的发展对生态环境的依赖较高，同时带动经济社会的进步。综合来看，山东省乡村文化旅游产业可持续发展处于中等水平，说明具有巨大的发展潜力，结合山东省现实环境情况，跟随政策指引，在保护生态环境基础上，充分挖掘乡村文化旅游资源，

可有效实现乡村文化旅游产业可持续发展。

　　为了更为直观地深入分析山东省乡村文化旅游产业可持续发展现状，提出更加契合的指导意见，故采用加权平均法建立可持续发展水平等级。对评价结构赋予相应的分值，赋分原则为：很强赋予 100 分，较强赋予 90 分，中等赋予 80 分，较弱赋予 70 分，很弱赋予 60 分。最终，求出综合得分，若分值处于 90～100 分，则评价水平为 1 级；若分值处于 80～90 分，则评价水平为 2 级；若分值处于 70～80 分，则评价水平为 3 级；若分值处于 60～70 分，则评价水平为 4 级。评价等级结果如表 8-8 所示。

表 8-8　山东省乡村文化旅游产业可持续发展水平综合得分

目标层	评价结果		系统层	评价结果		指标层	评价结果	
	得分	等级		得分	等级		得分	等级
山东省乡村文化旅游产业可持续发展系统	82.04	2	经济发展子系统 B_1	80.64	2	乡村文化旅游接待人次 C_1	81.50	2
						乡村文化旅游消费收入 C_2	82.00	2
						第一产业增加值 C_3	80.50	2
						农村居民人均可支配收入 C_4	79.50	3
			社会发展子系统 B_2	82.39	2	城镇居民人均消费支出 C_5	82.00	2
						直接吸纳从业人员 C_6	83.00	2
						农村健身设施覆盖率 C_7	76.50	3
						交通便捷度 C_8	85.50	2
			资源开发子系统 B_3	81.59	2	规模化发展乡村文化旅游村数 C_9	81.50	2
						乡村文化旅游经营户数 C_{10}	81.50	2
						省级乡村旅游示范点 C_{11}	80.50	2
						A 级以上景区个数 C_{12}	83.00	2
			生态环境子系统 B_4	82.75	2	建成自然保护区个数 C_{13}	79.00	3
						污废水处理率 C_{14}	81.50	2
						环境空气质量综合指数 C_{15}	82.50	2
						森林覆盖率 C_{16}	85.50	2

　　从目标层来看，山东省乡村文化旅游产业可持续发展系统综合得分为 82.04，所处等级为 2 级，说明山东省乡村文化旅游产业发展还有待进一步提升。从系统层来看，四个层次指标得分较为均衡，都处于 2 级水平，其协调稳定性对乡村文化旅游产业可持续发展具有基础性意义。从指标层来看，绝大部分得分在 2 级刚出头水平，离 1 级水平的差距较远，只有森林覆盖率得分略高，说明山东省对生态环境给乡村文化旅游产业带来的效应高度重视，农村居民人均可支配收入、农村健身设施覆盖率和建成自然保护区个数得分较低，处于 3 级水平，还需加大发展力度。

8.3.6　研究结论

通过多维度层次分析法、熵值法、模糊综合评价运算得知，山东省对乡村文化旅游产业实现可持续发展的评估隶属级别为"中等"，按等级归类来看位于 2 级，说明山东省对乡村文化旅游产业实现可持续发展空间还很大，需进一步采取针对性的措施，提升山东省乡村文化旅游产业继续可持续发展的水平，保持稳中有进的可持续发展态势。具体指标来看，山东省的经济、资源、环境、社会可持续发展等级均为 2 级，权重呈现为生态环境>资源开发>社会发展>经济发展，表明生态环境和资源开发是影响乡村文化旅游产业的主导因素。同时，乡村文化旅游产业的可持续发展将直接带动山东省社会经济的进步。为更全面透彻研究山东省乡村文化旅游产业可持续发展，本节进一步对各个子系统进行评析。

1. 生态环境评析

在乡村文化旅游产业可持续发展中生态环境子系统最为重要，权重占整体的36.34%，综合得分也最高，在该系统中森林覆盖率、污废水处理率、环境空气质量综合指数指标已占自身要素的86.49%。这与山东省相继出台的乡村振兴发展战略部署有密切联系，跟随"绿水青山就是金山银山"的理念和政策引导，打好"绿色牌"，念好"山水经"，切实提高绿化率，改善环境污染，将有力改善山东省乡村文化旅游产业生态环境，提高其竞争力，为促进山东省乡村文化旅游产业的可持续发展做出巨大贡献。

2. 资源开发评析

资源开发子系统影响乡村文化旅游产业可持续发展的重要程度仅次于生态环境，权重占整体的23.83%，综合得分在四大系统中相对而言略低。乡村文化旅游产业发展的前提是乡村文化旅游村资源的开发建设，其开发建设情况不仅体现资源的利用水平和效率，同时决定乡村文化旅游的发展规模及前景，对乡村旅游村的评选也起到至关重要的作用。由此看出，山东省充分利用自身得天独厚的资源优势和地域文化，给乡村文化旅游产业的发展带来跨越式的进步，不仅塑造了"好客山东"的良好旅游形象，同时还促进了乡村振兴和扶贫工作的稳步前进，为乡村文化旅游产业的可持续发展建设提供坚实基础。

3. 社会发展评析

社会发展子系统对乡村文化旅游产业可持续发展影响程度与资源开发旗鼓相当，权重占整体的22.79%，综合得分仅次于生态环境，仅直接吸纳从业人员和交通便捷度权重就占该系统的60.41%。表明二者在乡村文化旅游产业可持续发展中发挥着较为重要的作用，这与山东省位于北京与上海的距离中心，交通条件便利的区位优势相关。乡村文化旅游的客源绝大部分来自城镇，城市居民的经济条件决定其出游意愿，游客体验满意度也决定重游意愿，这与景区建设质量的认证、服务人员素质、交通便捷、基础设施等方面关系匪浅。

4. 经济发展评析

经济发展子系统排在最后一位，权重值占比仅为 17.04%，综合得分同样最低，在该系统的主导地位指标是农村居民人均可支配收入和第一产业增加值。说明山东省发展乡村文化旅游产业带动当地经济增长是可持续发展的后续保障，这与乡村文化旅游产业的粗放式经营有很大关系，应重视乡村文化旅游产业带来的破坏性，在保证基本收入的前提下，实现游客的持续性消费，既可降低破坏，又能带来经济增长，是实现乡村文化旅游产业可持续发展的良药。

8.4　可持续发展视角下乡村文化旅游产业发展的对策建议

通过实证分析得出，山东省乡村文化旅游产业可持续发展处于中等水平，其中最主要的两个子系统为资源开发子系统和生态环境子系统，因此，针对山东省整体均需做到资源开发合理、保护生态环境，对此，提出以下建议。

8.4.1　提倡文旅质量认证，促进从业经营规范

质量认证是对产业直接规制的一种政策性手段，对乡村文化旅游产业来说，可以在一定程度上起到节约资源的作用，并增加品牌效应。当前，山东省达到质量等级评定标准的乡村文化旅游点并不多，有的存在安全问题，有的乡村环境质量较差，有的经营户进入性差等。

主要问题在于质量认证缺乏乡村文化旅游相关质量的分级规定，地方政府应积极与企业组织合作，将乡村文化旅游产品质量认证规范进一步系统化与统一化，加以细化和量化，突出乡村文化旅游环保内涵。可参照浙江省、成都市的评定实施细则，处理好发展与资源投入、环境保护的关系。可有效管制乡村文化旅游产业发展的质量，保证资源的高效利用，提升可持续发展效率。

8.4.2　推动文旅信息开放，提升产业发展效率

乡村文化旅游属于开放性系统，信息传递的高效性与准确性是助力乡村文化旅游产业发展的重要引擎。近年来，山东省乡村文化旅游的信息化稳步推进，"两微多端"旅游新媒体宣传体系逐步完善，信息水平虽有显著提高，但仍存在信息共享差、流通不畅等问题，导致出现资源浪费、效率不高等问题。

山东省应以互联网、大数据为导向，构建以游客、企业、景区为中心的信息系统。以游客为中心，利用信息技术对乡村文化旅游资源进行归类，根据游客需求实现特色化服务，提高乡村文化旅游效益效率。以企业为中心，利用信息技术使企业间达成战略联盟，在资源开发、营销、数据方面实现共享，不仅降低资源开发成本，还能合理资源配置、提高工作效率。以景区为中心，利用信息技术设立污染源跟踪定位、环保应急预警、污染监测数据收集等，对打造绿水青山有重要作用，提高风险防控效率。以上措施可避免资源重复浪费、提高投入产出效率，对山东省乡村文化旅游产业可持续发展作用重大。

8.4.3 注重人才资源培养，加强从业人员素质

乡村文化旅游产业作为新兴产业急需各类人才，人才是第一资源，培养乡村文化旅游人才是可持续高效发展的必要条件之一。通过研究发现，山东省虽有丰富的乡村文化旅游资源，但资源配置不合理，究其原因在于"人"的因素，该地对人才吸引力小，现有人员缺乏系统的乡村文化旅游产业管理的学习，不利于乡村文化旅游产业可持续高效发展。

首先，政府应出台具体措施，引进高层次专业人才。积极与我国高等院校或旅游专业技术学校展开校企合作，不仅解决毕业生就业问题，还可以优化乡村文化旅游管理人员结构和管理方式等，实现互利共赢。其次，利用当地人口优势，培养当地村民乡村文化旅游管理综合型人才。通过邀请专家开设讲座、开设乡村文化旅游人才精英培训班等，给当地居民学习发展乡村文化旅游知识的机会，将环保理念和管理技术培训到位，不仅解决人才流失问题，更能促进乡村文化旅游产业持续高效发展。

8.4.4 壮大文旅发展规模，带动乡村产业兴旺

乡村振兴战略二十字方针的第一句就是"产业兴旺"，乡村文化旅游是加快实现乡村振兴的重要手段，实现乡村文化旅游产业化规模，可切实有效助力乡村文化旅游产业的可持续发展。通过研究发现，山东省产业发展较为单一，乡村资源丰富，但乡村文化旅游产业的投入规模不够，致使出现资源浪费，效率低下问题。

首先，当地政府应持续加大对乡村文化旅游产业发展的资金投入，找准资金投入的方向。一方面，对乡村文化旅游的规模开发提供资金支持，助力效益产出；另一方面，对乡村文化旅游的从业人员提供财政补贴，对扩大乡村文化旅游产业规模提供有力支撑。其次，考虑当地居民的实际发展需求，明确乡村文化旅游产业发展目标，并定期进行参与态度和意愿调查，使乡村文化旅游产业结合其他产

业共同发展，如农旅融合、工旅融合、体旅融合等，实现乡村文化旅游产业带动其他产业发展兴旺，相互依托，实现乡村文化旅游产业可持续高效发展。

8.4.5　深入挖掘文化内涵，加快资源高效整合

文化是乡村文化旅游的灵魂，富含文化特色的乡村文化旅游才能持续不断地焕发出新的生命力。通过研究发现，山东省存在文化资源挖掘力度不够，文旅资源整合较为混乱，随着自身独有的乡村性的失去，也将失去对城市客源的吸引力，影响乡村文化旅游产业的可持续发展。

当地管理者应深挖旅游地独有的文化特色，形成富含独特文化的产品，以此举办文化活动节，增设游客参与表演环节，不仅带动农民增收，还助力传播当地文化内涵，形成品牌宣传，具有长期效应，有助于乡村文化旅游可持续发展。其次，按同类乡村文化旅游资源、同类功能区、同类目标客源市场等将乡村文化旅游资源进行整合，开发旅游套票，形成互为目的地和互为客源的销售方式，使旅游资源得到合理分配整合，促进乡村文化旅游产业高效发展。

8.4.6　营造生态发展氛围，增强当地环保意识

乡村文化旅游是依赖资源和环境发展的产业，发展主体不仅包含开发者，更重要的是游客。开发者营造生态保护氛围，游客具备环境保护意识，各方主体共同努力，方可促进乡村文化旅游产业可持续高效发展。通过研究发现，鲁中和鲁东部分地区乡村文化旅游资源丰富，存在发展方式粗放、生态环境保护体现不足、游客环保意识不强、生态环境遭到污染等问题，严重拉低了乡村文化旅游产业发展的效率。

解决环境之大问题，是实现乡村文化旅游产业可持续高效发展的必经之路，首先，乡村文化旅游目的地应从自身做起，加强乡村文化旅游相关工作人员的生态环境保护教育，树立各类环保标识语，进行垃圾回收和分类处理，打造环境优美、生态良好的整体形象，营造生态保护氛围。其次，游客是乡村环境的影响者，更应该增强责任意识，对当地经营者加强环境保护宣传培训，提高自身环保意识，做好日常维护。

参 考 文 献

[1] 习近平: 高举中国特色社会主义伟大旗帜 为全面建设社会主义现代化国家而团结奋斗——在中国共产党第二十次全国代表大会上的报告 [EB/OL]. https://www.gov.cn/gongbao/content/2022/content_5722378.htm[2022-10-25].

[2] 习近平向首届可持续发展论坛致贺信. https://www.gov.cn/xinwen/2019-10/24/content_54443 69.htm[2019-10-24].

[3] Šimková E. The sustainable development of rural areas and the role of rural tourism[J]. Ekonomie and Management, 2008, 11(1): 26-32.

[4] Kothari H, Perwej A. Effect of agro-tourism: the Jaisalmer report[J]. Wesleyan Journal of Research, 2021, 13: 1-8.

[5] 赵承华. 乡村旅游可持续发展问题分析及路径选择[J]. 农业经济, 2018, (4): 42-44.

[6] 武少腾, 付而康, 李西. 四川省乡村旅游可持续发展水平测度[J]. 中国农业资源与区划, 2019, 40(7): 233-239.

[7] 李学良, 时海燕, 宋宜恬, 等. 基于消费者角度探究影响乡村旅游可持续发展的因素[J]. 农业经济, 2020, (4): 61-62.

[8] 彭亚萍, 白祥. 中国休闲农业与乡村旅游可持续发展研究述评[J]. 天津农业科学, 2018, 24(2): 13-17.

[9] Vitasurya V R. Local wisdom for sustainable development of rural tourism, case on Kalibiru and Lopati Village, Province of Daerah Istimewa Yogyakarta[J]. Procedia-Social and Behavioral Sciences, 2016, 216: 97-108.

[10] Ćurčić N, Svitlica A M, Brankov J, et al. The role of rural tourism in strengthening the sustainability of rural areas: the case of Zlakusa Village[J]. Sustainability, 2021, 13: 6747.

[11] 莫莉秋. 海南省乡村旅游资源可持续发展评价指标体系构建[J]. 中国农业资源与区划, 2017, 38(6): 170-177.

[12] 李涛, 朱鹤, 刘家明, 等. 江苏省乡村旅游产业发展水平及空间差异分析[J]. 地域研究与开发, 2017, 36(3): 86-91.

[13] 赵伟, 李子蓉, 李蕊蕊, 等. 福建省县域乡村旅游竞争力评价[J]. 中国农业资源与区划, 2017, 38(3): 183-190.

[14] 吴小霞. 推动乡村旅游可持续发展[J]. 人民论坛, 2018, (32): 84-85.

[15] 贾慧. 重庆市乡村旅游资源可持续发展评价[J]. 中国农业资源与区划, 2019, 40(8): 246-252.

[16] 吴海燕. 乡村旅游可持续发展的困境及对策建议[J]. 农业经济, 2019, (10): 46-47.

[17] 白祥, 彭亚萍. 新疆县域休闲农业与乡村旅游可持续发展评估[J]. 中国农业资源与区划, 2020, 41(6): 304-310.

[18] 刘迎辉. 基于区位熵理论的陕西省乡村旅游集聚度研究[J]. 中国农业资源与区划, 2020, 41(4): 203-208.

[19] 李妍. 基于可持续发展评价的浙江省乡村旅游资源区划研究[J]. 中国农业资源与区划, 2020, 41(2): 319-325.

[20] 陈玉娟, 曹毓倩, 刘兆阳. 浙江省乡村旅游产业可持续发展评价研究[J]. 建筑与文化, 2020, (9): 42-46.

[21] 张涛, 薛华菊. 青海省乡村旅游可持续发展指标体系构建及评价[J]. 四川旅游学院学报, 2020, (3): 57-62.

后　记

　　本书顺应乡村振兴的国家发展大背景，在阅读国内外相关文献的基础上，整理思路，形成本书框架。在实证研究中探寻乡村文化旅游发展过程中的典型问题与对策，在案例分析中总结成功经验，探求实践背后的规律。希望这些研究成果能够给我国乡村文化旅游产业发展带来启发与思考，为实践部门所借鉴，为乡村振兴助力。鉴于笔者水平有限以及研究条件限制，本书还存在一些不足，如对实践案例成果的经验总结还有待深入和细化，在实证调查部分还可以再扩大样本量与案例的覆盖面，希望今后有机会得到再深化。

　　最后，本书借用《荀子·天论》中的"万物各得其和以生，各得其养以成"来结束。尊重自然、顺应自然、保护自然是人类在自然界中生存的不二法则。绿色发展是乡村振兴的底色，创新发展是乡村文化旅游产业不断前进的源泉，把握产业的构成与成长路径，理解发展与演进逻辑，迎来乡村文化旅游产业的高质量发展。